忿恨的囚徒

憤怒、敵意與暴力從何而來？

PRISONERS *of* HATE

The Cognitive Basis of Anger, Hostility, and Violence

Aaron T. Beck, M.D.

亞倫・T・貝克——著　蔡心語——譯

方舟文化

國家圖書館出版品預行編目(CIP)資料

忿恨的囚徒：憤怒、敵意與暴力從何而來？／亞倫．T．貝克（Aaron T. Beck）著；蔡心語譯．-- 初版．-- 新北市：方舟文化出版：遠足文化事業股份有限公司發行，2022.11
面；　公分．--（心靈方舟；45）
譯自：Prisoners of Hate: The Cognitive Basis of Anger, Hostility, and Violence
ISBN 978-626-7095-81-2（平裝）

1.CST: 憎恨 2.CST: 憤怒 3.CST: 情緒管理 4.CST: 認知治療法

176.5　　111016337

方舟文化官方網站　方舟文化讀者回函

心靈方舟 0045

忿恨的囚徒

憤怒、敵意與暴力從何而來？

Prisoners of Hate : The Cognitive Basis of Anger, Hostility, and Violence

作者　亞倫．T．貝克｜**譯者**　蔡心語｜**封面設計**　萬勝安｜**內頁設計**　黃馨慧｜**主編**　邱昌昊｜**行銷主任**　許文薰｜**總編輯**　林淑雯｜**出版者**　方舟文化／遠足文化事業股份有限公司｜**發行**　遠足文化事業股份有限公司（讀書共和國出版集團）　231 新北市新店區民權路 108-2 號 9 樓　電話：（02）2218-1417　傳真：（02）8667-1851　劃撥帳號：19504465　戶名：遠足文化事業股份有限公司　客服專線：0800-221-029　E-MAIL：service@bookrep.com.tw｜**網站**　www.bookrep.com.tw｜**印製**　通南彩色印刷有限公司　電話：（02）2221-3532｜**法律顧問**　華洋法律事務所　蘇文生律師｜**定價**　520 元｜**初版一刷**　2022 年 11 月｜**初版三刷**　2023 年 11 月｜

各界讚譽

「本書對人類最急迫的挑戰——仇恨的原因與預防——進行了深刻的分析。在亞倫．貝克諸多重要著作之中，這本可能是他帶給人類的最大禮物。」——丹尼爾．高曼（Daniel Goleman），《EQ》作者

「亞倫．貝克汲取出畢生科學研究與治療經驗，……他的職業生涯致力於展現如何訓練人性的理性面，以克服不著邊際的進化需求所帶來的殘忍無情，以及個人創傷造成的悲劇結果。透過減少利益衝突之外的那些錯誤判斷與未經處理的衝動，不論是一般大眾或者專業人士，本書都能幫助你把人類的理性用在最重要的地方。」——伊恩．S．路斯蒂克（Ian S. Lustick），賓州大學政治科學系主任

「這本偉大的跨領域著作，為認知行為療法冠以終身成就。用以解釋個人暴力的公式，如今被發現同樣也適用於集體暴力。冷戰期間，西方世界還有個方便的遠方仇敵；而今北約主宰世界，近鄰們卻開始攻擊彼此。本書來得正是時候，論據嚴密且舉例生動、描繪鮮活。」——大衛．戈德堡

爵士（Sir David Goldberg），倫敦精神醫學研究所教授

「憂鬱症的頭號權威將他的臨床雷達轉向憤怒和敵意的認知源頭。正如貝克博士所示，仇恨和暴力給受害者和施暴者都帶來了痛苦。敵意與憤怒可能成為習慣，但就像其他壞習慣一樣，也可以被打破。這本好書能夠為你提供幫助。」——大衛・T・李肯博士（David T. Lykken, Ph.D.），明尼蘇達大學心理學榮譽教授

「一部當今世界正需要的精彩之作。貝克博士同時發揮了博學與創見，創作出這本驚人實用且絕不簡單的建議與洞察之書。」——愛德華・M・哈洛威爾醫師（Edward M. Hallowell, M.D.），哈洛威爾認知與情緒健康中心創辦人

「這本價值連城的書告訴我們，就算是最極端的仇恨與暴力形式，在一開始也是源於對他人的貶低與去人性化、將他們視為敵人，即使對方是我們的妻子和丈夫。非常重要的是，本書還提供了補救措施，也就是改變我們思維的方式，好讓我們過上更有愛的生活。」——厄文・史塔布（Ervin Staub, Ph.D.），麻州大學阿默斯特分校心理學榮譽教授

「在這本重要著作中，美國最傑出的精神科醫師之一，利用他豐富的臨床經驗、個人智慧與

學術知識，對人類心理的陰暗面提供了引人入勝的描繪。」——羅伊・F・鮑梅斯特（Roy F. Baumeister），《增強你的意志力》共同作者

「我讀過貝克醫師的一本書，《忿恨的囚徒》，我認為這本書幾乎可說是佛家的著作了。」——達賴喇嘛

「一份令人深思且最為即時的報告。」——《柯克斯書評》（*Kirkus Reviews*）

「貝克的寬闊視野；關於偏見、利他主義與政治心理學的寶貴總結；以及對這重要議題的樂觀、人性與理性的處理方式，值得推薦給大眾與專業讀者。」——《圖書館雜誌》（*Library Journal*）

「讓人嘆為觀止的閱讀體驗。貝克的解釋如此清晰、明顯且實用，讓你感受到一股希望。本書是對世界上最重要的心理學理論的清晰評述，實際上也是一本關於如何預防暴力的實用手冊……一本能夠把這麼多重要的事情做好的書，我們只能稱它是一部傑作。」——《費城詢問報》（*The Philadelphia Inquirer*）

目次
CONTENTS

前言

我處理人際關係和社會問題的方法，可以追溯到我在心理治療方面的工作。將近四十年前，我透過一系列觀察，扭轉了我對患者精神問題的理解和治療。在對患者進行正規精神分析時，幾乎可以說在偶然情況下，我發現他們沒有如實陳述在自由聯想（free association）過程中腦海浮現的某些想法。儘管他們認為自己已確實遵守「在治療中公開所有念頭」的重要規定，而我也假設他們沒有任何隱瞞，但我發現，他們在意識邊緣仍有一些非常重要的想法。患者幾乎沒有意識到，自然也沒有專注於這些前意識（preconscious）的想法。經過反覆觀察，我猜想他們在經歷某種情緒或興起做某事的衝動之前，通常都會浮現這類想法。

當我指導一位患者鎖定這些想法時，我發現，與更抽象的精神分析相比，這些想法以更易於理解的方式說明了當事人的情緒波動。例如，一位年輕女性在治療中浮現這樣的想法：「我是不是令他感到厭煩？」接著她的焦慮便大爆發。另一位患者會這樣想：「治療沒用，我只會愈來愈糟。」隨之陷入悲傷之中。在上述兩個案例中，思想和感覺之間，都存在合乎邏輯和看似合理的關係。我運用一種簡單的技術來捕捉這些自動出現且稍縱即逝的想法。當我判斷患者即將表現出悲傷或焦慮，或他們主動陳述有這些感覺時，我便會問：「你現在在想什麼？」患者很快學會將注意力集中在這些想法上，很明顯，正是這些想法造成了後來的感覺。

鎖定這些想法提供了足以做為資料庫的大量訊息，不僅可以解釋患者的情緒，也能說明他們的心理現象。例如，我發現患者一直在監控自己以及他人的行為。他們對自己下令以指導或禁止自己從事某些活動。當表現不如預期，內心便會湧現自我批判；當他們成功時，也會自我慶賀一番。

他們的思想主軸有助於闡明產生特定情緒的特定心理模式。例如，包括挫敗、被拒絕或失去有價值的東西等等想法（或認知），會令患者覺得被貶低，因而感到悲傷。有收穫以及自我提升的想法會帶來快樂的心情，危險或威脅的想法則導致焦慮。另有一項觀察結果與本書主題相關：被別人冤枉的想法會產生憤怒和報復的欲望，「我應該報復」和「打她沒關係」等一連串飛快閃過的念頭，最終可能導致肢體暴力的結果。

這些想法有個有趣的特質，那便是它們往往轉瞬即逝。我發現，即使是簡短而不重要的想法也能產生深刻的情緒，這令我相當訝異。此外，這些認知都是在不知不覺中出現的——患者既不能觸發也不能壓抑它們。儘管它們通常視情況出現，並且會導致實際的損失、收穫、危險或違法行為，但通常與觸發它們的特定情況不對等或不相稱。例如，一個容易生氣的人會對輕微的怠慢或不便大為光火，並想要重重懲罰冒犯者，但與受到的待遇相較之下，他的怒氣不成比例地高。

另一個發現也令我相當訝異，這些患者的思維錯誤（認知扭曲）有固定模式，往往極度放大有害事件的重要性，並誇大發生的頻率，像是「我的助理總是搞砸事情」或者「我從來沒有把事情做對」。他們會將明顯偶然發生的事或困難情境所導致的結果，歸咎於他人的惡意或性格缺陷。[1]

這些患者接受他們對事情誇張的解釋或表面的誤解——這對他們來說似乎完全可信。然而，當患者學會將注意力集中在這些解釋上並審慎評估和質疑，通常就會意識到它們並不恰當或不正確。接下來患者便會充分了解自己為什麼有這樣的反應，在大多數情況下也能改正。例如，一位容易被激怒的母親一開始便發現她對孩子的輕度違規感到憤怒，當她能夠識別並回應腦海的批判性想法（「他們是壞孩子」），轉而認為他們「只是表現得像正常孩子」，她發現憤怒不再長久持續。此後她反覆改正批判性、懲罰性思維，類似想法便較少出現了。

然而，有個問題讓我感到困惑：為什麼接受分析治療的患者沒有主動回報這些想法？明明他們不管多麼尷尬，都會嚴謹地表達每一個浮現腦海的念頭。難道他們在日常生活中沒有意識到這些想法嗎？我的結論是，這些前意識想法與我們會對他人陳述的一般想法不同。它們是自我內在溝通系統的一部分，是一種網路，旨在提供對自己的持續觀察、對自己和他人行為的解釋，以及對即將發生之事的期望。例如，一位中年患者與哥哥的談話令他大發雷霆，儘管他全心投入這場激烈的交流，依然能夠擷取到這些不自覺跳出的想法：「我說話太大聲了……他沒在聽我說。我這是在自取其辱……他好大的膽子，居然無視我的話。我該斥責他嗎？他會害得我看起來像個蠢蛋。他從來沒在聽我講話。」患者愈來愈生氣，但後來回想這次談話，他意識到心中的憤怒不是源於爭吵，而是因為他滿腦子只有這個念頭：「哥哥不尊重我。」

做妻子的往往腦海會閃過一個念頭：「丈夫晚歸是因為他喜歡和其他男人一起出去。」並為此難過。這是她與自我的溝通。她會對丈夫脫口而出：「你從來不會準時回家，既然你這麼不負責任，我該如何為全家人準備晚餐？」事實上，丈夫和其他男人一起喝啤酒，為的是在辛苦工作一天後放鬆一下。她的責罵模糊了焦點，使得丈夫和她自己都沒能察覺她心中那股被排斥的感覺。

內在溝通系統還包括了人對自己和他人的期望及要求——這被稱為「應該的專制」（tyranny of the shoulds）。[2]認識這些指示和命令很重要，因為嚴格的期望或強迫規範他人行為，必然會導致失望和沮喪。

還有個觀察結果我也很感興趣：每位患者對特定情況都有獨特的一系列反應，並且始終對某些刺激產生過度反應，對其他刺激則不然。我能預測特定患者針對特定情況做出哪些詮釋或誤解，這些過度反應在他或她對特定情況的自動反應中非常明顯。一名患者可能慣於對某些特定情況加以曲解、以偏概全或誇大，但對其他患者會過度反應的其他情境，則沒有這樣的問題。

特定信念模式會被一組特定情境激發，從而產生想法。這些公式化思維或信念，構成一種特定的脆弱：當被相關情境激發時，它們會形塑患者對該情境的自動化詮釋。這些信念非常明確，例如：「如果有人打斷我，那就意味著他們不尊重我。」或者，「如果配偶不按照我的意願去做，

---

1 判斷他人行為是完全由其內在屬性而非情境因素決定，這種傾向被稱為「基本歸因謬誤」。F. Heider, *The Psychology of Interpersonal Relations* (New York: Wiley, 1958)。另見第五章注7。

2 K. Horney, *Neurosis and Human Growth: The Struggle Toward Self-realization* (New York: Norton, 1950).

那就意味著她不在乎。」信念賦予情境意義，然後在自動浮現的思維中表達出來。

我在前文提到一位憤怒的母親，她下意識地相信：「如果孩子不守規矩，那就意味著他們是壞孩子。」而傷害來自信念所產生的深層意義：「如果孩子行為不檢，那就意味著我是壞媽媽。」以偏概全的信念導致以偏概全的解釋，母親透過責備孩子來轉移她對自己負面形象的注意力，每位患者都有自己專屬的一組誘發敏感因子。

當一個人從事諸如開車之類的日常活動，也會發生類似的自動化思考和行動。例如，當我在城市街道上行駛，我會放慢速度讓行人過馬路、繞過坑洞、超越前面的慢車——這一切都是在與朋友專心交談時進行的。如果我將注意力轉移到與駕駛有關的自動化思考，我會察覺到一組非常快速的念頭——「注意那坑洞……繞過它……。那傢伙的速度也太慢了……有足夠的空間超他車嗎？」這些想法完全脫離我與朋友的談話，但卻控制著我的駕駛行為。

全新療法

我透過觀察患者有問題的想法（或認知）與他們的感受和行為之間的關係，開發了一種精神疾病的認知療法。我應用這門理論後，發現幫助患者改變認知就能改善病情。因此，我將這種治療命名為「認知療法」，透過多種方式解決患者的問題。首先，我幫助患者培養更客觀的想法和信念，方法是鼓勵他們質疑自己的詮釋。我提醒他們：你的結論是否符合事實？有其他詮釋嗎？你的結論有什麼證據？此外，我也與他們一同評估潛在的信念和公式化思維，它們是否過於僵化或極端，以致被不當和過度使用？

這些治療策略能幫助患者避免對情況過度反應。就在我制定理論和治療方式時，很高興發現了亞伯・艾里斯[3]的著作。他的作品比我的早幾年問世，而且與我的觀察結果相似。我從他的著作中獲得一些關於治療的新想法，前文描述的一些治療方式，便是沿用艾里斯的研究成果。[4]

據我觀察，這些發現不僅限於患有常見、「普通」精神疾患的人，例如憂鬱症和焦慮症。對於那些受婚姻問題、成癮困擾和反社會行為所苦的人，相同的錯誤信念也會影響他們的感受和行為。[5]這些領域的專業治療師開發認知理論後，將理論與療法應用在各自擅長的專業領域。大量文獻研究各種形式的反社會行為認知療法，包括毆打配偶、虐待兒童、刑事攻擊和性犯罪。我們在這些不同形式的有害行為中觀察到共通點：受害者被視為敵人，而攻擊者將自己視為無辜的受害者。

我相信人在從事個人或群體暴力時具有相同心理歷程，因此我潛心研究有關偏見、迫害、種

---

3 編注：Albert Ellis（一九一三～二〇〇七），美國知名心理學家，於一九五五年發展出「理情行為治療」（Rational Emotive Behavior Therapy，簡稱REBT），並於一九六二年推出首本專著，被譽為心理學認知革命的創造者之一。

4 A. Ellis, *Reason and Emotion in Psychotherapy* (1962, reprint, New York: Carol Publishing Group, 1994).

5 A. T. Beck, *Love Is Never Enough* (New York: HarperCollins, 1988); A. T. Beck and G. Emery, with R. L. Greenberg, *Anxiety Disorders and Phobias: A Cognitive Perspective* (New York: Basic Books, 1985); A. T. Beck, A. Freeman, and Associates, *Cognitive Therapy of Personality Disorders* (New York: Guilford, 1990); A. T. Beck, F. W. Wright, C. F. Newman, and B. Liese, *Cognitive Therapy of Substance Abuse* (New York: Guilford, 1993).

族滅絕和戰爭等社會弊病的文獻。儘管在社會學、經濟和歷史背景上存在高度差異，但它們有一個最終的共通點：攻擊者對自己有正面偏見，對對手有負面偏見，通常把他們視為敵人。配偶對分居丈夫的看法、激進分子對少數民族或小眾宗教的看法，以及士兵對從塔樓向他開槍的狙擊手所抱持的看法，它們之間的相似性令我震驚。這些人經常使用諸如「怪物」、「惡魔」或「混蛋」之類的辭彙來指稱危險的他人。當他們被這些極端思維模式控制時，對於假想敵人的評價就會因憎恨而扭曲。

我撰寫本書，旨在釐清導致憤怒、憎恨和暴力的典型心理問題，也試著闡明這些問題如何透過朋友、家人、團體和國家之間的衝突表現出來。提升我們對認知因素（解釋、信念、想像）的洞察力可以為解決現代社會的個人、人際關係和社會問題提供一些線索。

在撰寫這樣一本書時，自然會面臨一些問題。有沒有新的和有用的療法？有沒有證據足以表明療法有效，而不僅僅是一種意見陳述？一九六四年，當我第一次提出認知理論和憂鬱症治療時，我不得不思考類似問題。到了一九七六年，當我進一步擴展這個理論，再度面臨相同問題。至今，我和同事已審查近千篇評估認知理論幾個特定層面的文章，它們在很大程度上支持本理論和治療的經驗基礎和有效性。[6]在這些研究中驗證的大部分假設，也構成了本書的概念基礎。

除了臨床材料，本書主要依賴臨床、社會、發展和認知心理學文獻中關於憤怒、敵意和暴力的認知知識體系。許多關於群體暴力、種族滅絕和戰爭等更廣泛問題的表述，部分來自政治學、歷史、社會學和犯罪學文獻。

本書將依序介紹連鎖概念，儘管它們都屬於同一個範疇。我首先要釐清日常生活中的敵意和憤怒，讀者可以將這個主題與自身經歷連結起來。然後我會一一闡明具有重要社會意義的主題，包括家暴、犯罪、偏見、大屠殺和戰爭。儘管這些現象與大多數讀者的個人經歷相去甚遠，但全都基於相似的心理因素。最後，關於如何運用這些見解解決個人和社會問題，我會提出建議。

---

6 D. A. Clark and A. T. Beck, with B. Alford, *The Scientific Foundations of Cognitive Theory of Depression* (New York: John Wiley & Sons, 1999); K. Dobson, "A Meta-analysis of the Efficacy of Cognitive Therapy for Depression," *Journal of Consulting and Clinical Psychology* 57, no. 3 (1989): 414-19.

THE ROOTS OF HATE

PART ONE

忿恨的根源

CHAPTER 01

仇恨的牢籠

利己主義和意識形態如何劫持思想

某些現象在直接觀察時看似毫無關聯，但當你察覺其中的一致性，那種感覺無比美妙。——亞伯特・愛因斯坦，一九〇一年四月

人對人的暴力行為令我們驚駭，時至今日，這種情形依然對社會造成損害。在我們這個時代，令人眼花撩亂的技術突飛猛進，而我們卻回到黑暗時代的野蠻狀態：難以想像的恐怖戰爭和種族、宗教及政治團體被肆意殲滅。我們成功戰勝許多致命疾病，卻也目睹成千上萬盧安達人遭殺害後，遺體被拋進河中順流而下，科索沃無辜平民被趕出家園並遭到屠殺，還有柬埔寨殺戮戰場上流淌的鮮血。無論向東或西、北或南，我們都會看到迫害、暴力和種族滅絕。[1]

除了上述國家，在其他地區，犯罪及暴力依舊盛行，只是沒那麼戲劇化，人與人互相傷害所

造成的痛苦似乎沒有限制。在憤怒不受控制的情況下，親近甚至親密關係都會破裂。兒童和配偶的家暴事件，對法律及心理衛生當局構成挑戰；偏見、歧視和種族主義，繼續分裂著多元化的社會。

我們理解和解決這些人際關係及社會問題的能力停滯不前，對於科學發達的這個時代，無疑是一種嘲弄。我們該如何防止被虐待的孩子和被毆打的妻子遭受痛苦？如何減少因敵意而起的併發症，包括血壓飆升、心臟病發作和中風？更廣泛的敵意表現足以破壞文明結構，我們該訂定哪些方針來解決這個問題？政策制定者和社會工程師——以及普通公民——能做什麼？社會、心理和政治學家都已協力分析導致犯罪、暴力和戰爭的社會與經濟因素，但問題依然存在。

個人經歷

有時，某個比較不一樣的經歷可以暴露一個現象的內在結構。多年前，我曾經成為敵意攻擊

1 從民族政治、文化和社會經濟相互作用的角度研究由國家支持的大屠殺，例如盧安達的圖西人（Tutsis）大屠殺、波士尼亞的穆斯林大屠殺，以及希特勒在歐洲的猶太人大屠殺。儘管已從多方面切入，如果不密切關注發起並實施種族滅絕計畫的領導人及執行者，就無法完整理解。所有促成大屠殺的群體作用和個人因素，如領導人的權力欲和他們對追隨者的想像與情感的操縱，都彙聚到最後的共同途徑上：行凶者決定履行自己被賦予的職責。執政精英利用各種管道妖魔化受害者。例如，在盧安達，官方將圖西人塑造為「血統不純正的壞蛋和酒鬼」，並誣指他們密謀屠殺無辜的胡圖人（Hutus）。D. N. Smith, "The Psychocultural Roots of Genocide: Legitimacy and Crisis in Rwanda," *American Psychologist* 53, no. 7 (1998): 743-53.

的目標，使得我對敵意的本質有了清晰的認識。當時我在一家大型書店參加簽書活動，照例在主持人的開場白中獲得一番讚譽，接下來我對現場觀眾（大多是同事和其他學者）做了簡介。突然，一名中年男子（姑且叫他羅伯）一臉挑釁地向我走來。事後回想起來，這人看起來「不大一樣」——僵硬、緊張、雙眼怒瞪。以下是我們的交流內容：

羅伯（諷刺的語氣）：恭喜！你吸引了一大群人。

我：謝謝，我喜歡和朋友聚在一起。

羅伯：我想，你喜歡成為大眾矚目的焦點。

我：嗯，這樣對賣書有幫助。

羅伯（憤怒的語氣）：我猜你認為你比我了不起。

我：不，我不過是你之外的另一個人罷了。

羅伯：你知道我對你的看法嗎？你就是個騙子。

我：我希望不是這樣。

這時羅伯的敵意明顯高漲，他即將失控。我的幾個朋友介入，經過短暫扭打後，把他帶出去。儘管這可能會被認為不過是個心煩意亂的人所做出的非理性行為，但我相信它清楚展現敵意的幾個面向。臨床患者誇大的思維和行為往往視情況出現，並且過度反應。如今回想這起事件，我注意到許多特質，它們足以說明一些涉及觸發和表達敵意的普遍機制。

首先，為什麼羅伯將我的演說視為對他個人的侮辱，好像我在某種程度上傷害了他？有一點令我印象深刻——對現場有心理學背景的目擊者來說也顯而易見——他的反應凸顯了自我中心特質：在他看來，我獲得外界認可，在某方面貶低了他。這樣的反應雖然極端，但可能不像表面看來那麼令人費解。現場觀眾可能一直在思考自己的專業地位——無論他們是否值得被人認可——並且可能嫉妒又遺憾。然而，羅伯只在乎我的地位如何反映在他身上，他把自己代入，就好像他和我是對手，正在爭奪同一個獎項。

羅伯誇張的自我關注，為他的憤怒和攻擊我的欲望奠定基礎。他在我們之間進行令他反感的比較，並且根據自我中心的觀點，他假設旁人會認為他不如我重要，也許更沒有價值。此外，他覺得自己被忽視，因為他沒有像我一樣得到大眾的關注和友誼。

這種社交孤立感與不受重視感無疑傷害了他，這是患者在類似情況下普遍的反應。但他為什麼不是僅僅感到失望或遺憾呢？為什麼會有憤怒和恨意？畢竟，我沒有對他做什麼。然而，他在過程中看到不公正，亦即我比他更不值得獲得認可。所以，既然受了委屈，他就有資格生氣，但他的反應更激烈。從他的陳述「你認為你比我了不起」，顯示他把自己代入我和觀眾的互動。他想像我對他的看法，然後投射到我身上，好像他知道我在想什麼（我稱之為投射形象）。從本質上講，羅伯正在使用（實際上是過度使用）一種常見的自適應方法：判讀心思。

就某種程度來說，讀懂別人的心思是一種重要自適應機制。除非我們能在一定程度上準確判斷別人對我們的態度和意圖，否則我們會一直脆弱下去，在生活中盲目地跌跌撞撞。一些作者注意到自閉症兒童缺乏這種能力，他們對他人的想法和感受視而不見[2]。相較之下，羅伯的人際敏感度和讀心能力被他自己誇大和扭曲。他投射的社交形象對他來說變成現實，在沒有任何證據的情況下，他相信自己知道我對他的看法。他認為我瞧不起他，因而更加激怒了他。他感到一股非報復我不可的壓力，因為按照他的邏輯，我冤枉他，我是**敵人**。[3]

正如羅伯表現出來的行為，自我中心監控事件以確定自身的重要性，在動物界隨處可見，顯然也早已嵌入我們的基因當中。自我保護和自我推銷對生存至關重要；有助於我們發現不利己的因素並採取適當防禦措施。此外，如果沒有對自己進行這種投資，我們就不會在親密關係、友誼和團體連結中尋求快樂。然而，當自我中心被誇大，無法透過愛、同理心和利他主義等社會特質取得平衡時，它就會成為問題，而這可能也體現在我們的基因中。有趣的是，很少有人會想探究自己是否過度自我中心，儘管他人的自我中心常令我們難以招架。

人一旦在爭吵中被激起打鬥的意圖，所有感官都會聚焦在**敵人**上。在某些情況下，這種強烈、狹隘的關注和攻擊行動可能有助保命，比如當一個人遭到攻擊的時候。然而在大多數情況下，**敵人**的反射性形象，會在個體間和群體間產生破壞性仇恨。這些個體或群體可能覺得自己從攻擊假想對手的限制中獲得解放，但這些人實際上已經放棄選擇自由，放棄理性，成了原始思維機制的囚徒。

我們要如何幫助人認清和控制這種自動機制，以便他們以更深思熟慮、更符合道德的方式對待彼此呢？

敵對框架

我在治療患者的專業工作中，已證實這些自我中心的憤怒和攻擊行為確實存在，但羅伯事件是我最戲劇性的公開經歷。多年來我一直想知道，從個體心理治療中收集到的對人類問題的見解，是否可以擴大沿用到家庭、社區、族群和國家的暴力問題。儘管這些領域似乎各不相關，但親近關係中的憤怒和仇恨，似乎與敵對團體和國家所表現出來的相似。朋友、同事和伴侶對假定的錯誤和冒犯所產生的過度反應，與人跟不同宗教、種族或民族對抗時的敵意有相似之處。丈夫或情人遭受背叛的憤怒，類似於激進組織成員的憤怒，後者認為自己珍視的原則和價值觀被政府背叛。最後，妄想症的偏見與扭曲思維，也類似於種族滅絕施行者的思維。

---

2 S. Baron-Cohen, *Mindblindness: An Essay on Autism and Theory of Mind* (Cambridge, Mass.: MIT Press, 1995).

3 我將**敵人**（Enemy）和**邪惡**（Evil）這兩個詞的首字母大寫（中譯以粗體字表示），因為它們具有特殊意義——與形而上學或神學意義有所區別。**邪惡**做為形容詞（而不是神學教義中的名詞）的道德概念被個人或群體用來描述其他個體。他們也以類似方式使用**敵人**一詞，為的是利用它帶有貶義的內涵。這兩個詞都是抽象的，凌駕於**他人**（另一種表示相似實體的抽象稱呼——非我族類、異己）的實際特質，並對他人進行最嚴厲、絕對、明確的貶低。儘管這兩個詞十分抽象，卻被人具體化：成為「可證實」的事實，成為現實。憎恨對象的行為被自動解釋為符合想像——從而確認想像的正確性。主觀反應是厭惡或仇恨——或恐懼。仇恨者感到一股壓力，非要譴責或消滅被歸入這些類別中的憎恨對象。仇恨者和憎恨對象都成為這種原始思維方式的囚徒。施加私刑的暴徒或狂暴濫殺的士兵沒有意識到在攻擊**邪惡敵人**時，他們實際上是在攻擊和自己一樣的他人。正如**邪惡**和**敵人**一樣，**他人**被打壓成單一類別，被視為真正實體而不是抽象概念。

我第一次投入怨偶的心理治療時便發現，顯然單純指導當事人改變令他們痛苦的行為——本質上是「做正確的事」——並不能提供長期解決方案，至少對情況嚴重的個案來說是如此。無論他們多麼堅定地遵循建設性計畫，當彼此生對方的氣時，合理溝通和文明行為都會消失。[4]

當他們覺得受傷或遭受威脅時，無法遵守醫囑，因為他們對彼此行為產生誤解。對於彼此動機和態度的「災難性」扭曲，使得雙方都感到受困、受傷和被貶低。這些看法（或者更確切地說是誤解）使他們內心充滿憤怒——甚至仇恨——並促使他們報復或退回到敵對的孤立狀態。

很明顯，長期不和的夫妻已成為彼此的負面「框架」（frame）。在典型的案例中，雙方都將自己視為受害者，並將對方視為壞人。雙方都抹去對方美好的一面與平靜生活的愉快回憶，或者將它們重新定義為虛假的快樂。構陷對方的過程導致他們懷疑彼此動機，並對配偶的缺陷或「壞處」以偏概全。[5]這種僵化的消極思維，與他們面對婚姻外各種問題的靈活解決能力，形成鮮明對比。從某種意義上說，他們的心智被一種原始思想侵占，迫使他們覺得自己受到虐待，並對假想敵採取敵對態度。

然而，這種臨床情況也有好的一面。當我幫助夫妻雙方認清他們對彼此的偏見並打破負面形象，他們能以較不貶損及更現實的方式來看待對方。許多人能夠找回原有感情，形成更穩定、更滿意的婚姻關係。有時，他們的偏見餘毒如此強烈，以致決定分開——但是以友好的方式和平分手，得以實現平衡的家庭分割。解除對彼此的仇恨後，前妻和前夫可以合理解決監護權和財務問題。由於這種解決夫妻問題的方法，著重於處理偏差思維和認知扭曲，我將這種治療稱為「認知婚姻治療」。[6]

我注意到，在兄弟姊妹、父母和孩子、雇主和員工之間，往往存在相同類型的敵對框架和偏差思維。每位當事人都不可避免地認為自己受到委屈，而他人則是卑鄙的控制狂。若有人跟他們發生衝突，他們會武斷解釋對方的動機（通常都會扭曲）。他們將客觀陳述視為對個人的侮辱，將無知的錯誤歸類為惡意，並擴大對方令人不愉快的行為（「你**總是**貶低我……你**從不**把我當人」）。

我觀察到，即使不是精神病患也容易出現這種不正常的思維。他們常以負面角度看待外人，就像他們看待跟自己發生衝突的親友一樣。這種負面框架似乎也是負面社會成見、宗教偏見和偏狹觀念的核心，意識形態侵略和戰爭的驅動力可能也是源於類似的偏差思維。

衝突中的人察覺並回應來自想像的威脅，而不是對衝突對象的實際評估，他們誤認為對方就是自己想像中的樣子。[7]最負面的形象包含危險、惡意和邪惡。無論是敵對配偶還是不友好的外國勢力成員，固定的負面形象都來自於錯誤的選擇性記憶，真實和想像的都有，以及惡意的歸因。他們的思想被囚禁在「仇恨的牢籠」中。在種族、國家或國際衝突中，關於**敵人**的迷思被傳播，

---

4 A. T. Beck, *Love Is Never Enough* (New York: HarperCollins, 1988).

5 「框架」（framing）一詞就俗語意義上來看也適合用於此處（譯注：frame或framing在英文俗語中有「構陷」之意）。在扭曲和錯誤結論的基礎上，受害者可以根據極少或沒有不當行為的證據來指控假想對手。

6 Beck, *Love Is Never Enough*.

7 然而，受迫害的少數群體通常對迫害者的敵意和偏見有相當準確的看法。

更加深了負面形象。

可以從各種臨床來源收集對於有害行為的見解。因藥物濫用而接受治療的患者，以及其他被診斷為「反社會人格」的患者，這些人都為理解憤怒和破壞性行為的成因，提供了豐富材料。

三十五歲的比爾是一名推銷員，沉迷於各種毒品，特別容易暴怒以及對妻兒家暴，也常與人打架。當我與他一同探索一連串心路歷程時，我們發現，若是另一個人（妻子或外人）沒有表現出他所定義的「尊重」時，他就會非常憤怒，以致想要拳打腳踢甚至毀掉對方。

我對他的火爆反應進行「微觀分析」，發現在對方言論或行動與他的爆發之間，比爾會產生一種**自卑想法**和**受傷感覺**。他典型的自我貶低想法，使得不愉快幾乎在瞬間出現：「他認為我是個懦夫」或者「她不尊重我」。

當比爾學會察覺和評估這種忽然浮現的痛苦想法時，就能認清被人貶低的想法不一定來自對方的實際評論或行為。接下來，我為他釐清形成敵對反應的信念。例如，比爾有個基本信念：「如果別人不同意我的觀點，那就意味著他們不尊重我。」他由此產生另一個強烈且具強迫性的想法，使得他攻擊冒犯者：「我得讓他們明白，他們躲不過懲罰，這樣一來，他們才會知道我不是懦夫，不能隨便擺布我。」對比爾來說，重要的是認清一個事實：這些懲罰性的想法是他自覺受傷的結果，而這種感覺被他的憤怒掩蓋。在治療上，我們持續檢驗比爾的信念，幫助他理解好戰和暴躁無濟於事，透過「冷靜」和自制才能獲得家人和親友更多尊重。

分析比爾和其他易怒者的反應，我們得知這些人非常重視自身的社會形象和地位。他們的信念體系定義他們對假想冒犯者的結論。心理學家肯尼斯・道奇（Kenneth Dodge）發現，這類信念和對事件的後續解釋，在大量常做出有害行為的人身上很普遍。例如，比爾表現的攻擊性信念，在後來成為少年犯的幼兒身上也看得到，另外，下列想法也很常見：[8]

- 冒犯者以某種方式冤枉他們，必須為他們受到的傷害和痛苦負責。
- 傷害是故意的，不正當的。
- 應該懲罰或除掉冒犯者。

這些結論部分源於他們強加於別人身上的行為準則。他們的要求和期望與精神病學家卡倫・荷尼（Karen Horney）所稱的「應該的專制」現象相似。[9]像比爾這樣的人認為：

- 別人無時無刻都應該尊重我。
- 配偶應該敏銳察覺我的需求。

8 K. A. Dodge, "Social Cognitive Mechanisms in the Development of Conduct Disorder and Depression," *Annual Review of Psychology* 44 (1993): 559-84.

9 K. Horney, *Neurosis and Human Growth: The Struggle Toward Self-realization* (New York: Norton, 1950).

・別人應該按照我的要求去做。

在憤怒的妄想症患者身上，可能會看到衝突中出現誇張的框架。這些患者始終將他人的意圖定調為惡意，並且忍不住要為了假想的敵對行為而懲罰對方。一些妄想症患者因創傷導致自尊心低下，進而產生被害妄想——例如，未能如預期般獲得升遷。[10]他們的被害妄想似乎在一定程度上是為了保護自我形象而做出的詮釋，彷彿內心想著：「因為你有偏見，才造成了我的問題。」或者「……因為你在密謀反對我。」大多數這類患者變得恐懼；少數則變得憤怒，並想攻擊假想的加害者。

仇恨與敵人

我們經常聽到人們以「我恨你」表達憤怒。然而，有時強烈的憤怒可能會加重到可以合理稱為「仇恨」的狀態，即使時間很短暫。不妨看看一位父親和十四歲女兒之間的交流：

父親：妳在幹什麼？
女兒：我要出門，去聽搖滾演唱會。
父親：不，妳別想！妳明知道妳被禁足了。
女兒：不公平……這裡簡直就是監獄。

父親：妳早該料到會這樣。

女兒：我受不了你……我恨你！

到了這個節骨眼，女兒只想消滅父親，在她眼中，父親是一隻趕不走的野獸，阻止她進行「要務」。在敵對的巔峰，彼此都將對方視為對手，隨時準備進攻。父親受到女兒任性的威脅，女兒受到父親不公正的支配和干涉。當然，他們實際上被彼此過度簡化的投射形象所困擾。然而，在大多數類似的親子衝突中，孩子的恨意與怒氣最終會平息。但當家庭具有父母長期失意或家暴的背景，孩子的強烈憤怒可能會轉化為長期仇恨，父母在孩子心目中會被定型為怪物，孩子也會認定自己很脆弱並將永遠遭受虐待。

同樣地，當一個母親認為孩子不可靠、狡猾或叛逆，可能會感到劇烈或長期的憤怒，而沒有仇恨。但是，一旦這位母親感到脆弱，將孩子視為無情的對手，她就可能感受到仇恨。父母與孩子、前夫與前妻或兄弟姊妹之間的仇恨可以持續數十年，甚至永久不滅。仇恨的體驗深刻而強烈，從本質來看可能與日常的憤怒體驗不同。仇恨一旦成形，就像一把冰冷的刀，隨時準備插進對手的後背。

---

10 D. G. Kingdon and D. Turkington, Cognitive-Behavioral Therapy of Schizophrenia (New York: Guilford, 1994)。許多妄想症患者殺死其偏執鎖定的對象後自殺，類似案例層出不窮。例如，一九九八年五月五日，梵蒂岡的瑞士衛隊士官塞德瑞奇．託內（Cedrich Tornay）殺死教宗衛隊隊長和他的委內瑞拉妻子，隨即自殺。*New York Times*, May 5, 1998, p. 1.

在激烈的衝突中，對手可能被認為無情、惡意甚至凶殘。不妨看看一位與丈夫爭奪監護權的妻子怎麼說：「他不負責任，脾氣又壞，總是對孩子和我發火，我知道他會虐待他們。我不能相信他……我恨他，想殺他。」[11]雖然對前任配偶的負面看法有時可能是準確的，但在大多數情況下都會被誇大。

因為想像中的**敵人**可能**看起來**很危險、惡毒或邪惡，因此所謂的受害者覺得自己不得不逃跑，否則只能透過使**敵人**喪失能力或殺死**敵人**來消除威脅。平民衝突的實際危險性通常會被誇大（但不是每次）。威脅往往不是針對人的身體，而是心理——他們的自尊、自我形象——尤其是當他們認為對手占了上風。他們的脆弱感比起對手的實際冒犯行為，通常都是不成比例地高。

在某些情況下，雙方惡意形象的交互作用會導致殺人衝動。嫉妒的前夫幻想著報復前妻，因為前妻獨占孩子的監護權，還和另一個男人住在一起。這令他感到無能為力、受困而絕望。他著魔地想：「她已奪走我的一切——包括孩子和面子，現在的我一無所有。」他相信自己無法忍受痛苦或繼續生活在這種恐懼中，因此他擬定計畫，先射殺前妻和她的情人再自殺。他認為只要計畫成功，就能在自我了斷之前挽回面子、減輕痛苦，並且找回力量。

如果這位前夫正在接受治療，醫師可證明他的主要問題並不在於前妻，而是他受傷的自尊心和無力感，隨著他對整件事充分了解，這種情況將能獲得改善。[12]

在這種情況下，對假想的折磨者進行報復，這股衝動多麼強大和原始，免不了令人懷疑，它可能是從祖先流傳下來的。在古老的年代，對「背叛」和「不忠」施加最高懲罰自有其生存價值。一些作者認為，這是人類與生俱來的機制，是演化帶來的壓力所導致的結果。[13]

個體間的**敵人**概念，在群體間的戰爭中也看得到。在武裝衝突中，對敵人的仇恨感會自適應地出現。當士兵認為自己已被敵人步槍的準星瞄準，就會把仇恨當做原始的生存策略。這強烈的框架形象有助於士兵發現對手的弱點，並調動資源來保護自己。「殺人或被殺」以簡化而明確的術語定義了這個問題。

當群體成員開始行動，準備懲罰假想中的犯罪者，也會激發相同的原始思維。在暴徒引發的暴力事件中，將他人視為**敵人**的非理性框架顯而易見。參與私刑的暴徒或濫殺無辜村民的士兵，都沒有意識到他們正在消滅的，是和自己一樣的人。他們不曾察覺，暴力行為的動力來自高漲的原始思維。受害者的惡毒形象像野火一樣在暴徒群中蔓延開來，他們認為受害者是壞人或邪惡之輩，因而被復仇的想法所驅使。他們相信自己做了正確的事：作惡者**必須**被消滅。憑著這股信念，他們的殺戮不會停歇。這種暴力行為帶來立即回報，減輕了他們的憤怒，賦予他們能力感，並從伸張正義之中產生滿足感。

強盜集團成員認為自己正行使自由選擇權。事實上，殺人決定是由他的心理結構（mental

---

11 我認為醫師會採取適當預防措施，她的威脅若是真的，醫師會通知當局。

12 適當的預防措施比心理治療更重要，必須優先實施。然而，在大多數情況下，兩者可同時進行。

13 D. P. Barash, *Beloved Enemies: Our Need for Opponents* (Amherst, N.Y: Prometheus, 1994)。我不同意這類看法。沒有證據表明人有對付對手或敵人的「需要」，我認為將他人誤認為敵人屬於認知問題。

apparatus）自動做出的，它被原始命令劫持，據以消滅一個危險或可惡的存在。儘管在敵對循環中，傷害或殺戮的衝動並非出於自願，但單一士兵或暴徒仍然有能力出於自願地控制它。要長期補救這種熱愛破壞的傾向，需要處理「將受害者定調為**邪惡**」的原始信念體系、「受害者必須受罰」的規則體系，以及「禁止傷害他人的規則遭到漠視」的放任信念體系。

在人類歷史中，世世代代充斥著家族、宗族、部落、族群或國家之間因仇恨而互相衝突的例子。有些長期鬥爭成了傳奇，比如哈特菲爾德和麥考伊兩大家族間的世仇[14]，以及《羅密歐與茱麗葉》（*Romeo and Juliet*）中蒙太古和凱普萊特之間的宿怨。在這齣戲劇的第一幕第一場中，王子著手處理這群易怒的臣民：

目無法紀的臣民，擾亂治安的罪人，
你們的刀劍都被你們鄰人的血玷汙了，——
他們不聽我的話嗎？喂，聽著！你們這些人，你們這些畜生，
你們為了撲滅你們怨毒的怒焰
不惜讓殷紅的流泉從你們的血管裡噴湧出來，
你們要是畏懼刑法，趕快從你們血腥的手裡丟下你們的凶器，
靜聽你們震怒的君王的判決。
凱普萊特，蒙太古，你們已經三次為了一句口頭上的空言，

引起了市民的械鬥，擾亂了我們街道上的安寧……
要是你們以後再在市街上鬧事，
就把你們的生命作為擾亂治安的代價。[15]

近期（本書原出版於一九九九年）互相殘殺的戰爭實例，包括盧安達的胡圖人和圖西人，近東的猶太人和阿拉伯人，以及南亞的印度教徒和穆斯林。沒有什麼比塞爾維亞人對波士尼亞穆斯林的襲擊，更能說明**敵人**形象的形成。一九九〇年，南斯拉夫共產主義解體後，民族主義者、政治和軍事領導人組成的聯盟開始執行一項任務，透過犧牲穆斯林來建立純粹的塞爾維亞國，此舉激起該國國民從前被土耳其人和波士尼亞穆斯林統治的恐怖記憶。據稱，為保護自己的國家，領導階層推動一場「種族清洗」運動，並消滅或驅逐數千名穆斯林。[16]最近，為了報復阿爾巴尼亞人發動叛亂，塞爾維亞軍隊在南斯拉夫科索沃省燒毀村莊並屠殺平民。

塞爾維亞領導階層將穆斯林塑造為**敵人**的生動形象助長了大屠殺。當中傳達如下訊息：我們

14 編注：哈特菲爾德–麥考伊夙怨（The Hatfield–McCoy feud），指一八六三至一八九一年間，美國西維吉尼亞州與肯塔基州邊界兩大家族間的長年衝突。
15 譯注：引用自朱生豪先生譯作《莎士比亞戲劇》之《羅密歐與茱麗葉》。
16 L. Silber and A. Little, *Yugoslavia: Death of a Nation* (New York: Penguin, 1996).

遭受土耳其統治長達數世紀，今後將不再容忍其後代的奴役。當然，令塞爾維亞民眾無法容忍的是高漲的「壓迫者」形象。其實塞爾維亞人和穆斯林幾乎沒有差異，雙方已和平共存很長一段時間。

將**敵人**的形象戲劇化，也是國家領導人解釋軍事或經濟倒退的便捷方式。他們將軍事失敗歸咎於被汙名化的少數，藉以提升國家軟弱和不堪一擊的形象。例如，希特勒利用猶太人的存在來解釋德國在第一次世界大戰的失敗、停戰後的政治屈辱以及隨之而來的通貨膨脹和經濟蕭條。[17]他將猶太人描述為好戰分子、國際資本家和激進派，將邪惡形象投射在這個弱勢族群身上。

有了猶太人做為代罪羔羊，納粹權力高漲，侮辱和迫害猶太人有助於強化猶太人的惡魔形象。面對惡魔般的敵人，消滅他們成了合理的推論，這樣一來，猶太人便再也無法推動所謂的破壞（引發戰爭、禍害各國經濟及汙染文化）。希特勒將追隨者描繪成被猶太人控制、打壓和禍害的受害者，藉以引發追隨者的共鳴與自憐。「受害者」因此成為加害者——高效的戰時官方機構，自此傾全力執行「最終解決方案」[18]。[19]

領袖將國家捲入戰爭時，對**敵人**的看法有可能是合理的。當領袖為了征服他國而興戰，不一定非得憎恨對方不可。但是，軍人和平民將對手視為需要消滅的**惡魔**時，軍事行動的成功機率會更高。對領袖來說，軍事冒險可能是一場政治賭博，但對於視個人犧牲為英雄行徑的軍人來說，這是一場生死攸關的對戰。

在憤怒、敵意和敵對行為中，從個人口頭辱罵到偏見和妄想，再到戰爭和種族滅絕，可能都找得到一致的基調。憤怒就是憤怒，無論是由叛逆孩子還是反叛殖民地所引起，本質都一樣；仇恨就是仇恨，無論是由受虐配偶還是無情獨裁者所引起，本質仍然相同。無論敵對行為的外因是什麼，其觸發與表現方式，一般都涉及相同的內在或心理機制。與破壞性的人際行動一樣，認知扭曲會激起憤怒並引發敵對行為。因此，由偏見、妄想、種族優越主義或軍事入侵造成的不當人身攻擊，涉及原始思維結構：一方面是絕對而明確的認知，另一方面是漠視受害者的人類身分。

如果世間存在某些認知共通性，開發心理治療的任務就會簡單一些。它們可以為解決人與人、群體與群體的衝突，提供一個準則，並為解決犯罪和大屠殺的可行方案奠定基礎。只要借鑑心理治療經驗，我們就能釐清認知偏誤，並透過理解、釐清和修正這些過程蘊含的原始信念體系，提供相應的矯正方法。

不同的暴力途徑

造成破壞性行為的途徑有許多種。例如，**冷酷而有計畫的暴力**，不一定要對受害者帶有敵意。

---

17 E. K. Fromm, *The Anatomy of Human Destructiveness* (New York: Holt, Rinehart, and Winston, 1973).

18 譯注：二次大戰期間，德國針對猶太人實施種族滅絕計畫，希特勒稱之為「猶太人問題的最終解決方案」。

19 C. Browning, *The Path to Genocide* (Cambridge: Cambridge University Press, 1992); D. Goldhagen, *Hitler's Willing Executioners: Ordinary Germans and the Holocaust* (New York: Alfred A. Knopf, 1996).

在便利商店劫持店員的武裝搶匪，不一定會對店員或店長有任何不好的感覺。同樣地，按下按鈕、發射導彈的軍官，不一定會對平民目標感到憤怒。蒙古軍隊圍攻並摧毀阻擋他們橫掃歐洲的城市時，對市民也沒有特別的敵意。成吉思汗在入侵前合理構思了整體計畫，要求徹底摧毀反抗的城市，以脅迫其他城市不戰而降。掠奪帶來的快感——就像所有原因引發的暴力——無疑增強了部隊的力量。

有些暴君做出冷血的決定，煽動人民支持國家侵略鄰國或國內的弱勢群體。希特勒在一九三九年便曾運用此策略，當時他散布謠言，謊稱捷克人在捷克斯洛伐克的蘇台德地區迫害少數德國人。後來他入侵波蘭以實施清除人口計畫，為擴展德國領土騰出空間。史達林、毛澤東和波布[20]圍捕並殺害大量人民，以強化共產主義並鞏固權力。他們的暴力是一種**工具**——用於達成政治和意識形態目的。工具型暴力特別危險，因為它通常基於一個學說：「只要目的正當，便可不擇手段。」

作家們多年來譴責這種藉口，但它仍在國際關係中發揮重要作用。阿道斯．赫胥黎[21]的散文集《目的和手段》（*Ends and Means*）為駁斥這一學說提供哲學基礎。[22]儘管如此，暴君（如薩達姆．海珊和史達林）入侵弱小鄰國（科威特和芬蘭），民族群體（如塞爾維亞人）屠殺脆弱的少數民族（波士尼亞人）達到所謂的有價值結果。納粹死亡集中營的衛兵認為自己將無數猶太人送去處死，這是模範公民的行為。雖然世界輿論譴責這類行為，但問題仍然存在：惡行僅存在於外界目擊者眼中，而肇事者渾然未覺。

激烈、反應性的暴力，其特點是對**敵人**的仇恨。參與屠殺和私刑的個人，其思維結構全都集中在**敵人**身上，並持續產生更極端的形象。一開始，敵對成員被**均質化**，而不是被視為不同的獨立個體。每個受害者身分都可以互換，而且可任意處置。到了下一階段，受害者被**非人化**，不再被視為他人可以寄與同情的對象。他們很容易被當成無生命的物體，例如靶場的機械鴨或電腦遊戲的攻擊目標。最後，他們被**妖魔化**，成了**邪惡**的化身。殺死他們不再是一種選擇；他們**必須**被消滅，其存在變成一種威脅。**邪惡**和**敵人**的抽象概念被轉化為實體或力量的具體形象，看起來威脅到侵略者的存在或切身利益。這些具體化概念被投射到受害者身上。我們攻擊的是意念投射出去的形象，但遭到傷害或殺害的，卻是真實的人。

激烈暴力本質上是反應性的：外界發生情況，例如感到威脅出現，使得領袖及追隨者切入戰鬥模式。外在環境通常在各個層面運作，例如，第一次世界大戰前的軍備競賽，使得歐洲局勢不穩定。隨著歐洲各國逐漸形成兩派聯盟，雙方都將對方視為危險的**敵人**，導致領袖和追隨者的恐懼和厭惡與日俱增，最後德國決定先發制人。[23]

---

20 譯注：Pol Pot（一九二五～一九九八），原名沙洛特紹，波布是其化名。一九六三年至一九九七年間為紅色高棉最高領導人，曾任柬埔寨共產黨總書記及民主柬埔寨總理。

21 譯注：Aldous Huxley（一八九四～一九六三），英國作家，後移居美國，作品包括小說、散文與劇本，其中最著名的為反烏托邦科幻小說《美麗新世界》（*Brave New World*）。

22 A. Huxley, *Ends and Means.* (New York: Harper & Brothers, 1937).

23 B. Tuchman, *Guns of August* (New York: Macmillan, 1962).

再看另一個完全不同的領域。不穩定的婚姻關係為互相辱罵奠定基礎，因為夫妻將對方視為致命的**敵人**，衝突來到最高點時就會動手，丈夫會毆打妻子，迫使她屈服。在這些爭吵中，妻子也有可能出現暴力行為。[24]酒精通常會加劇當事人喪失客觀性，並造成暴力伴侶無法克制施暴衝動。

在家庭暴力中，施暴者被困在原始思維模式裡，這種模式只關注**敵人**，不同情受害者，也不擔心施暴的長期後果。許多施暴者事後真心感到抱歉（並且可能較為清醒）——因為觀念已經重整。問題不在於欠缺道德感，而是原始思維如鐵鉗般的控制，使得他們以爭吵打架為導向。終極補救措施將在本書後續章節詳細介紹，做法是釐清和修正容易使個人對假想威脅反應過度的信念體系，接著擬定策略，目標是在最早階段揪出敵對事件，並且不把暴力當做一種可接受的武器。

除了與工具性（冷）暴力相關的蓄意、計畫型思維和反應性（熱）暴力相關的反射型思維之外，我們還可以釐清一種執行破壞性任務的**程序型思維**。具有這種「低層次」思維的人，其注意力完全集中在所進行的破壞計畫細節上。程序型思維是官員的典型特質，他們一絲不苟地執行破壞性任務，顯然無視於它們的意義或重要性。這些人全神貫注於手頭上的任務——也可以說是目光短淺——以致掩蓋他們正在參與非人道行動的事實。就算他們真的考慮過，似乎也會認為可以任意處置受害者。這種思維顯然是納粹和蘇聯機構中官僚的典型特質。[25]

當改革者意欲釐清敵意侵略的責任歸屬時，可以從何處著手？當有人聲稱自己目的正當便可不擇手段，進而開展宏大計畫、散布意識形態或政治聲明，此時冷暴力的責任顯然就落在他們頭上。儘管如此，沒有追隨者、官僚以及在許多情況下包括一般民眾的合作，就不可能出現群體暴力行為。像成吉思汗或海珊這樣的暴君往往充分行使自由意志，刻意擬定明確計畫來掠奪弱國以獲取財富。同樣的道理，中世紀十字軍前往聖地進行「上帝的工」，途中屠殺「異教徒」，貫徹明確的意識形態。史達林和毛澤東則透過數百萬民眾的死亡，鞏固其政治和經濟革命。

在這些例證中，構思宏大計畫的人原本可以自由思考其目標對人類的影響。在分析其計畫的成本和收益時，他們大可以將受害者的權益納入考量，並增添禁止殺戮的更高層次道德，但他們選擇不這樣做。

國際社會必須明確指出，執行破壞性指令者與發號施令者都要負同等責任。最近針對波士尼亞和盧安達大屠殺的國際審判結果，實為強化此原則的重要進展。

---

24 C. R. Mann, *When Women Kill* (Albany: State University Press of New York, 1982).

25 保羅・洪倫德（譯注：Paul Hollander〔一九三二～二〇一九〕，匈牙利裔美籍社會學家，以對共產主義和左派的批評聞名於世）提出專業人士的高壓統治和政治暴力四種模式，包括在納粹和蘇聯機構任職的人。第一組代表是受意識形態驅使、看似廉潔而嚴謹的劊子手，納粹陣營的海因里希・希姆萊（譯注：Heinrich Himmler〔一九〇〇～一九四五〕，二戰期間納粹高層，曾擔任內政部長，是大屠殺的主要策劃人）就是例證。第二組體現「邪惡的平庸」，其中阿道夫・艾克曼（譯注：Adolf Eichmann〔一九〇六～一九六二〕，「猶太人問題最終解決方案」的主要執行者。）是漢娜・鄂蘭（譯注：Hannah Arendt〔一九〇六～一九七五〕，猶太裔政治哲學家，也是二戰期間納粹大屠殺的倖存者，其理論和著作深深影響了二十與二十一世紀眾多政治理論研究者）著作《艾克曼在以色列》（*Eichmann in Israel*）當中的原型。這個群體被認為是非常普通的人，僅僅聽命行事，沒有強烈的信念，金錢和特權往往是驅使他們行動的因素。第三類是受過良好教育的野心家，他們在組織中找到滿意的就業和升遷機會。第四組受到具有暴力和脅迫性質的組織所吸引，許多著名的施暴者都屬於這一組，其性格與虐待狂和鎮壓行為一致。P. Hollander, "Revisiting the Banality of Evil: Political Violence in Communist Systems," *Partisan Review* 64, no. 1 (1997): 56。

內疚、焦慮、羞恥和抑制

儘管羅伊．鮑邁斯特[26]等作家提出傷害行為主要靠內疚感遏止，但這種感覺在敵意事件中很少出現。[27]人做了自己認為錯誤的事情，**事後**可能會感到內疚。當他們評估自己的行為並得出這樣的結論：我傷害了別人，這種行為不應當。此時他們可能會感到內疚。下次發生類似情況時，對上次事件的記憶可能會影響他們的行為。記憶發揮遏止作用，因為它提醒個人避免去做已知會讓自己事後內疚的事。

比如說我對助理的批評太過分，事後我發現自己傷害了他，因而感到內疚。這件事形成一個規則：「以後要多多克制對別人的批評。」下次助理犯錯，我想責備他時，過去的記憶和新制定的克制規則使我感到一陣愧疚；於是我克制了批判的衝動，不再繼續。此外，我也會將這項規則沿用到我對他人的批判反應。

對於敵對對象的同情，通常足以在第一時間阻止攻擊者造成傷害。在認知療法中，我們成功運用同理心訓練來促進憤怒的人對受害者產生認同感（見第八章）。

我們在幼年時期接受的某些訓誡，為打造行為準則提供了基本架構，這些準則可能會影響我們日後的行為。即使是幼兒也明白，傷害玩伴或讓對方陷入困境是錯誤的行為。然而，當傷害另一個孩子的衝動非常強烈時，他們會允許自己違反規則：衝動的力量可以為其行為找到理由（例如，「是她先打我」）。同樣地，故意攻擊他人的行為在成年人看來通常不道德，培養對他人產生同理心的能力，有助於將「這是錯誤行為」的觀念烙印在腦海中。

許多報導指出，士兵或警察發現自己無法近距離射殺囚犯。[28]根據克里斯多福・布朗寧[29]的描述，納粹德國秩序警察營的某些成員，在波蘭殺害猶太人時感到噁心反胃，不得不離開現場。[30]不幸的是，士兵和祕密警察原本一看到拷打或殺戮情景就反胃，但只要多看幾次後，他們對可怕的行為就會麻木。確實，當中有些人開始享受權力和伸張正義的快感。這種反應表明，最初的反感與對受害者的同理心有關，並不是出自於內疚。當對受害者的同理心消失時，對暴行的反感也會消失。

當人預料到傷害性行為會產生何種後果，此時的焦慮會觸發另一種重要的自動抑制機制。當一個人意欲對另一人施暴時，對遭到對方報復或當局懲罰的恐懼，可以化解敵對衝動。例如，較年長的孩子想要出手毆打弟妹，他的腦海可能會閃過家長憤怒的樣子，從而決定罷手。當我們與

---

26 譯注：Roy Baumeister（一九五三～），美國社會心理學家，擅長的研究領域包括自尊、侵略性、自我、歸屬感、意識與自由、社會排斥及性別差異。

27 R. E Baumeister, A. M. Stillwell, and T. K. Heatherton, "Guilt: An Interpersonal Approach," *Psychological Bulletin* 115 (1994): 243-67.

28 D. Grossman, *On Killing: The Psychological Cost of Learning to Kill in War and Society* (Boston: Little, Brown, 1995).

29 譯注：Christopher Browning（一九四四～），美國歷史學家，致力於研究大屠殺以期找出徹底解決之道。

30 Browning, *The Path to Genocide*.

對手或敵人打交道時，害怕被羞辱的心態也會阻止我們跨越合理行為的界限。我們的公眾形象對自身行為施加了強而有力的控制，因為它能引起痛苦和羞恥心。

對於反社會行為，除了消極遏止，還有一些積極因素可以促進良性行為。我們通常喜歡將自己看作成熟和善良的人，衝動行為意味著不成熟，而自制讓我們自豪。自我約束也有助於增強自我形象，即成為有價值、可取的人。人人對自身都有理想、價值觀、標準和期望，通常包含在我們的命令和禁令系統中，也就是「應該」和「不應該」做的事。當我們達到理想的自我形象，通常會為自己感到高興，當我們偏離理想時會感到不快。我們可能會對傷害性行為感到內疚並悔恨，覺得這麼做不值得。最後，我們做出周密的決定來控制敵對衝動，不是因為羞恥心、內疚感、焦慮或自我批判，而是因為我們知道自己無法接受。

儘管焦慮、內疚和羞恥的機制可能會延緩敵意表達，但它們無法在第一時間消除引發敵意的因素。此外，不殺生或不傷害他人的誡命，也可能會制止敵對衝動，但不會消除它們。找出究竟是哪些放縱的信念和理由會導致我們無視這些誡命，這是非常重要的一點。

道德矛盾：一個認知問題

一九九四年二月二十五日，大批穆斯林正在巴勒斯坦地區希伯倫市（Hebron）一座位於族長墓頂的清真寺中敬拜，遭到巴魯克・戈德斯坦（Baruch Goldstein）醫師持槍闖入掃射，至少一百三十人死傷。凶手相信自己是為了奉行上帝的旨意，當地以色列強硬派也奉他為英雄。主導一九九三年世貿大樓（World Trade Center Towers）爆炸案的伊斯蘭基本教義派，在被法庭宣判時齊聲高呼「真主至上」。積極推動「反墮胎」的麥可・格里芬（Michael Griffin）認為，他在佛羅里達州彭薩科拉（Pensacola）一家墮胎診所謀殺主治醫師時，是在履行基督教使命。[31]

這些破壞性行為呈現一種矛盾現象。極端分子利用猶太教、伊斯蘭教和基督教等宗教為其破壞行為辯護，但這些宗教向來致力於愛與和平。然而，宗教中的每一個武裝分子都認為，類似的暴力行為是其信仰的**圓滿成就**，沒有任何矛盾之處。有趣的是，他們的破壞性行為很少能達到預想的好結果，即使被自己的小團體奉為英雄，他們仍因施暴使得廣大民眾普遍對他們反感。

施暴者表現出典型的二分法思維——錯誤地將受害者歸類為罪犯，並將真正犯下惡行的人美化為救世主。這種二分法思維是全球的信仰特質，並滲透到主流宗教中。[32]聖經和古蘭經將道德世界劃分為善與惡、上帝與撒旦兩種完全不同的領域。透過反向的邏輯扭曲，從事謀殺（因而違反其宗教的基本教義）的信徒，將受害者視為**邪惡的一方**。在伊斯蘭聖戰（jihads）和基督教十字軍東征中，無數不同信仰的人在阿拉或耶穌的名義下被屠殺。甚至希特勒也以主的名義為大規模屠

31 R. Robins and J. Post, *Political Paranoia: The Psychopolitics of Hatred* (New Haven, Conn.: Yale University Press, 1997).

32 D. Maybury-Lewis, and U. Almagor, Eds., *The Attraction of Opposites: Thought and Society in the Dualistic Mode* (Ann Arbor: University of Michigan Press, 1989).

殺猶太人辯護。[33]

在解決個人或群體暴力問題上，顯然宗教制度僅達到部分成功。[34]理解這些個人的心理，可以為我們提供哪些幫助?事實上，找出導致暴力的心理因素，就可以提供基本框架，有助於理解憤怒、敵意和暴力。另一方面，當人需要處理自己的敵對反應時，這個基本框架可以做為制定策略的參考，並為解決群體間和國家間的衝突提供基礎。

道德規範在減少敵對行為上是失敗的。是什麼力量驅使傷害性行為，又是什麼因素使得加害者有充足藉口，我們可以透過分析兩者的認知結構來查明。理解原始思維和信念可以做為解決道德矛盾的第一步。當一個人意識到自身或神聖價值觀受到威脅或不當對待時，就會回歸絕對的二分法思維。當這種原始思維模式被觸發，他會自動準備進攻——以捍衛他投注大量心力的價值觀。這種敵對模式接管思維結構，並排擠人性特質，例如同理心和道德感。無論施暴者的反應是基於群體成員還是個人立場，都會引發相同類型的思維。除非被打斷，否則敵意的順序會從**感知**（察覺到被侵害）、**準備**、**動員**再到**實際攻擊**。

認知問題的解決方案

導致憤怒、敵意和暴力的基本心理問題將在後續章節詳述。簡而言之，解決人際衝突中的敵意和仇恨問題分為兩個階段。第一階段的重點是在敵對模式觸發當下立刻解除它。衝突升溫時，可以運用多種方法來打造冷靜期。轉移注意力也有助於解除原始思維。等到足夠的時間過去，各方能夠正確審視自身反應時，就能修正他們對彼此行為的誤解。

另有一種更持久的方法是從基本面切入，針對人認為自身、所屬群體或價值觀很脆弱的方面著手處理。一般而言，人們及領導者需要更注意在遭受威脅時會控制大腦的僵化思維。他們必須明白，當自己對別人行為的解釋受到善與惡、神聖與邪惡等絕對概念支配時，所做出的判斷並不理性。他們要能根據更客觀的標準來評估其他群體的行為，不輕易以絕對二分法將對方歸類，例如將對方視為非我族類或**敵人**。最重要的是，他們必須意識到，自己對他人及其動機的看法很可能錯得離譜，如果根據這些看法採取行動，往往會導致悲劇性後果。

近年來，認知和社會心理學方面的研究大大幫助我們理解偏見訊息的無意識處理，特別是與不被承認的偏見和啟動敵對態度有關的現象。[35]此外，人類學、社會學和政治學的當代研究，為分

---

33 R. Baumeister, *Evil: Inside Human Cruelty and Violence* (New York: W. H. Freeman, 1997).

34 例如，美國北部的宗教人士比非宗教人士更不容易遭受暴力。R. Nisbett and D. Cohen, *Culture of Honor: The Psychology of Violence in the South* (Boulder, Colo.: Westview, 1996)。

35 J. A. Bargh, S. Chaiken, P. Raymond, and C. Hymes, "The Automatic Evaluation Effect: Unconditional Automatic Attitude Activation with a Pronunciation Task," *Journal of Experimental Social Psychology* 32, no. 1 (1996): 104-28.

析工作提供了更廣闊的視角。[36]

演化心理學的新研究，為推測人類行為擴展了時間幅度。從達爾文開始，許多作家都認為很多社會和反社會行為源自生物基礎結構。某些類型的「反社會」行為，例如詐欺、不忠、搶劫甚至謀殺，可能源於史前時代促進生存和成功繁殖的原始模式。這些作家也為合作、利他主義和養育子女等親社會行為[37]提供演化解釋。[38]但他們沒有提出本書要討論的主題——也就是認知模式的演變，尤其是原始思維的演變。

其他作家如保羅．吉爾伯特[39]則強調舊石器時代社會連結的重要性。[40]據推測，地位喪失或被否定的社會危險，在當時對生存和繁殖產生影響。選擇性壓力會促進社交焦慮進化，以阻止那些可能干擾群體接納和求偶的行為。由於不良行為而被排除在外的個人將失去群體保護，暴露在被掠食者攻擊的風險下，或者無法分配到群體的存糧。一旦暴露在人類或非人類敵方的致命攻擊或飢餓的風險下，此人不太可能求偶及繁殖後代。

內建一個機制以引起被遺棄或輕視的恐懼，這可能是促進群體團結的重要因素。羞恥、焦慮和內疚等情緒反應的進化，為群體內的道德行為奠定堅實基礎。然而，這種機制可能適合史前時代，在當代則成了過度反應，非常不恰當。

一些作家也認為，演化壓力有助於發展社會所期望的特質。[41]人似乎有一種與生俱來的設定可以加強社交行為。因為人在合作與進行利他行為時會感到快樂，教育工作者、宗教領袖和社會工程師可以利用這類影響力，來對抗敵對行為並促進道德行為。

36 亞伯特．班杜拉（譯注：Albert Bandura〔一九二五～二〇二一〕，加拿大裔美籍心理學家，以社會學習論聞名於世）提供廣泛的敵意社會學習理論，將生物因素和透過直接經驗或觀察所進行的學習納入考量。他主張，侵略性是受到榜樣的影響（透過攻擊或挫折）所激發的，動機諸如對金錢或讚美的渴望、指令（例如上級命令）和妄想。他也指出，侵略可以透過下列方式來控管：外部獎勵和懲罰；替代強化（譯注：vicarious reinforcement，學習者看到榜樣成功或得到獎勵會想要效法對方，同理，看到榜樣失敗或遭受懲罰就會記取教訓，比如見賢思齊或殺一儆百），例如觀察他人受到的獎懲；以及自我控制機制，例如自尊和內疚。A. Bandura, *Aggression: A Social Learning Analysis.* (Englewood Cliffs, N.J.: Prentice Hall, 1983)。羅伯特．拜倫（Robert Baron）和黛博拉．理查森（Deborah Richardson）擴展這個模型，並將其應用於侵略性的系統研究。R. A. Baron & D. R. Richardson, *Human Aggression. 2nd ed.* (New York: Plenum Press, 1994)。

37 譯注：Prosocial behavior，一譯「利社會行為」，泛指有益於他人和社會的所有行為，比如犧牲小我，樂善好施。

38 J. H. Barkow, L. Cosmides, and J. Tooby, *The Adapted Mind: Evolutionary Psychology and the Generation of Culture* (New York: Oxford University Press, 1992); P. Kropotkin, Evolution and Environment (Montreal: Blackrose Books, 1995).

39 編注：Paul Gilbert（一九五一～），英國臨床心理學家，慈悲焦點治療（Compassion-focused therapy，簡稱ＣＦＴ）創始人。

40 P. Gilbert, *Human Nature and Suffering* (Hillsdale, N.J.: Erlbaum Associates, 1989).

41 J. H. Barkow, L. Cosimides, and J. Tooby, *The Adapted Mind: Evolutionary Psychology and the Generation of Culture* (Oxford: Oxford University Press, 1992).

CHAPTER 02

暴風中心（「我」）

自我中心的偏見

引發敵意的因素是什麼？一般來說，我們在特定遭遇中是否感到憤怒、焦慮、悲傷或快樂，取決於對此遭遇的詮釋，也就是我們賦予它的**意義**。如果我們在回應之前沒有詮釋事件的意義，不管願不願意，情緒反應和行為都會出現，而且與具體情況無關。當我們正確選擇及適當處理訊息時，可能會找出符合情況的事實。因此，我們的感受和行為是恰當的。如果解讀出來的意義是「我有危險」，那麼我會感到焦慮；如果是「我被冤枉」，那麼我會生氣；如果是「我很孤單」，那麼我會感到難過；如果是「我受到關愛」，那麼我會感到快樂。

然而，如果我添加不正確或誇大的意義，可能會在應該平靜時感到焦慮，或者在應該悲傷時感到高興。當訊息處理受到偏見影響（或訊息本身不正確時），我們很容易做出不恰當的反應。偏見可能會在處理訊息的最早期階段（無意識）出現。[1]一位敏感的女性將男性熟人的衷心恭維解釋為誹謗；一秒鐘後，她憤怒地衝他吼。她對他的言論的詮釋是：「他在貶低我。」因為她通常認定男人會拒絕她，所以她將無辜的言論誤解為有辱人格。

---

1 愈來愈多證據表明，人對新刺激或周圍環境變化反應非常迅速。我將這些變化稱為「事件」。這些少量新訊息首先會立刻被粗略評估，將正價或負價附加到刺激上。說得白話一點，也就是評估「對我有好處」或「對我有壞處」，或者「對」還是「錯」的概念。這個初始過程發生得非常快——在三分之一秒內出現——而且是無意識的。隨著來自環境（或身體感覺）的額外訊息被吸收，開始進入更完整的處理，人得以對事件的來龍去脈進行評估，並確定初始評估是否關乎個人利益且意義重大。如果第二次評估表明事件重要且與自身相關，就會以圖像或文字的形式進行更詳盡的回應。圖像或語言能傳達事件更完整的意義，儘管它們發生得非常迅速，但圖像和語言概念可以透過內省獲得。由於這些心理反應像反射動作一樣發生，意志並未參與，我將它們稱為「自動化思考」（automatic thought）或「前意識認知」（preconscious cognition）。儘管自動化思考和圖像處於意識邊緣，但人可以透過訓練，意識到它們，並且詳細描述。在治療中，這些認知提供我們基本材料，以理解事件對個人的意義。不僅可以訓練患者釐清這些認知，還可以對它們進行現實檢驗（reality-test）。如果認知看起來不是正當而合理的解釋，患者可以學習重新構建它們。訊息處理的各個階段由稱為「基模」（schemas）的特定結構執行，粗略基模只是在訊息處理初始階段為刺激分配正價或負價。更精細的基模則具有「信念」，有助於將初始評估發展為對事件更全面的意義分配。這些「意義分配基模」不一定是僵化的，信念在實證檢驗和理性分析的基礎上會受到不實經驗或修正的影響。例如，糾正不準確的自動化思考可以「過濾」基模並修正併入的信念。在不同的層面上，釐清信念可以促進它們有意識的、「理性的」修正。認知**不是**訊息處理的唯一產物——行為和情感也會被激發。有證據表明，行為結構的初始激發是在初始自動評估之後自動並立即發生的。在實驗中，被評估為良好的刺激有助於受試者自動停止負面反應；不良刺激則有助於負面反應自動**出現**。這種自動發生的行為傾向，可能表現在肌肉組織中，包括：準備攻擊或逃跑、愣在原地、呈現攻擊傾向、被動放棄作為、悲傷或憂鬱。J. A. Bargh, S. Chaiken, P. Raymond, and C. Hymes, "The Automatic Evaluation Effect: Unconditional Automatic Attitude Activation with a Pronunciation Task," *Journal of Experimental Social Psychology* 32, no. 1 (1996): 104-28.

關於成為「受害者」

不妨想一想下列情景。卡車司機咒罵造成交通堵塞的慢速駕駛，經理斥責員工不交報告，大國為了爭奪豐富石油資源，對弱小而頑強的鄰國發動攻擊。有趣的是，儘管在這些例子中，加害者和受害者之間存在明顯差異，但每個攻擊者都可能聲稱自己是受害者：卡車司機的去路受阻，經理遭受下屬違逆，入侵國遭到反抗。侵略者堅信**自己**發動攻擊的原因符合正義，堅信**自己**的權利受到侵犯。他們憤怒的對象，也就是真正的受害者（在公平無私的旁觀者看來），被加害者視為問題根源。

好鬥、控制欲強的人，通常認為自己的資格和權利凌駕於他人之上。打著「需要生存空間」（德國）或徵用土地（美國）口號的侵略國看待弱國的反抗，與盛氣凌人的司機看待慢速駕駛的方式大致相同：對方的作為正在干涉自己的合法目的。

一個人在群體當中，也會表現出在個人衝突中的偏差思維。敵意——無論是針對團體還是個人——都源於相同的原則：將對手視為錯的或壞的，將自己視為對的與善的。不管是哪一種，侵略者都表現出相同的「思維混亂」：以有利於自己的方式解釋事實，誇大假想的冒犯行為，並將惡意歸咎於反對者。

人非常清楚哪些事件可能對自身福祉和個人利益產生不利影響，這是我們代代傳承的生存本領。我們對於帶有壓制、強迫接受或干涉意味的行為很敏感。我們密切注意他人的行為，以便啟動防禦措施來抵禦任何明顯有害的行為或言論。我們傾向於將有害的個人意圖加到無害的行為上，並誇大它們對我們的實際影響。因此，我們特別容易因為他人而感到受傷和生氣。

根據自己的參考框架過度解釋情況，這是一種「自我中心觀點」的表現。當我們感到有壓力或威脅來襲時，自我中心的思維模式會增強，同時我們關注的領域也會擴大到不相關或幾乎無關的事件。在形成另一個人行為的織錦中，我們只會注意可能影響自己的那一條線。

對於另一個人明顯的敵對行為，我們特別容易站在自我中心角度來解釋。丈夫下班回家後，發現妻子全神貫注忙著別的事，便認定「她不在乎我」，儘管這種解釋忽略了事實：她在外工作一天後疲憊不堪，下班回家還要擔起家庭主婦的職責。他認為妻子對自己無感，是因為她已經不愛他了。

我們很容易把自己看作戲裡的主角，僅僅以自己的角度來判斷他人的行為。我們扮演主角，其他演員是支持者或反對者，他們的動機和行為以某種方式圍繞著我們。我們宛如置身於老式道德劇中，自己是天真善良的；對手則邪惡又壞。自我中心主義也使得我們相信他人會像我們一樣解釋情況；他們明明「知道」自己正在傷害我們，卻仍堅持做出有害行為，因而顯得他們的罪孽更重。在「激烈」的衝突中，冒犯者也有自我中心的觀點，這種心態為傷害、憤怒和報復的惡性循環奠定基礎。

自我中心取向迫使我們專注於控制其他演員的行為和假想意圖。我們心底暗藏一套規則，例如「你不應該做害我痛苦的任何事」。由於可能過於廣泛和嚴格地應用規則，我們總是容易因他人行為而受到傷害。我們認定自己的規則被違反，因而被激怒，因為認同自己的規則，所以覺得被冒犯。我們愈是把不相關的事件與自己連結，愈是誇大相關事件的重要性，就愈容易感到受傷。

由於他人也按照自我中心的規則行事，我們的自我保護規則便不可避免地被違反；即使他們知道我們的規則，也不想受到控制。

自我中心觀點所造成的影響，在親密關係中顯而易見，特別是痛苦的婚姻。例如，南希很生氣，因為羅傑只為自己做三明治，沒有問她是否也要。羅傑違反了南希的潛規則：「如果羅傑關心我，就會願意和我分享。」其實南希不想吃三明治，但按照她的規則，羅傑沒有主動給便意味著他不體貼，不在乎她的意願。在她提出抱怨後，羅傑提議也為她做三明治，但他的回應沒有幫助；因為他一開始沒有做，也就等於早已「表明」他不在乎，於是南希一聲不吭。

南希擴大期望，使得自己更加脆弱，因此更容易出現憤怒和受傷的感覺。另一方面，羅傑並不在乎南希會不會預先考慮**他的**欲望，但對配偶試圖控制他的任何跡象非常敏感。當她選擇沉默不語，他很生氣——認為她是在試圖懲罰他。在南希的「道德劇」中，她是受害者，羅傑是反派。而對羅傑來說，他才是受害者，南希是反派。

矛盾的是，一個人為保護自己而制定的規則，實際上反而使他**更加**脆弱。對南希來說，規則改成這樣會更適合她：「如果羅傑沒有察覺到我的意願，我會主動通知他。」這樣的程序規則如果成功，就能實現讓羅傑更體貼的目標。另一方面，羅傑必須明白，南希沉默不語是因為對他失望，而不是在暗中報復他。

將自己擺在中心位置並將他人行為連結到自己身上，這在某些精神疾病中相當常見。隨著患者增強自我中心觀點，可能會掩蓋他人以及人際互動的真實性質。患者很可能對他人的行為賦予錯誤甚至離奇的含義。這種傾向以誇張形式出現在妄想症患者身上，他們將他人的不相關行為與自己連結起來（自我參照），並且由衷相信自己沒有看錯他人對自己的態度。

二十九歲的湯姆是電腦推銷員，因為幾個月來一直焦慮不安而被轉介過來進行評估。他抱怨路人都盯著他看，還對他人身攻擊。他在轉角遇到一群歡快的陌生人，將對方的笑聲解釋為他們正密謀害他難堪。雖然湯姆的自我參照看起來與我們的自身經歷無關，但它生動地展現了將他人行為與自己連結起來的傾向。

自我中心觀點可以在其他臨床情況下觀察到，比如憂鬱症。這類患者將不相關事件與自己連結起來，但他們將事件解釋為自己不值得或有缺陷的徵兆。相較之下，典型懷有敵意的人不一定會認為他人故意傷害自己，而是推斷別人會因為愚蠢、不負責任或固執而妨礙自己的目標。在他的劇本中，傻瓜阻礙他這位主角追求夢想。然而，他的敵意愈強烈，愈有可能將別人的干涉解釋為蓄意傷害他。

多疑的人將別人行為解釋為想要阻撓、欺騙或操縱他。「偏執的觀點」（paranoid perspective）被用在政治或宗教組織成員身上，他們認為自己的價值觀和利益，正被侵略性政府壓制或被其他團體誤用。在《美國政治的偏執風格和其他論文》（*The Paranoid Style in American Politics and Other Essays*）一書中，理查．霍夫士達特[2]根據仇恨團體對腐敗政府故意侵犯其憲法權利的認定來描述其

---

2 譯注：Richard Hofstadter（一九一六～一九七〇），美國歷史學家，曾以《改革的時代》（*The Age of Reform*）和《美國的反智傳統》（*Anti-Intellectualism in American Life*）榮獲兩屆普立茲獎。

心態。[3]

人際關係中有個主要問題：我們的言行會對他人傳達並非我們存心要展現的含義，正如他們的言行也會對我們傳達並非他們存心要展現的含義一樣。他人對我們做什麼或不做什麼的可能解釋，其敏感性涉及我們如何應對與交際。當人意欲保持平衡的親密關係時，往往會發現他人的期望和解釋宛如危險淺灘，自己必須小心涉過。這項原則適用於群體之間以及人際關係。

個人主義和利己主義

一般對自我中心的認知僅僅是「一個人包覆在自我當中」，低估了它在解釋我們的經歷及保護和增進切身利益的重要作用。每個人都是將基因傳給下一代的工具，因此演化將自利性偏差[4]、貪婪和自衛列為優先考量。這種對自我的中心定位和定義不僅透過生理快樂和痛苦，也透過心理快樂和痛苦獲得加強。例如，勝利的喜悅反映我們對自己的評價提高，這種現象被我們稱為「自尊」。另一方面，失敗的痛苦則源於自尊心降低。

這種快樂和痛苦的經歷強化個人認同感，他人對我們的定義、獎勵或懲罰則進一步鞏固個人認同感。當他人劃下界限時，也有助於定義**我們**身為獨立個體的感覺。當我們侵占他人的領域，所激起的憤怒確立我們個人領域的邊界。我們對自己有特定的心理表述，包括個人身分認同及對生理和心理特質的概念。我們認可對於自己和自身領域的「外部」成分、所重視的其他個體和機構，以及有形財產的大力投資。事實上，我們的擴展領域可能延伸到所有從屬關係——種族、宗教、政黨、政府——我們可能會將對自身領域的任何攻擊解釋為對個人身分的攻擊。不幸的是，維持擴展領域會導致我們對各種可能的侮辱過度敏感。

隨著初步自我意識建立（可能在出生後第二年），個人會根據自我利益進行思考和計劃。這種程序化導向可能（也正在）被社交壓力凌駕，以符合群體的準則和規定。自尊宛如一具內在測量器，迫使我們擴展資源和領域，並記錄我們對領域的評估。當有價值的領域擴展，我們會感到快樂，而當它被壓縮或貶值時，我們會感到痛苦。我們受到傷害時，會利用各種策略來增強自尊。當我們在實現目標和擴展領域的嘗試中受阻，我們可能會冒犯並攻擊或懲罰傷害我們的人。

原始信念

我們的信念和訊息處理系統在確定感受和行為方面具有決定性作用。我們根據自己的價值觀、規則和信念來解釋和曲解他人的信號。當我們過分強調個人成功或國家優勢的重要性，就會落入陷阱，認為競爭對手、外部群體成員或其他國家公民不如我們有價值。從演化經驗中保留下來的

---

3 R. Hofstadter, *The Paranoid Style in American Politics and Other Essays* (New York: Vintage, 1967).

4 譯注：self-serving bias，泛指人通常將成功歸因於自己卓越的人格特質，並將失敗歸咎於環境。

處理訊息原始機制會影響我們判斷跟自己不同的人，認知偏誤也可能導致我們隨意將行為或信仰與自己相衝突的任何人視為懷有惡意。隨著認知結構的老虎鉗收緊，我們傾向於將這些人塞進**敵人**類別，包括：憤怒的配偶、弱勢宗教或種族群體，以及勇敢發聲的政治革命者。以自我反省、客觀和有遠見的方式觀察他人變得愈來愈困難。

可以根據原始思維來理解人為何偏好過度或不恰當的憤怒和暴力。這些模式不僅在基本意義上是原始的，也可能因為它們源於原始時代，對動物和人類祖先處理與其他個體或群體的危險問題很有用。

人普遍認為自己受到冒犯時第一反應是憤怒；然而，在憤怒反應之前的最初解釋如此迅速且往往如此微妙，以致他們可能根本沒有意識到。但是，經過回想和反省，他們幾乎可以察覺，最初的情緒反應是一種痛苦的感覺，而不是憤怒。只要加以訓練，他們通常可以「抓住」導致痛苦的事件含義。

因此，敵意順序是先從解釋冒犯轉為憤怒，再到敵對的言語或行動。多年來我一直相信，在個體做出自己受委屈的解釋後，憤怒會立即出現。然而，幾年前我觀察到，患者遭受有害經歷後，若能專心觀察自身的感受，便會注意到在憤怒出現**之前**曾有瞬間的傷害或焦慮感。[5]透過仔細檢查可發現，憤怒出現前的痛苦感受是由相同原因造成的，也就是在某方面覺得自己被貶低。個人評估後，如果認為痛苦是由另一個人錯誤地造成，他的行為系統就會被調動起來，準備反擊。我們可以用以下的圖示來簡單表示敵意發展的各階段：

事件→痛苦→「受委屈」→憤怒→發動攻擊

如果我們認為威脅或損失僅僅是源於客觀情況——例如，疾病或經濟危機——我們只會感到沮喪或不快樂，但不會生氣。然而，如果結論是某個人或群體有錯，我們就會憤怒，怒氣將迫使我們進行報復以彌補錯誤。當我們覺得自己莫名其妙被某個無生命物體撞到，甚至可能會對它感到憤怒（比如說椅子不應該在那裡，或者玻璃杯不應該從手中掉落）。這種主觀感覺的質量和強度從惱羞成怒到暴怒都有。雖然在一般口語中，「憤怒」這個詞常被用來表達一個人的感受及破壞性行為，但我在本書僅用它來表達**感受**，至於實際**行為**，我將使用「敵對攻擊」一詞來表示。

當我們動員起來戰鬥或反擊時，可能會因擔憂後果而壓抑行動。儘管如此，只要我們對冒犯者的印象持續存在，生物攻擊系統就會保持觸發狀態，生理表現為心率加快、血壓升高和肌肉張力增加。戰鬥動員還包括展示令人生畏的面部表情，例如板起面孔和瞪視。

當我們誤解或誇大看似冒犯的情況時，人際關係就會出現問題。比如說，我們相信自己被某人貶低、欺騙，或我們重視的價值觀受到對方質疑。這種冒犯行為激起我們反擊，以便終止損害

---

5 A. T. Beck, *Love Is Never Enough* (New York: HarperCollins, 1988).

並懲罰冒犯者。我們都有特定的弱點，使我們容易對弱點受到侵害**反應過度**。這些脆弱的領域實際上包含有問題的信念，例如「假使有人不尊重我，便意味著我被他看扁了」，或者「如果妻子不表達感激，也就表明她不在乎」，或者「如果配偶拒絕我，我就束手無策」。

為保護自己免受歧視、脅迫、不公正對待和遺棄，我們打造與平等、自由、公平和拒絕相關的規則。如果我們意識到自己正遭受不公平待遇，或者自由受限，我們不僅會因此失勢，還很容易受到進一步的貶低。即使沒有受到任何損害，我們可能會尋求報復並懲罰冒犯者，以恢復權力平衡。無論是否受到損害，我們都會確認冒犯的性質，權衡報復的利弊，並決定採取何種補救措施。

我們使用這些準則來監控和評估人際事務，但由於它們被誇大和僵化，會導致不必要的痛苦。錯誤的信念深入自我保護的補償要求系統：「別人必須尊重我。」或者「妻子應該持續表現出她很在乎。」如果違反這些準則，另一組強制性報復信念就會被觸發。「我應該懲罰任何不尊重我的人」，或者「如果妻子沒有回應，我應該離開她」。我們認為有些因素對自身的存在或身分來說非常重要，而保護這些因素的信念往往呈現原始形態，例如「誰中傷我的榮譽就是敵人」。

原始信念往往是極端的，可能導致暴力行為。漢克是一名建築工人，他認為「如果有人不尊重我，我就應該好好教訓對方」，為此他在工作場所、酒吧和其他社交聚會上多次打架。有時，他將同樣的規則延伸到妻子身上，並在她責罵他時動手打她。類似事件導致他接受婚姻諮商，他這才意識到，自己因脆弱感而不惜代價維護男子氣概。一個人被傷害他人的衝動所支配，往往被認為是軟弱而不是強大，有了這層認識，他更加願意控制自己的行為。我們在臨床上發現，一些施暴者的自我形象有缺陷，他們往往會透過恐嚇他人來彌補這一缺陷。

一組類似的信念可能會惡化群體之間與國家之間的憤怒和敵意。這並不奇怪，因為群體行為代表個體成員思維的累積效應。將外部群體成員視為危險個體，這屬於更強烈的核心信念，將導致脆弱感和防禦意識。當兩個群體之間發生衝突，這些信念就會被激發，形成兩個群體對彼此的看法。隨著信念愈來愈強，敵對團體被視為**敵人**，其中一個團體可能會率先發動攻擊。像這樣的信念也是大規模暴力的基礎，例如種族暴動、戰爭和種族滅絕。

儘管史前時期的動物掠食者或強盜集團不再對日常生活構成威脅，但人類祖先長年暴露於這些危險當中，終日擔驚受怕，世世代代連帶受此影響。我們不知不覺打造一個虛幻世界，由意圖主宰、欺騙和剝削我們的個體組成。我們過度懷疑別人的行為暗藏操縱或欺騙意味，也可能會將瑣碎或無害事件或輕微挑釁視為嚴重冒犯。這些自動出現而誇張的自我保護會導致現代生活出現不必要的摩擦和痛苦。以非此即彼的方式回應，藉以區分朋友與敵人、獵物與掠食者，這在演化過程中可能有用。當生存遭受威脅，提防氏族其他成員出現入侵行為，這種警覺心在古代可能很適合，但現代人通常不再需要這些古老機制在日常互動中提供安全界限。

我們透過一對一諮商來研究人的心理，其結果也可以應用於單一群體中所有成員的集體思考。個人對競爭對手產生偏見，也可能反映在群體所有成員對外部群體成員的綜合偏見中。我們已知可在治療中改變個體的思維，以減輕其自暴自棄的憤怒和敵對行為。[6]那麼，我們能否應用相同原則來解決導致群體衝突和種族紛爭的問題？

我們為保護自己免受他人侵犯而制定規則，而社會為了保護民眾也會制定法律。我們承認這些法律，因為認可它們的保護價值，即使自己可能不會守法。然而，當我們看到某個人違法，可能會覺得憤怒，想要懲罰對方。如果你經過停止標誌沒有先停再開，你便害我暴露在危險中；下次你再犯，我可能會成為受害者。因此，我們大家都同意規則必須執行，但主要是為了控制**他人**。（我們喜歡認為自己有這些公共法律的特殊豁免權。）

儘管我們傾向於容忍自己的自私行為，卻對表現出類似行為的他人提出批判。將貪婪、虛榮和懶惰列入七宗罪當中[7]，是因為社會和宗教機構試圖遏制人固有的自我膨脹和自我放縱傾向，這種傾向會對別人造成損害。對個人有利的事情可能對群體所有人不利。我可能會因為擴展領域（貪婪）或節約精力（懶惰）而得到滿足，但這些「自然」的傾向會干擾群體利益，所以他們不鼓勵。實施制裁是為讓冒犯者產生羞恥感（如果不是內疚的話）並促使行為改變。

正面的信念與感受

然而，自私自利的心態和行為僅代表人性的一面，它們被情感、善良和同理心等強大的演化力量軟化及平衡。因此，我們表現出基本的矛盾心理——在一種情況下顯得自我放縱、自我奉承和自私，在另一種情況下表現出自我犧牲、謙遜和慷慨。

個體之間的關係可以透過分裂和融合的對比來描繪。雖然個人主義和利己主義可能讓人們分開，導致家庭或群體內部的敵意，但對情感、關懷和團結的渴望也會促使他們聚集。後者的連結關係也是演化整體規劃下的產物。在親子、戀人、配偶、親戚和朋友之間的親密關係中，常可見到親和力（又稱為親社會）。親密、融洽和友愛因愉悅感而增強並延續。當社團、政治組織、學校以及民族、種族和國家群體成員有共同目標，彼此也會形成牢固（有時短暫）的連結。熱情洋溢的地球日慶祝活動就是一例。團隊精神以及共同損失的經歷為成員帶來共同的悲傷與相互扶持，進而鞏固群體團結。

人與群體中其他個體及群體的忠誠連結，賦予群體凝聚力、定義和界限。然而正如亞瑟·柯斯勒[8]指出的重點，這類凝聚力對我們這個物種來說是不利的，因為我們將其他個體和群體定義為

---

6 J. L. Deffenbacher, E. R. Oetting, M. E. Huff, G. R. Cornell, and C. J. Dallager, "Evaluation of Two Cognitive-Behavioral Approaches to General Anger Reduction," *Cognitive Therapy and Research* 20, no. 6 (1996): 551-73; J. L. Deffenbacher, E. R. Dahlen, R. S. Lynch, C. D. Morris, and W. N. Gowensmith, "Application of Beck' s Cognitive Therapy to Anger Reduction," paper presented at the 106th annual convention of the American Psychological Association, San Francisco (November 1998).

7 譯注：此處可能是作者筆誤，七宗罪泛指貪婪、暴食、淫慾、懶惰、驕傲、嫉妒和憤怒。虛榮最早時也被列入，統稱為人的八種罪行，後來虛榮被歸入傲慢，改為七宗罪。

8 譯注：Arthur Koestler（一九〇五～一九八三），英籍匈牙利作家，曾加入德國共產黨，後退黨。代表作《正午的黑暗》（*Darkness at Noon*）入選二十世紀百部最佳英文小說，為全球知名的反共力作。

非我族類、潛在對手，甚至是敵人。[9]群體成員之間的社會性與成員本身的個人主義結合起來，為激進的競爭、排他和對非我族類的敵意奠定基礎。當人們在個人主義和親社會方面的努力與群體目標達成一致時，不僅獲得群體認同的好處，還會受到其黑暗面的影響，包括：仇外心理、沙文主義、偏見和排他心態。他們對其他群體抱持的想法，就和對冒犯他們的群體成員的想法一樣，涉及以偏概全和二分法思維等錯誤，以及對「單一原因」的執著——將外部群體視為痛苦的唯一原因，也稱為代罪羔羊。

群體成員經常陷入一種陷阱：將感覺良好與高人一等劃上等號（也就是說，覺得自己更有價值）。如果你認為別人沒有價值，就更容易傷害和貶低他們。偏差思維深植於曾經和「非我族類」起衝突的記憶中，這些記憶可能會代代相傳（透過文化媒體）。不可避免地，個人主義和社會性的雙頭怪（被柯斯勒稱為「雙面神」〔Janus〕）將思維扭曲為狂熱的民族主義、十字軍東征和政治鬥爭。

處於對抗或評估模式的人特別容易從負面角度看待對手。宗教和不正式的道德規範未能抵消固有的利己主義和貪婪，原因之一是它們沒有消除訊息處理的缺陷，也沒有大幅改變人們對非我族類的看法。由於強調絕對的（二元論、以偏概全）評估式批判，許多宗教往往加劇人偏狹判斷自己和他人的傾向：不是善就是惡、不是仁慈就是惡毒。這種想法顯然會在人際關係和群體關係中產生問題。

我們需要認清導致人際和群體衝突的認知偏誤和錯誤信念，而不是僅僅依靠道德準則和宗教教規來消除過度的憤怒和暴力。這樣的認知可以做為基礎，對個人或群體層面進行適當干預，補救措施可以針對憤怒、敵意和仇恨等問題核心。

親社會傾向不一定局限於群體的自我擴充目標，還可以形成群體成員之間合作、理解和同理心的基礎。此外，親社會傾向可以在群體之間架起一座橋梁（例如，跨信仰敬拜儀式）。人們透過道德規範、倫理和宗教原則，試圖超越個人和群體的界限並消除敵意。然而，諷刺的是，諸如「四海之內皆兄弟」之類的原則，有時會強迫「不信者」選邊站，不是全盤接受一個群體的信仰，就是因為拒絕接受而遭到驅逐甚至殲滅。舉個例子，清教徒因其他宗教的敵意而離開英國，雖然自己遭受如此偏狹的對待，但他們卻以同樣方式對待新世界的異議人士。

敵意的起源

自我中心式偏見如何與敵意理論相呼應？我們將從先天因素到環境因素再到兩者之間的相互作用來依序說明。在針對本質因素的研究中，佛洛伊德（Sigmund Freud）所作的詳盡闡述是最為傑出的理論。在明顯非理性的第一次世界大戰結束後，佛洛伊德對人類的本性感到失望，於是詳加解析愛神厄洛斯（Eros，代表愛）和死神塔納托斯（Thanatos，代表死亡）的理論。死亡本能非常

---

9 A. Koestler, *The Ghost in the Machine* (1967; reprint, London: Pan Books, 1970).

強大，足以戰勝針對它的防禦並吞噬假想的對手。[10]這也符合佛洛伊德著名的水力理論：敵意就像水庫中的水會漸漸積聚並溢出。另一種精神分析理論認為，人將懷有敵意的幻想投射到他人身上，然後對這些投射情景發出憤怒的反應。[11]

康拉德．洛倫茲[12]的進階版演化論主張，敵對攻擊是某些外部刺激釋放的本能。根據洛倫茲的說法，動物可能對殺死同類具有內建抑制作用，人類則尚未演化至此。[13]生物學家從多種神經化學因素來解釋暴力：如睪固酮之類的荷爾蒙過量，或缺乏血清素或多巴胺之類的神經傳達物質。

另一派學說將敵對攻擊歸咎於環境或情況，其中最流行的概念是人可能會被誘導，進而默許當權者傷害指定的個人。史丹利．米爾格蘭[14]的一系列實驗結果被用來解釋大規模屠殺群體成員。[15]這些「情境主義」的含義是，在適當情況下，幾乎任何人都可能被誘導從事反社會破壞行為。

第三種學說強調外部環境與潛在暴力傾向的交互作用。這類理論將敵意視為對特定有害環境的適應性反應。沃爾特．坎農[16]闡明「戰鬥或逃跑反應」（fight-flight reaction），這是人在面對威脅時採取適當攻擊或逃生的策略。[17]倫納德．伯科維茨[18]強調敵意源自挫折感的重要性。[19]對於人為達到某些目的而發起攻擊行動，亞伯特．班杜拉提供詳細的解決方案。[20]我自己的理論結合坎農、伯科維茨和班杜拉的理論要素，但強調人際互動含義的重要性，它是引起憤怒和敵意的關鍵因素。我將敵對反應視為一種策略，在史前的早期階段是合適的，但放在今日則行不通。

戰鬥或逃跑機制的靈敏運作無疑延長了史前時代祖先的生命。擊退或逃離敵人的能力透過物競天擇得到很好的磨練，但正是這些防禦策略的過度反應在當代社會造成問題，現代人感受到的威脅大部分是心理上的，與生理無關。貶低、支配和欺騙不僅威脅我們在群體中的地位，也降低自尊，但它們對身體健康或生存不構成危險。然而，我們對口頭攻擊的反應通常與對身體攻擊的反應一樣強烈，並且產生相同的報復意圖。

---

10 譯注：佛洛伊德主張人有兩種本能：生命本能和死亡本能。他為生命本能取名為厄洛斯，為死亡本能取名為塔納托斯。他認為，生命本能是力量的來源，維繫個體的生存；死亡本能則是趨向毀滅的衝動，唯有個體死亡，才能得到真正的平靜。

11 R. Robins and J. Post, *Political Paranoia: The Psychopolitics of Hatred* (New Haven, Conn.: Yale University Press, 1997).

12 譯注：Konrad Lorenz（一九〇三～一九八九），奧地利動物學家，受到老師奧斯卡・海因洛斯（Oskar Heinroth）影響，建立現代動物行為學理論，並於一九七三年獲得諾貝爾醫學獎。

13 K. Lorenz, *On Aggression* (New York: Routledge, 1966).

14 譯注：Stanley Milgram（一九三三～一九八四），美國社會心理學家，曾進行知名的米爾格蘭實驗，測試一般人對權威的服從性，並提出「六度分隔理論」，又稱為「六個人的小世界」，泛指互不相識的兩人，只需要透過六個人就能建立起連結。

15 C. Helm and M. Morelli, "Stanley Milgram and the Obedience Experiment: Authority, Legitimacy, and Human Action." *Political Theory* 7 (1979): 321-46.

16 譯注：W. B. Cannon，（一八七一～一九四五），美國生理學家，除了著名的「戰鬥或逃跑」理論，也提出坎巴情緒論（Cannon-Bard Theory of Emotion），主張人對事件有所知覺才會產生情緒。

17 W. B. Cannon, *Wisdom of the Body* (New York: Norton, 1963).

18 譯注：Leonard Berkowitz（一九二六～二〇一六），美國社會心理學家，畢生致力於研究憤怒的形成、發展和調節，並創立攻擊行為的認知新關聯模型。

19 L. Berkowitz, "Frustration-Aggression Hypothesis: Examination and Reformulation." *Psychological Bulletin* 106 (1989): 59-73.

20 A. Bandura, *The Social Foundations of Thought and Action: A Social Cognitive Theory* (New York: Paramus Prentice-Hall, 1985).

我們對這種心理衝突極度敏感，其前身可能是祖先在原始時代遭到群體排斥，這會導致食物被剝奪並喪失其他成員的保護。那些害怕被拒絕和被遺棄的成員或許更有可能與其他成員建立合作關係，進而提高在變幻莫測環境中生存的機會。由演化壓力和相關基因挑選出來的社會所需特質將傳遞給後代。觀察現今美國內陸城市的「街頭法則」[21]和南方的「榮譽文化」[22]，可知這種現象的另一個原因是，我們需要對任何真實或想像的侮辱迅速反應，以免在他人眼中顯得過於軟弱，無法抵抗更具侵略性的攻擊（見第九章）。[23]

除了生存和社交策略之外，延續基因傳承必須仰賴重要認知技能，亦即區分獵物和掠食者、朋友和敵人的能力。正如細胞會察覺並摧毀侵入性異物，免疫系統也會察覺並摧毀毒素和微生物，我們的認知和行為系統也可以識別和抵禦入侵者。原始思維模式可能適用於史前環境，因為當時的生存取決於個人對來自陌生人甚至群體內某些成員的明顯威脅所做出的反應，通常需要瞬間就反應，沒有時間好好思考。認出敵人將獲得額外獎賞，即使代價是將群體成員誤認為敵人（誤報）也在所不惜。哪怕僅僅漏報（將敵人誤認為朋友）一次，也會導致致命下場。與他人發生衝突時，必須迅速定調為威脅或非威脅，它們之間有明顯界限，沒有模糊地帶。我們在長期憤怒、過度挑剔或易怒的人身上看到二分法思維，而上述粗略的非此即彼分類便是它的原型。此外，它也促成爭鬥團體及交戰的群體與國家之間成員的反應。

心理學最新發展稱為「認知革命」，促進我們對相關行為的理解。這個新趨勢為人的思考、概念成形和信念發展提供了豐富訊息和完整理論，其研究也擴及諸如解讀他人意圖和形成對自己與他人的表述等過程。[24]這個臨床觀察與社會問題最為相關：人在應對威脅時，真實或想像的偏狹看法和思維會被固定在心裡。這是僵化的框架，心靈的牢獄，也是困擾我們的仇恨及暴力來源。

心理學、生物學和人類學的最新發展使我們更加理解人與生俱來的善良和合作傾向。達爾文生物學和心理學「新面貌」所關注的不僅是促進個人生存和成功繁殖的基因程序，還有促進適應社會群體的演化策略。我們明白，在經常惡性競爭資源的古老環境中，戰鬥能力是實現「成功繁殖」的必要條件；我們的祖先努力爭取求偶機會，代價往往是犧牲他人。「自然界充斥著血紅牙齒與爪子」[25]，透過物競天擇來運作，為生存提供重要策略。

但祖先也受到選擇性壓力所引導，以發展適應群體生活的社交特質。包括有助於形成親密關

---

21 譯注：the code of the streets，由以利亞．安德森（Elijah Anderson）提出，在高度缺乏結構性資源與公共服務的內陸城市，人際關係往往受到損害，青少年為了展現強硬形象，不惜冒著自由和生命的危險。不管一個人是否認同這項法則，在公開場合遭受挑釁時，都要以暴力應對。

22 譯注：culture of honor，美國南方人的意識形態，他們認為當生命及名聲受威脅時，以暴力保護自己並維護榮譽是合理的手段。

23 E. Anderson, "The Code of the Streets," *Atlantic* (May 1994): 81-92; R. Nisbett and D. Cohen, *Culture of Honor: The Psychology of Violence in the South* (Boulder, Colo.: Westview Press, 1996).

24 J. H. Barkow, L. Cosmides, and J. Tooby, *The Adapted Mind: Evolutionary Psychology and the Generation of Culture* (New York: Oxford University Press, 1992); D. P. Barash, *Beloved Enemies: Our Need for Opponents* (Amherst, N.Y: Prometheus, 1994).

25 譯注：Nature, red in tooth and claw，摘自英國詩人丁尼生（Alfred Tennyson）作品《悼念集》（*In Memoriam A.H.H.*）第五十六篇。

係的技能，讓彼此分享食物、訊息、保護和育兒責任。當我們看見痛苦的孩子而感受到同理心，幫助別人而享受快樂，以及建立親密關係而體驗到幸福感，從這些經歷中可以明顯看出，親社會與反社會反應都深植於我們的天性當中。對狩獵採集社會和黑猩猩群的研究為合作型社會行為的演變提供了寶貴見解。[26]

26 F. DeWaal, *Good Natured* (Cambridge, Mass.: Harvard University Press, 1996); F. B. M. DeWaal, L. M. Luttrell, "Mechanisms of Social Reciprocity in Three Primate Species: Symmetrical Relationship Characteristics or Cognition," *Ethological Sociobiology* 9, nos. 2-4 (1988): 101-18.

CHAPTER 03

從傷害到仇恨

脆弱的自我形象

我們都在自我的地牢中服無期徒刑。——西里爾・康諾利[1]，《不安的墳墓》（*The Unquiet Grave*，一九九五年版）。

回想一下讓你感到痛苦的各種情況。信任的人欺騙你；你依靠的人令你失望；朋友散播你的八卦消息。你經歷這些苦難究竟是為了什麼？

1 譯注：Cyril Connolly（一九〇三～一九七四），英國文學評論家及作家，曾擔任文學雜誌《地平線》（*Horizon*）編輯，畢生出版十餘本著作。

人類似乎命中註定——但也是與生俱來——要忍受「命運暴虐的投石器和箭矢攻擊」[2]。受苦受難似乎是人類的普遍特質。然而，當我們受到傷害時，很少會想到心理痛苦可能會發揮有效作用。相較之下，我們很容易接受這樣的觀念：**生理**劇痛會提醒我們身體遭受損傷，讓我們迅速終止或修復損傷。我們知道，由於神經系統疾病而對疼痛遲鈍的人很容易受到嚴重甚至可能致命的傷害，我們因而領悟一個道理：身體對疼痛的敏感性提供了重要的保護。但是，經常使生活蒙上一層陰影的心理傷害可以達到什麼目的？我們可以透過悲傷、屈辱和孤獨之類的感受得到什麼益處？

在與他人互動時，我們往往會經歷心理痛苦，例如覺得受到傷害、悲傷、痛苦甚至焦慮。這些不愉快反應有一個特殊功能：促使我們對自己或它們採取改善措施，或者檢視導致痛苦的情況。儘管理智可能發現特定人際經歷對我們有害，但除非實際遭遇痛苦，否則我們可能沒有足夠動力面對它。如果沒有受傷的感覺，我們就只能任憑別人擺布。如果我們沒有全力阻止，任何人都可以利用、控制、操縱或背叛我們。

心理痛苦往往是必要的，它可以激勵我們克服天生的惰性，將注意力集中在錯誤和做錯事的人身上。我們被迫採取行動以消除痛苦根源——不是改正錯誤就是擺脫困境。痛苦動員全身以擺脫（逃跑）或消除源頭（戰鬥）。憤怒是攻擊外力的催化劑；焦慮使我們逃離它或避免它。

無論身體或心理痛苦都具有長期作用。我們生來就有能力將某些情況與疼痛或傷害連結起來，一旦建立連結，我們便準備好在未來迅速處理類似情況。在學會區分故意侮辱和友好取笑之後，我們幾乎可以對惡意行為做出反射性反應。我們還學會適應一些模式以防止可避免的傷害。「上一次當，學一次乖」便是自動避免重複創傷的代表。當然，我們學習應付逆境的方法，而不是退縮。我們可以運用更成熟的社交技能來化解潛在的有害情況，並在生理或心理傷害發生之前，以解決問題的技巧來處理難題。

我們往往從經驗中得知，自己的行為可能在不知不覺中激怒他人。我們對他人感受愈來愈敏銳，終於發現自己不是唯一有需求和敏感的人：我們可能會因為自己的行為而在無意間傷害他人。由於擔心遭受批判和懲罰，使得我們願意遵守社會行為準則並制定自己的行為準則。建立這些社交技能後，就能爭取他人與我們合作。

心理困擾的研究讓我們明白人性有哪些重要方面。人在一定程度上透過身體的痛苦來識別情緒傷害，例如腹部的下墜感，硬塊堵住喉嚨，胸中有股糾結感等等。醫師透過這些和其他徵兆，幫助患者在傷害經歷前後確認想法，藉以釐清過度和自我打擊的反應。無論是理論派或心理治療師，都可以從確認人的思想、腦海的畫面以及痛苦中獲益。透過這種方式，可以全盤理解行為各層面，包括思想、感受和行動。

2 譯注：the slings and arrows of outrageous fortune，摘自英國作家莎士比亞劇作《哈姆雷特》（*Hamlet*）第三幕第一場。

含義的意義

儘管人似乎會立即回應生理或心理攻擊，但我們不一定感到憤怒，主要取決於傷害的來龍去脈及對它的解釋。一個接受家庭醫生打針的幼兒會踢打並尖叫，以免遭受莫名而來的疼痛。同樣必須遭受打針疼痛的成年人可能會有些焦慮，但通常不會以憤怒回應。

兒童和大人反應的明顯區別在於事件的**含義**。對孩子來說，除了醫生強勢又殘忍，沒有什麼充分理由足以說明她必須接受可怕和痛苦的治療。此外，向來仁慈的父母竟協助醫生攻擊她，這無疑是一種背叛。對成年人來說，打針雖然痛苦，可能還會令他焦慮，但療程有必要也可以接受，若以憤怒回應會顯得不合情理，因為他是自願服從有益的療程。這方面他與孩子不同，已學會區分惡意傷害和善意傷害，區分可接受和不可接受的疼痛。他已經擴大對痛苦的**解釋**，願意接受雖然痛苦但具有正面結果的經歷。

這個例子揭示了含義、歸因和解釋對我們回應經歷的重要性。當有人傷害我們，自然反應是感到焦慮並試圖逃避，或者感到憤怒並試圖反擊。如果威脅勢不可擋，我們傾向於逃離困境，會不會生氣則取決於我們是否覺得自己受委屈或受害：如果我們認為對方不公正，很可能會生氣。如果將對方的行為歸因於善意的動機，通常不會生氣。然而，除非我們「被誘導」，將攻擊解釋為善意的，否則直接反應是將不愉快行為視為故意和惡意的，並準備懲罰冒犯者或逃跑。

不妨想像以下情景：我在公車站等車，一輛公車經過，沒有停下來。首先，我因不便而感到痛苦，眼見公車沒有減速就開走，無助感接著浮現。我心想：「他（司機）故意不理我。」於是我很生氣。但後來我發現公車已經客滿，怒氣就此平息。我認為司機武斷地選擇不理我，這樣的解釋成了憤怒反應的關鍵。與假定的冒犯行為相比，實際的不便反而沒有那麼嚴重。一旦我重新定義情況，「冒犯」就會消失，我對事件改觀，認為它充其量只是一時不便。接下來我就能轉移注意力，查明下一班公車何時抵達，或考慮以其他方式前往目的地。

延誤和挫折本身不一定會產生憤怒。關鍵因素是對他人行為的**解釋**，以及這種解釋是否讓我們可以接受他人的行為。如果無法接受，我們就會生氣，想要懲罰冒犯者。在大多數情況下，我們認為冒犯行為是故意而非偶然，是惡意而非善意。不便和挫折來來去去，但受委屈的感覺始終存在。

我們診所有一個臨床病例，足以說明憤怒如何被挑起。分析臨床病例尤其具有啟發性：由於反應往往被放大，因而得以更清晰地描繪和理解情況。

露薏絲是大型職業介紹所人事主管，她發現自己幾乎總是對下屬或上司以及家人和朋友生氣。她的一些憤怒反應展現出觸發和表達敵意反應的機制。有一次，她提交的備忘錄被老闆修改。露薏絲在遭受老闆「批評」後，腦海自動浮現這個想法：「糟糕，我犯了錯。」接著是：「他真的認為我做得不好……這次我搞砸了。」她的自尊心受到傷害，感覺很糟糕。露薏絲的反應展現出自尊受到威脅所引發的典型二分法思維。如果沒有獲得百分之百正面意見，它就會變成完全負面：原本只是犯了一個錯，會被誇大為工作做得非常差；原本只是一句批評，會被誇大為完全遭到否定。

後來，她愈想愈生氣，腦海自動浮現另一種想法：「我為他做了這麼多，他沒有資格這樣對我……他不公平，他從不欣賞我的工作，總是在批評……我討厭他。」她將對於受傷的解釋轉移到老闆的「不公平」，從而安慰受傷的自尊。本質上，她的注意力從「他不認可我；他認為我不夠格」改為「他批評我是**錯誤的**。」將「引起」不愉快的責任歸咎於另一個人，這是憤怒出現的前奏。持續存在的威脅感和惡意人物的固定形象至少會導致暫時的仇恨。當我們從**特定行為**（這份備忘錄有兩處被他批評）轉向**以偏概全**（他總是批判我）或**貼標籤**（他不公平）時，憤怒或攻擊性就更容易延續。這種轉移通常是自動出現的反應，人可能會對一些事情懷恨在心，但發生當下的細節和過程已經想不起來。

惡性轉變

人愈將痛苦行為視為故意或由冒犯者的疏忽、冷漠或能力不足所造成，反應就愈強烈。露薏絲的經歷說明從脆弱到痛苦再到憤怒的連鎖反應。然而，特別容易對各種情況出現憤怒反應的人，很少意識到憤怒前的短暫傷害感或痛苦和憤怒前的快速「自動化思考」。在痛苦之前浮現的想法可能是自我打擊（「我犯了嚴重的錯誤」）、自我懷疑（「我就不能有一件事做對嗎？」）、恐懼（「我可能會失業」）或失望（「他不尊重或欣賞我」）。我把這些想法稱為「隱藏的恐懼」和「暗中的懷疑」。[3]

我們通常會受到他人如何看待我們——或我們**認為**他們如何看待我們的影響。諸如「她不認可我」之類的結論，不僅會影響我們對批評者的看法，也會影響我們對自己的看法。我們對於自己給他人留下的印象，也就是自我展現，有一個自己的想法。當我們和他人互動，傾向於將這個形象投射到他們身上，並認為這就是他們看待我們的方式。如果他們苛待我們，我們投射的人際形象可能是「好欺負」或「笨蛋」或「合不來」。自我形象可能會從「我似乎不合適」轉變為「我**就是**不合適」。由於他人對我們的看法與他們對我們的重視程度有關，因此社會形象的貶低會產生心理痛苦。批評或侮辱的效果近似於身體攻擊：我們奮發圖強，決定抵禦攻擊或報復。透過這種方式，我們將心理影響降到最低。如果我們可以抹黑「攻擊者」，自尊就比較不會受損。

露薏絲對老闆「批評」的初步解釋導致她心理受傷。她後來對老闆行為的**重新解釋**引發憤怒，甚至仇恨。在傷害和憤怒之間，焦點轉移到「引起」痛苦的人身上，以及「他沒有更欣賞她」的錯誤想法。諸如「他沒有資格這樣對我」和「我為他做了這麼多，他竟敢如此」之類的想法，使他被視為加害者，並促使她從貶低自己轉變為貶低他。對老闆的解釋轉變後，她從受傷轉為憤怒。儘管依然令她痛苦，但憤怒遠比受傷更容易接受，並以一種力量湧現的感覺取代原先的脆弱感。它在某方面發揮與口頭反擊相同的作用，儘管這種報復僅限於思考和想像。

---

3 A. T. Beck, *Love Is Never Enough* (New York: Harper & Row, 1988).

另一種「冒犯」會導致憤怒並想要懲罰冒犯者。當露薏絲認為上級對她不公平，或者下屬沒有達到她的期望，都會令她生氣。有一天，她對助理菲爾大發雷霆，因為對方沒有及時完成一項任務。即使在這種情況下，露薏絲一開始也很苦惱。當她注意到助理的疏忽，想法和感覺迅速混在一起：「他令我失望；我一直以來都指望他。」隨之而來的是一陣失望。下一組想法快速出現：「他接下來會做什麼？我不能相信他。」導致一陣焦慮。露薏絲的焦慮和受傷被接下來一系列想法掩蓋——「他不應該犯錯……他應該更加小心……他不負責任」——這些想法引起憤怒。

我們再次觀察各階段想法：

失落和恐懼→痛苦→將注意力轉移到「冒犯者」身上→感到憤怒

「應該」和「不應該」的命令入侵腦海，這是憤怒反應的線索，將解決難題的責任強加到另一人身上。露薏絲堅信菲爾「應該更有責任感」，並且必須為他的冒犯行為受到責罵。她受挫的期望和受委屈的感覺促使她做出憤怒反應。

我們都對他人懷抱著期望：他們應該要樂於助人及合作、要明理、公平。這些期望通常被提升到規則和要求的層面。當我們倚靠的人違反規則，我們會生氣並決定懲罰他。暗中作祟的其實是這種感覺：規則被破壞會令我們更容易受到攻擊，而且效率更低。然而，懲罰做錯事的人有助於重建我們的能力感和影響力。

露薏絲罵完助理，鬆了口氣，繼續做其他事。然而，懲罰他人通常沒有「持久力」。提升自尊和滿足感並不能提供任何保護，無法保證當事人不會因下一次的不愉快而心煩意亂。菲爾既受傷又生氣，向同事抱怨自己被苛待。露薏絲聽到這個消息相當驚訝，因為她認為自己對他很公平。他所描述的形象令露薏絲備覺困擾，她又開始惱火起來。

這起事件說明了表達憤怒的其他原則。在這次衝突中，兩個人都感到委屈和脆弱——露薏絲因為菲爾的疏忽，菲爾則因為露薏絲的責罵。每個人都認為自己是受害者，而另一個人是加害者。懲戒者或懲罰者往往忽略對「冒犯者」造成痛苦的長期影響。我們片面認為，一旦把抱怨「說出來」，就可以重建和諧關係。然而，我們責備的對象受到傷害，對我們產生不滿。我重建平衡便會破壞你的平衡，在這種情況下，菲爾的抱怨再次打破平衡，形成典型的惡性循環。

應該和不應該

第二天，露薏絲又發生幾次典型（對她而言）憤怒的遭遇。她曾為好友克萊爾做過很多事，這次換她要求克萊爾去購物中心時順道幫她買某個牌子的香水。露薏絲滿心以為克萊爾會把這件事辦妥，當她得知對方忘記去做，一開始很失望，接著生氣。克萊爾違反了「互惠規則」：「既然我對朋友百依百順，我難得拜託他們一次，他們應該要照辦。」如前所述，她的老闆違反了「公平規則」（「如果別人批評我，他們就是不公平的」），她的下屬則違反「可靠性規則」。

激怒露薏絲的規則就在她的「應該」和「不應該」想法中：「老闆**不應該**批評我」；「菲爾**應該**及時完成分內工作」；「克萊爾**應該**要在乎並記住我交代的事」。我們都生活在規則中，運用它們來判斷另一個人的行為對我們有利還是不利。如果有利，我們感覺良好；如果不利，我們會受傷，往往還會生氣。當然，這些規則涉及一個關鍵問題：別人尊重我嗎？他們關心我嗎？如果有人違反規則，意味著對方不尊重我或不關心我。

然而，人通常不會意識到自己有哪些「應該」或「不應該」，直到有人違反他們的某項規則。所謂的「應該」或「不應該」全是規則被違反的衍生物，也是被自動喚起的回應，強化了規則的不可侵犯性。有時我們以「為什麼」來表達譴責：他**為什麼**那麼挑剔？她**為什麼**不按我的要求去做？「為什麼」通常是一種指責，而不是真心詢問，好像是在說：「你**為什麼**這麼冷漠，這麼不尊重我，以這種方式對待我？」[4]藉以暗示對方不遵守規則且行為不當，將來必須強迫他做出恰當的行為。

行為規則和標準為我們提供一個框架，我們在框架內以較為順暢、平衡的方式與他人交流。社會壓力迫使我們在與他人打交道時展現公平、合理和公正。任何人都可能有意或無意地冒犯到另一個人，如果自尊受到傷害，我們會運用相關規則來判斷事件。如果我們認為自己受到專橫、不講理或不公正的對待，就會斷定對方犯錯或居心不良，因而感到憤怒，此時自尊心脆弱的人會試圖用一堆注定會被違反並引發不安的規則來保護自己。什麼是敏感，什麼又是過度敏感，每個人的標準都不一樣，因此某個行為對一個人來說無法接受，對另一個人來說可能完全可以接受。

露薏絲與雇主、下屬和朋友的互動凸顯當代生活的重要問題。為什麼我們會對批評如此沮喪，即使它是為了提供幫助？我們該如何區分哪些批評是為了提升我們的表現，屬於有用的改善型意見，哪些批評又是僅僅為了貶低我們？

許多人對建設性批評的反應就像遭到人身攻擊一樣。我們很容易發現，即使是建設性批評也可能包含貶低的成分，有時會反映批評者（父母、老師、上司）的挫敗感。此外，即使糾正或批評是客觀的（例如，它可能是圈起考卷上的錯誤答案），也會影響我們的自尊（「我沒有我想像中那麼好」，或者「她對我沒什麼看法」）。當自尊受到傷害，我們很容易得出結論，認為自己受到不公平的評判，可能會生氣以保護自尊。

由於先天因素和生活經驗的共同作用，使得我們將他人的評論過度解讀為貶低，上述問題因而更加嚴重。我們想知道：「她是真心想幫我，或是只想讓我知道她更聰明？」或者「他是在暗示我很愚蠢嗎？」此外，憂鬱的人經常把不公平的批評視為合理而正確的，因為這種評語和他們對自己的負面看法一致，因此他們覺得理由很正當。

二十九歲的航空公司主管卡琳是另一個例子，說明個人的脆弱感如何導致自我打擊的憤怒。雖然卡琳的敏感度可能比普通人更明顯，但透過觀察可以得知，她的憤怒大多來自脆弱。她的事業非常成功，人際關係則不然。同事普遍認為她固執己見，跟她談過戀愛的男人則認為她「自命

4 N. Roese, *What Might Have Been: The Social Psychology of Counterfactual Thinking* (Hillsdale, N.J.: Erlbaum Associates, 1995).

不凡」。由於她與大多數人保持距離，大家認為她完全封閉在自己的世界裡，而她其實是藉由冷漠的外表來掩蓋不安全感。她對男性追求者放出的訊號是「不要靠太近」，這是因為她怕受傷害。在與同事和下屬打交道時，她覺得有必要保持「冷靜」的態度來掩飾自己的緊張。

卡琳談過多次戀愛，全都因她連串憤怒的指責而結束。在感情中，她表現出非此即彼（二分法）的反應，公式如下：「情人不是始終表現出完整、明確的愛意和接納，就是真的很冷漠又只會欺騙。」當她認為男人對她沒有感情，她的反應是受傷，然後生氣。這個公式源於她對自己的基本信念：既然我不可愛，我不能相信任何人愛的告白。她對這種信念的補救措施就是訂下這條規則：情人必須一直表現出愛意。

發生衝突時，她很少分析問題所在，因為她害怕確認「可怕的事實」：也就是伴侶不是真的愛她（由此可知她不可愛）。她會這樣想：「他只是在利用我，我不過是被他牽著鼻子走。」她覺得自己的憤怒是正當的，這種理直氣壯的感覺讓她減少被拒絕的痛苦，之後她會選擇退出這段感情。

回顧卡琳的過去可以多少了解她為什麼有這種反應。幼年時期，父母雙方都充滿愛意也彼此接納。卡琳六歲時，父親突然去世，母親變得孤僻易怒。實際上，卡琳不記得任何人對她的評語，只記得母親對她的批判。事後回想起來，卡琳意識到母親可能是因丈夫去世而沮喪，但當時她的批評行為莫名其妙，讓卡琳產生極大的脆弱感。

隨著時間過去，卡琳在周圍築起一道牆，實際上是一連串自我保護的心態。本著不讓自己被拒絕的原則，她在大多數關係中顯得冷漠和疏離。儘管如此，她仍然覺得自己極度需要表達愛意，因而構成真正的衝突：她對愛強烈渴望，卻又對被拒絕強烈恐懼。卡琳打從心底認為自己基本上不可愛，由於母親的批判態度和可能是失去了她認可的父親，這才造成她對自己有這樣的看法。

卡琳確實吸引許多追求者。每次開始談戀愛，她都得克服不願承諾的習慣。她始終害怕在人際關係中被拒絕，當追求者的興趣似乎起伏不定，她會指責對方是「愛耍手段」，如此一來就能避免因為她不可愛而被拒絕的可能性。

卡琳的規則往往淪為自我打擊，而不是自我保護，因為她無法獲得真正想要的愛情。過度保護自己還有另一個後果：她得不到足以讓她丟棄防護盔甲的安全感。卡琳的情況展現一種普遍的困境：我們想要獲得愛、情感和友誼，卻生怕一旦暴露自己，可能會被拒絕並因此受到傷害。

當我們思考自身的脆弱性、敏感的自尊心以及輕易對他人生氣的傾向，我們可能想知道這些特質發揮了什麼作用。既然它們為我們的生活蒙上陰影，而且往往傷害到他人，尤其是那些最親密的人，我們如何理解自我形象和自尊的強大控制力？

自尊

一個人的自尊代表他在特定時間賦予自己的價值，也就是「我有多喜歡自己」。自尊是我們成功滿足個人目標和應對他人要求與限制的測量器，它自動量化我們在某個時刻對自身價值的看法。全面自我評價——或者更重要的是，自我評價或自尊的改變——通常會引發情緒反應，包括快樂或痛苦、憤怒或焦慮。人根據一個標準來判斷自己的價值，這個標準指出他們「應該成為」與目前對自己的看法之間的差異。憂鬱症患者描述的「我應該是什麼」和「我目前是什麼」，兩者之間通常有巨大差異。因此，他們經常將自己描述為「一文不值」。容易生氣的人則會從反方向看到差異，他們覺得他人應該賦予他們更多價值。

某個事件對自尊造成多大影響，根據所涉及之人格特質的重要程度而有所不同。「重要」特質遭到貶低時，顯然會比不重要特質遭到貶低更能影響自尊，並造成更多傷害和憤怒。如果負面事件（例如拒絕或失敗）的影響很大，我們對自己的看法可能會轉向更絕對、更明確的自我評價（比如我們很軟弱、不可愛、無用），此時自尊心將大幅降低。

當然，我們可以學習一些淡化不良事件影響的技巧，以緩衝它對我們的影響，這些技巧包括：正確看待不良事件、找到「挽回面子」的解釋、讓批評失去正當性，或者貶低那些貶低我們的人。促進自我提升的事件其運作方式也一樣，它會激發正面自我形象，提升自尊心和正面期望，刺激我們投入進一步的擴展行動。

自尊不僅受到個人經歷影響，也受到內部社交圈（家人和朋友）的提升或打擊的影響。要找出類似於「集體自尊」的現象並不難，這種自尊是根據最喜歡的運動隊或政黨的輸贏來提高或降低。在人對國家勝利或失敗的反應中也可以觀察到相同現象。需要注意的是，儘管同一群體中的個人（贏家或輸家）經歷相似的自尊心波動，但程度會因人而異，取決於他或她對群體與共同盼望的認同程度。

過往評價或與他人比較後的自尊變化，特別容易影響我們的感受。例如，泰德很高興獲得加薪，直到聽說朋友伊文也獲得加薪，隨即感到洩氣，即使他的工作與伊文的工作完全不同。對泰德來說，伊文的成功意味著：「我沒有想像中那麼好。老闆給伊文加薪，也就是說他不認為我很特別。」在泰德心中，他已失去之前所有成就；從整體自尊下降這一點就可以看出來。自尊與我們對他人的評價，兩者的關係就像蹺蹺板。當別人的價值上升，我們的價值就會下降。當然，我們若能認同另一個人的好運，自尊心就會提升，感覺會很美好。

舉例說明，莉茲惹惱他人，因為無論正在聊什麼，她都會將話題轉為描述自身經歷和觀點，就她一人唱獨角戲。有一次，最好的朋友告訴她，很多人不喜歡她，因為她只談論自己。所謂的不良社會形象讓麗茲傷心不已；她想：「我在社會上不受歡迎」，自尊心因而降低。她的另一個反應是對「不被欣賞」感到憤怒。然而，隨著痛苦漸漸消退，她能夠將困境當做可糾正的行為結果，而不是反映一種令人反感且無法挽救的人格缺陷。她決心在與他人談話時減少自我中心傾向。因此，這個事件和後續的自尊心降低導致有用的學習經驗。如果麗茲只是生氣，將朋友當做敵人並計劃報復，自尊或許會暫時得到挽救，但她也會失去將不愉快經歷轉化為建設性學習經歷的機會。

一個人遭受排擠，或像莉茲一樣被人批評，使得內心受創或感到痛苦，其功能類似於身體受到攻擊的疼痛。生理疼痛有助於一個人採取行動，解決需要糾正的問題，也可以做為一種學習經驗，以應用於未來類似的情況。

同樣地，貶低所造成的心理痛苦也會促使人著手處理問題。如果一個人的憤怒瞬間湧現，他可能會攻擊令他痛苦的原因——即另一個人——以便「解決」問題，而不是試圖釐清對方的意圖。在這種情況下，心理痛苦通常源自個人投射的社會形象（亦即他認為別人對他的看法）有所貶低。雖然反擊可能會改善他的形象並恢復自尊心，但不一定能解決人際問題。

假設一位妻子認為自己被丈夫騙去做她不想做的事，最初的影響是自尊降低，隨之而來的則是痛苦，她認為自己無能為力又脆弱。她密切注意丈夫錯誤的行為，變得憤怒並想要反擊。思考順序可能像這樣：一開始她認為：「他利用我，他這樣做是錯的，我看起來一定像白痴。」她感到痛苦，然後是憤怒。她決定：「我一定要懲罰他。」她對自己的投射形象——「看起來像白痴」——令她自尊降低並感到痛苦。請注意，只有當她認為他的行為不當並對他有負面印象時，她才會生氣。

反擊可以抵消對她投射的社會形象和自尊的傷害，並可以暫時緩解痛苦。報復可能有助於平衡兩人之間的權力關係（例如，做為丈夫的「學習經驗」），但可能會開啟新一波敵對互動，這取決於許多因素，比如夫妻關係的品質和丈夫對批評的接受度。

許多容易「失控」或「發火」的人實際上自尊心不穩固，他們的過度敏感通常是因為把自己看做軟弱、易受傷害及柔順的人。然而，他們已經發展出保護自己免受他人侵害的方法，也就是針對可能侵犯重要利益的任何事保持警覺，並隨時準備將對手視為動機錯誤或居心不良。他們的心理「防禦」可能足夠強大，足以防止任何因素損害他們對自己的看法。

偶爾，侮辱或譴責可能會突破這層防禦，導致自尊心降低。此時他們會運用防禦策略，將對手解釋為「敵人」並進行反擊，一個人可以迅速將自我形象從無助的受害者轉變為強大、成功的復仇者。自我形象的改變會暫時修復自尊受到的傷害，但脆弱和無助的記憶被儲存起來，強化軟弱和脆弱的基本形象。為了挽救負面自我形象，受害者可能會精心塑造「加害者」的負面形象，把他醜化為迫害者和陰謀者。[5]在妄想型精神分裂症患者的奇想中，這種壓迫者或敵人的形象往往被戲劇化。

一個人的整組自我形象隨著時間會漸漸趨於一致，每個形象都有專屬的情況（或被特定情況觸發）。它們對特定事件的一貫選擇性支持這個概念：這些自我形象代表一個更全面、更長期的心態。自我概念是各種自我形象的整合，涉及多個層面及方向，不一定隨時都能取得。就像文件櫃一樣，自我概念融合各種自我形象，包括個人主要和次要特質、內部資源和資產以及缺點等不同層面的展現。

投射的社會形象

自我形象控制生活，其程度比我們意識到的要深。當我們認為自己強大、高效又有能力，就

---

[5] 關於對自尊心構成威脅的研究，參見相關實驗文獻：R. Baumeister, *Evil: Inside Human Cruelty and Violence* (New York: W. H. Freeman, 1997)。

有動力解決困難任務。當自我形象呈現無助和無能為力，比如憂鬱症患者，我們就會感到悲傷。我們認為他人如何看待我們，亦即我們投射的社會（或人際）形象，也會影響到自身的感受和動機。我們的主要社會形象會影響我們對他人的反應，如果認為別人不友好和挑剔，我們就會採取策略來保護自己。迴避型人格的人為了保護自尊會盡量減少社交互動。敵對型人格對真實或假想的貶低高度警惕，並隨時準備攻擊。在這兩種情況下，這個人都會將不友好的形象投射到他人身上，並試圖保護脆弱的自我形象。當然，投射或幻想的形象也可能成為真實形象。我們也許會批判和忽視迴避型人格，並對敵對型人格感到憤怒。

不妨想一想這個例子。鮑伯邀艾爾一同觀賞表演，但遭到拒絕。鮑伯的反應是：「他覺得我不夠好。」他的心情很低落，因為負面社會形象被觸發。檯面下暗藏的想法是：「別人認為不值得和我在一起。」傷害來自鮑伯被貶低的社會形象，而不是來自艾爾不能陪伴他。例如，如果鮑伯得知艾爾病得很重，不能上劇院，他可以一個人去，頂多感到一點點失落，但不會覺得自己被貶低。

我們對他人的形象一般都有明確框架，只看到那些與框架內形象一致的特質，並篩選掉其他特質。將複雜、多變又不穩定的現象簡化並同質化，這樣的做法太保守，但我們對另一個人的解釋可能會被自己構建的框架扭曲。我們也會對自己的看法構建框架，最好的情況是獲得不完整的認知，最壞的情況則是獲得扭曲的認知。

我們對自己的整體感覺很大程度上由普遍的自我形象所決定。如果鮑伯認為艾爾覺得他不受歡迎，他會心情低落，因為所謂的「艾爾不喜歡」會成為他自尊高或低的因素。但如果他認為「沒有人喜歡我」，並接受「我一定不討人喜歡」的解釋，那麼負面自我形象就會被激發，自尊心就會顯著降低。另一方面，如果鮑伯對自己有穩定的正面形象，那麼艾爾的拒絕不會影響他的自尊。鮑伯可能會將艾爾的拒絕解釋為艾爾自私的表現，並因此生他的氣。鮑伯以負面眼光看待艾爾，藉以保護自尊心。或者，如果鮑伯的自尊沒有受到艾爾拒絕的威脅，他可以不理會它，無需捍衛自尊心。簡而言之，個人解讀及其與自尊的關聯性決定一個人的反應模式。

很明顯，任何人際交往至少涉及六種形象：我在我自己心目中的形象、你在我心目中的形象，和我的投射形象（我認為自己在你心目中的形象）、我在你心目中的形象，以及你投射的社會形象（你所想像的是我認為的你），還有你在你自己心目中的形象。這些形象的交互作用反映在每個人的行為中。如果我認為自己很弱，而你很強大，而你認為我很弱，你自己很強大，那麼一個可能的結果是你會支配我，或者你至少會嘗試這樣做。不同形象有各種可能的組合，在某種程度上可解釋人對彼此的不友好及友好的行為和行動。

CHAPTER 04

讓我數一數
你對我的不當對待

你是否曾經思考一生中面臨的所有威脅？尤其是這個社會充滿了潛在危險。除了擔心意外事故或身體攻擊，想想人在公開演講、面試工作和戀愛關係中所經歷的焦慮。若要理解這些反應的本質及它們與憤怒和敵意的關係，就必須思考它們的發展歷程。

小時候，我們害怕雷電、動物和高處，但長大後，我們意識到自己更容易受到**心理**傷害，包括被控制、侮辱、拒絕和阻撓。我們習慣將這些心理攻擊的威脅程度與身體遭受危險劃上等號。在大多數情況下，我們的人際關係問題涉及他人，他們不一定對我們的生存構成威脅，但仍然會造成相當大的心理痛苦。無論危險的形式或痛苦的性質如何，我們都會求助於祖先尋求生存和避免身體傷害的策略，也就是戰鬥、逃跑或僵住。[1]小孩遇到大狗或學校裡的小霸王會感到焦慮，不是在原地僵住，就是採取逃跑及求助行動。然而，如果他被困住，他可能會被迫戰鬥。

焦慮還是憤怒？

無論是尖銳工具帶來身體疼痛還是尖刻文字帶來心理痛苦，個體都會自動準備應對攻擊。前者造成的是局部而有限的疼痛；後者引發的是非局部和無形的痛苦。兩者的共通點在於個體都會受苦。心理「傷害」會產生與身體傷害一樣強烈的痛苦，這種感受以許多與身體疼痛的類比來表達，包括：被傷害的自我、受傷的自尊心和受創的心靈等等。由於身體疼痛帶來不愉快，人會不遺餘力地防止身體損傷並維持生理機能。同樣的道理，人會不遺餘力地避免被羞辱或拒絕，也凸顯了心理痛苦的重要性。受害者可能會進行身體或口頭報復，也可能會縮進自己的世界，照料身體或心理的「傷口」。

哪些因素會特別導致焦慮或憤怒？我們對威脅的反應取決於如何運用一套準則，這準則可以平衡我們察覺到的風險與應對威脅的信心。大腦迅速計算，評估因威脅而造成損害的風險是否超過我們用來降低攻擊的資源。如果我們估計損害將超出我們應對它的能力，就會感到焦慮，不得不逃避或遠離威脅。如果我們推測自己不會遭到無法承受的損害，而且抵擋得住冒犯者，我們更有可能感到憤怒並準備反擊。在緊急情況下，大腦會自動計算，可以在瞬間完成；它們不是反射

1 A. T. Beck and G. Emery, with R. L. Greenberg, *Anxiety Disorders and Phobias: A Cognitive Perspective* (New York: Basic Books, 1985).

性思維的產物。在某些標準情況，像是有頭公牛暴衝而至，足以引發即時警戒反應。其他情況，特別是與人的互動，可能需要更長處理時間。我們對潛在傷害或風險以及應對資源的評估可以同時進行，然後將它們整合起來，擬定適當的應對策略。

不妨看看這個例子。你見到一個人走過來，對方正揮舞一根棍子。如果你認為他會傷害你（他塊頭比你大而且看起來很生氣），你會感到焦慮。如果你有信心處理好這種情況（他看起來個子比你小而且沒有自信），你的注意力就會集中在他的脆弱性，並調動資源來解除他的武裝或擊退他。通常你都能蒐集到足夠訊息，可供你立即評估受傷風險是否高過抵禦攻擊的資源。如果你不擔心自己是脆弱的，可以考慮他的行為是否正當。儘管你可能有些焦慮，但主要還是會覺得憤怒，可能想要懲罰他並解除他的武裝。

同樣地，在一般非暴力對抗中，你對自己和對手脆弱性的判斷會影響你的反應。此外，你將迅速（不一定準確）計算反擊和懲罰對手的利弊。即使你發動攻擊並有信心獲勝，也不一定會堅持到底。你會評估究竟是反擊（通常採取口頭形式）還是壓抑報復的衝動**符合你的最大利益**。例如，一位妻子決定不再與丈夫比賽誰比較大聲，因為她從過去的經驗得知，吼回去只會導致更多爭吵，最後可能引發人身攻擊。所以即使她繃緊肌肉，握緊拳頭，有股朝他尖叫的強烈衝動，為了不讓衝突升級，她還是竭力壓下衝動。

在日常生活中，最有可能困擾我們的情況會導致心理而非身體痛苦。當我們被他人貶低、欺騙或怠慢時，就會想要報復。這類情況會激發我們發動戰鬥。一般來說，我們最關切的「錯誤」

是那些侵犯到自身權利、地位、個人領域或效能的外力。我們期望自由、聲譽以及對親密關係和支持的需求都能得到尊重，干擾或威脅到這些價值觀就是一種冒犯。許多這類錯誤不是基於實際的違規或違法行為，而是基於特定事件的**含義**。

鮑伯是二十五歲的推銷員，儘管沒有遭受明顯冒犯，他仍會不時表現出一種特有的憤怒。他平常個性溫順，待人隨和，但每當覺得受到威脅都會「發瘋」。通常，他一看到警察就會提高警覺。當他在商店裡應付愛管閒事的店員、妻子詢問他把錢花去哪裡，或者他躺在病床上被醫生包圍，都會緊張起來。

遇到上述這些情況時，跟他互動的人其實不太可能貶低他，而他卻因為可能被貶低或被控制而感到困擾，因為他在權威面前感到脆弱。他決定在別人傷害他之前率先發動攻擊。任何人一旦被他認定是權威人士，似乎就會侵犯他的自主權。首先，他會有一種窒息、無法動彈或虛弱感；然後他會變得憤怒，試圖透過攻擊假想冒犯者來「保護」自己。

鮑伯的觸發反應說明了另一個層面的情緒反應。對鮑伯這樣的人來說，警察代表具威脅性的權威；但對別人來說，警察象徵保護。鮑伯的脆弱體現在核心信念中：如果我給他人留餘地，他們就會壓制我。因此，只要他們向我施壓，或者我認為他們會這樣做，我就必須與他們抗爭。

許多威脅和傷害可能是我們過度敏感的結果。大多數人對於惱人行為都有自己認定的類型，而且對它們特別敏感，但親友就不會為相同行為感到苦惱。有些人和鮑伯一樣，對權威人物的反應就好像對方會懲罰他們，而不是指導甚至保護他們。也有些人遇到別人想尋求協助或只是借個東西，可能會認為自己正遭受對方強迫或剝削。還有一些人「容易受到侮辱」，往往將他人的善意玩笑過度解讀為言語攻擊。更有一些人容易覺得被拒絕，並且一輩子都在評估每一次互動（「她愛我，她不愛我」）。我們的反應通常較少基於對方的真實意圖，而是基於對方的行為給我們何種「感覺」：被控制、被利用、被拒絕。我們為事件附加意義，感受就是在表達這樣的意義。

確認特定事件的含義並不難，只需簡單問問自己：事件發生後，在受傷浮現之際或之前，腦海裡閃過什麼想法？這種自動化思考——對事件的解釋——揭示了冒犯的含義。以下列出這些事件和自動化思考的範例，來源除了接受治療的患者，也包括其他接受過認知反應訓練的人，他們透過訓練學會追蹤令自己苦惱和生氣的情況。

自我形象和社會形象

人際衝突不僅僅是誰占上風或誰勝誰負的問題，關鍵是對受害者自我形象和他投射的社會形象所造成的影響——他認為別人對他有什麼看法。在某些互動中，個體生怕自己會傳達出自卑甚至不受歡迎的形象。我們對批評很敏感，不是因為話語本身，而是我們認為批評傳達了自己在他人心目中的形象。雖然我們不喜歡脆弱，但不知道如何對抗無助或它帶來的後果。

看看以下這個例子。一名研究生接受一組教授口試，教師掌握權力，學生顯得脆弱；如果考官對他有偏見，而且非常不公平，那麼學生根本沒有機會反擊。若是貿然表達憤怒，可能會被對方當做把柄。他對這種情況的主要反應可能是焦慮。然而，考試結束後，當他不再需要面對考官的負面評價，終於有發怒的餘地，或許還會對同學或其他教職員抱怨，藉以間接報復。當雙方存在權力差異，一方擔心可能受到懲罰，此時他可能會直接屈服。服從權威人物可能會消除威脅和焦慮，這種服從策略在靈長類的支配體系中很常見。[2]

憤怒和焦慮都是潛在的適應性反應，認清這一點固然重要，但當我們誇大危險程度或冒犯的重要性時，憤怒和焦慮就不再視情況出現。在口試中誇大自己脆弱性的學生，可能會發現自己的大腦一片空白，並且表現就和事前擔心的一樣糟糕。

2 C. Sagan and A. Druyan, *Shadows of Forgotten Ancestors: A Search for Who We Are* (New York: Random House, 1992).

典型的冒犯	自動化思考
朋友沒有回電話。	她不**尊重**我。
丈夫拒絕採納她的意見。	他認為我**不重要**。
警衛不經意地揮手要他走。	他們認為可以**隨意支配**我。
服務生遲遲沒有為他點菜。	他認為我是**無名小卒**。
有個結帳的客人耽誤整排結帳隊伍。	她在浪費我的時間。
朋友沒有歸還除草機。	他在**利用**我。
妻子沒有回應請求。	她不**在乎**我。
老闆派給他額外的任務。	他隨便**擺布**我。
老師糾正她。	她對我**有意見**。
配偶吃飯遲到。	她不體貼。

有些人會對意見不合或批評表現出誇張反應，這樣的人我們多少認識幾位；我們往往會給予他們「膚淺」或「暴躁」的負評。然而，誤判或誇大威脅或批評的傾向可能代表一種保護自己的認知策略。人遇上生死關頭時，寧可將中立行為誤判成具有攻擊性，也不要因為低估其重要性而忽略真正的威脅。在史前時代的荒野中，對任何特定的有害刺激過度反應，可能具有生存價值。要不要採取行動取決於對威脅的評估，因此過度反應在認知上會用「放大」或「災難化」等辭彙來表示。[3]

我們當中最敏感、反應最激烈的人註定要接受精神診斷，他們接受幫助以減緩過度反應。這些人的困擾主要圍繞一些無形的心理問題，比如他們認為別人評價他們的方式以及他們評價自己的方式。有趣的是，另有一些人具有「心理盲點」，看不見別人的潛在威脅或負面反應，因而被欺騙、操縱和傷害。

冒犯和違逆

有很多經歷在我們看來都是一種冒犯，使我們生氣。最具體的冒犯行為會導致實際身體傷害、疼痛或威脅，例如被勒住脖子或被槍威脅。然而，在一般情況下，典型的冒犯行為是對心理的損害或威脅。我們承受的各種冒犯有一個共通點：我們覺得自己在某種程度上被**貶低**，因此感到受傷、難過或焦慮。如果我們認為這種經歷並不正當，就會將它解釋為一種冒犯。然後，我們會將傷害我們的冒犯者視為行為錯誤甚至心地邪惡。

當被告知不能做想做的事，可能會令我們感到束手無策；明顯缺乏伴侶的關懷可能會讓我們感到被拒絕；批評可能會讓我們感到不被社會接受。當另一個人違反我們的標準或價值觀，或者未能達到我們的期望，我們也會覺得遭到貶低。有時，輕微的冒犯行為可能會激怒我們——通常是因為令人反感的事件觸發失落或無助的感覺。

當某人做某事降低我們的地位、自尊或資源時，我們一開始可能會覺得受傷。如果我們認同別人的批評，認為自己有理由被拒絕，或者聽天由命，我們不太可能感到憤怒，但可能會悲傷。此外，如果我們將不愉快歸咎於自己，可能會經歷短暫的憂鬱。然而，除非我們有憂鬱傾向，否則很可能會對這些經歷產生某種程度的憤怒。

辭典中大量負面辭彙說明了我們可能遇到各種各樣的傷害，與人際關係相關的負面動詞、形容詞和名詞比正面的還要多。大量負面動詞（例如**貶低**、**羞辱**和**拒絕**）反映不同程度的含義，但有一個共同主題：在自尊或社會連結方面貶低另一個人。絕大多數形容詞都帶有評價意味，將社會在好或壞兩大類底下細分出多個層面。

對於我們可能經歷大量的「錯誤式」創傷，語言在這方面有卓越的貢獻，它讓我們得以識別和區分創傷，正如它幫助我們認清可能遇到的大量自然危險。或許各種負面辭彙蘊含這樣的價值：

---

3 A. Ellis, *Reason and Emotion in Psychotherapy* (New York: Carol Publishing, 1994).

能夠精準找出他人有害行為的本質。諸如愛與感情之類的概念很重要，但不需要也沒有這麼多辭彙來表示。一個人在描述深情或友好行為時，即使可用的辭彙有限，依然可以活得好好的，但如果不能區分可能遭受的各種不愉快行為，就會陷入困境。顯然，人受困時的反應與被拋棄的反應不同，儘管二者可能都會體驗到相同情緒——憤怒。對冒犯行為的精準描述有助於我們採取適當策略，你可以選擇忽略、報復或約束冒犯者。

要列出我們可能面臨的所有冒犯行為固然不可行，但我可以列舉各大類，並附上例子（見下表）。請注意，這些冒犯行為針對的是個體本身或特別重視的私人領域，包括我們的運作機能、人際關係、權利、資源、財產和身體完整性。如果誤將另一個人的中立或善意行為解釋為冒犯，我們會像遭受真正的冒犯一樣

被降低的 自由	被削弱的 運作機能	被削減的 資源	被拉開的 人際關係
被控制 被支配 被侵害 被剝削 被操縱	失能 無法移動 上當 虛弱 被困住	被欺詐 被搶 受騙 財產被剝奪 被褫奪公權	被疏遠 被拒絕 被遺棄 被孤立 被迫離開
被貶低的 自尊	**被降低的 效能**	**被減少的 安全感**	**身體受到 損害**
不受尊重 被降級 被侮辱 被擊敗 被輕視	被誤導 受挫 遭到反對 被暗中破壞 被耽誤	被恐嚇 被危害 被揭發 被背叛 被威脅	遭到襲擊 遭到攻擊 受傷 遭到槍擊 受困

感到受傷和憤怒。

我們很容易回應嚴重的冒犯，例如遭到支配、控制、拒絕、批判、貶低或拋棄。然而，冒犯行為可能會披著偽裝的外衣，從人們經常抱怨被欺騙、利用和操縱就能看出這一點。無論這些不正當行為是明顯還是隱藏的，我們都要學會保持警覺，才能捍衛自己的利益，維繫個人福祉。

將某些冒犯行為歸到特定類別並不難，儘管有一些會重疊。被控制、支配和操縱使我們服從他人的意志，並干擾我們的選擇和行動自由。被困住、無法移動或失能會降低我們的運作能力。當有人欺騙、搶劫我們，或以其他方式侵占我們的領域或金錢，我們對資源損失就會特別敏感。身為群體一分子，我們可能會挺身而出，對抗試圖染指經濟資源的權力組織，例如美國殖民地為了反抗英國課徵茶稅而叛亂、威士忌暴動[4]和現今抵制所得稅的激進組織。大部分政治心理學理論都可以從個人心理學的角度來解決。被另一個國家侮辱、反對和威脅的集體形象近似於一個人對另一個人的反應。

親密關係的重要性或人際關係的穩定，透過人對被拒絕、被拋棄或被孤立的認知反映出來。被另一個人離棄可能會使人憤怒到想殺人，正如媒體戲劇性報導嫉妒丈夫如何謀殺妻子和她的

4 譯注：Whiskey Rebellion，一七九一至一七九四年間發生的美國內部動亂。美國財政部為了償還獨立戰爭積欠的債務，決定開徵威士忌消費稅，當時西部農民普遍將穀物釀成威士忌，缺乏現金的地區更以威士忌進行以物易物，開徵威士忌消費稅引起西部農民強烈不滿，遂發起抵制和暴動。一八〇一年，傑佛遜總統上任後取消了這項稅法。

情人。5

加深痛苦和憤怒的常見因素是互相辱罵。你直接或間接、有意或無意地貶低我的自尊心，我被迫懲罰你以減輕傷害，最常見的就是發表評論來降低你的自尊心。如果你被我的侮辱激怒，就會試圖透過報復來恢復你的社會形象，於是形成相互指責的惡性循環。事情就是如此。我們對他人的行為很敏感，比如說讓我們看起來沒有吸引力、影響力或不夠令人滿意的一些行為。我們依靠報復性武器來終止這類侵害並防止它們再次發生。不幸的是，報復往往會導致雙方之間持續的敵意，有些敵意顯而易見，有些藏在檯面下。

干預一個人的目標導向活動可能導致憤怒；對挫折低容忍是產生敵意特別常見的原因。人若對自己的效能沒有信心，受挫時會覺得自己很沒用，於是傾向於懲罰冒犯者，藉以重建能力感。另一個痛苦的來源是明顯暴露在危險當中——被背叛、恐嚇或被遺棄。當然，實際的身體攻擊是明顯的憤怒催化劑。

其他未列出但會產生失落感的冒犯行為，全都與未達到個人或一般期望有關，或者與違反集體標準有關。我們傾向於要求他人獻出忠誠和體諒——這是一種社交契約——當他們不履行責任或犯錯，我們會失望並憤怒，就好像他們背棄了諾言一樣。若有人違反公眾標準會激怒我們，包括未直接構成傷害但在社會上不受歡迎的行為，「七宗罪」中的六種——貪婪、暴食、淫慾、懶惰、驕傲和嫉妒（第七大罪是憤怒）也被納入其中。此外，褻瀆、低俗、粗魯、攻擊性強和草率會引起一種特殊形式的敵意，也就是蔑視，這通常與想要羞辱違反者有關。上述特質會冒犯到我們，因為其自我中心的本質意味著對他人需求不敏感，以及不願為群體福祉貢獻己力。自我放縱和自我中心尤其為人詬病，因為它們將個人投資置於集體投資之上。

在某些情況下，各種形態的虐待是由文化定義的，而在另一些情況下，對於特定的人來說是個體獨有的。在大多數情況下，有條件的信念或準則將特定互動解釋為具有傷害性。在街頭文化中，以下準則定義了不尊重：「如果有人不直視我的眼睛，他就是瞧不起我。」在婚姻關係中，個體獨有的信念對於不尊重定義如下：「如果配偶不同意我的觀點，那就意味著她不尊重我。」上面列出的心理傷害幾乎都是由類似準則和信念形成的。

垂直和水平量表

人所遭受的冒犯和違逆或許可以從他們的權力、地位和連結的相對位置來看。某些不平衡或不對等關係使他們容易感到受傷害，這些關係尤其可以用垂直和水平量表來表示。垂直部分以「上層」（superior）和「下層」（inferior）概念為基礎，水平部分則以「親近／友好」和「疏遠／不友

---

5 M. Daly and M. Wilson, *Homicide* (New York: Reed Elsevier, 1988).

好」為基礎。[6]我們與他人的關係可以用圖4.1的簡化形式來看待，根據縱軸和橫軸劃分四個象限：上層－不友好、上層－友好、下層－不友好和下層－友好。

人會以另一個人或群體做為參照，自動在量表上為自己定位。如果把自己定位在下層，而另一個人在上層－疏遠象限，便會感到被貶低、控制、操縱、拒絕或拋棄的可能性。

可以根據這兩個軸來描繪各種有害的互動。上下層縱軸代表一個人試圖以不友好方式一路占上風。地位、權力、影響力和資源的競爭會產生贏家和輸家。當爭鬥產生強者和弱者、主人和下屬時，「上層」體驗到勝利、控制和權力感，而「下層」體驗到被控制以及權力和尊重被縮減。然而，下層不一定缺乏透過顛覆、消極抵抗或公然反抗來削弱上層的力量。上層－不友好與下層的關係也可

圖 4.1 人際相對位置四象限

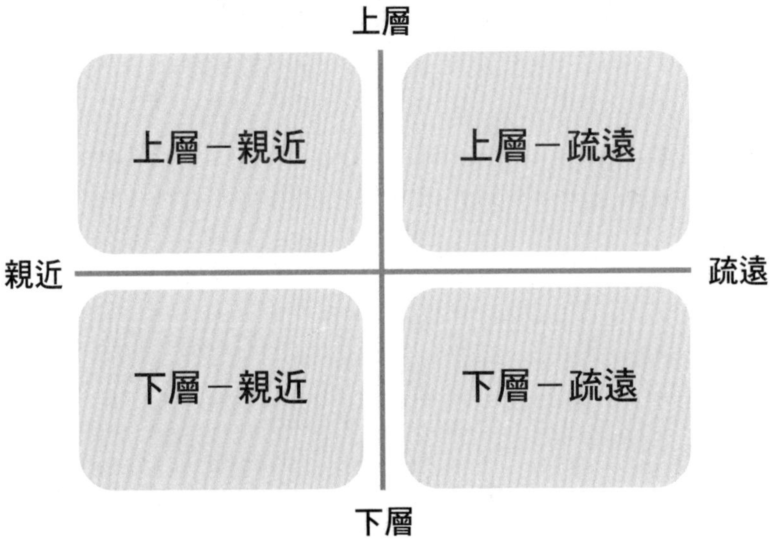

以從加害者和受害者的角度來看待。

在這個互相比較的社會中，一個人跟另一個人相比，發現自己的職位、地位或權力較低，可能會感到受傷。如果他將這種差異歸因於對方的不當行為，他可能會感到仇恨或憤怒。因此，對方直接、不友好的行為都會被認定是上述冒犯行為，包括支配、剝削、欺騙、貶低、恐嚇和限制行動等等。此外，懲罰（可能包括貶低、恐嚇和限制行動）也會惡化下層的弱勢地位。當一個人認為自己受到不公正的懲罰，是懲罰者搞錯了，那麼他或她會感到憤怒並產生報復的動機。

乍看之下，雖然上下層定位看起來不公平，但這種分級制度顯然對我們的靈長類親戚很有幫助。它確保群體成員之間的一種結構，並且通常會限制個體的敵意。[7]

另一個軸（親近／友好－疏遠／不友好）與從屬關係有關。上層不一定不友好，父母、老師、領袖或教練可以與孩子、學生或追隨者建立上層－友好關係，而下屬可能會因為受到培養、幫助或教育而心懷感激。如果下屬正在學習，就他和指導者的關係來說，他會自在看待自己處於下層。同樣的道理，當他接受幫助，不一定會覺得自己低人一等。關係即使在正常情況下也會波動，一個人某次得到幫助可能會心懷感謝，而另一次得到幫助則對自己的從屬地位不滿。上位者也是如此，

6 M. R. Leary, *Understanding Social Anxiety: Social, Personality, and Clinical Perspectives* (Beverly Hills, Calif.: Sage Publications, 1983); J. Birtchnell, *How Humans Relate: A New Interpersonal Theory* (Westport, Conn.: Praeger, 1993).

7 Sagan and Druyan, *Shadows of Forgotten Ancestors.*

可能某個時刻享受自己的崇高地位、影響力和權力，其他時候卻對照顧下屬或肩負責任感到不滿。此外，她可能會被下屬忽視或蔑視，下屬的每個負面反應都成了她的煩惱來源。

許多傷害——以及隨之而來的憤怒——都與一個人在一條或兩條軸線上位置的負面變化有關，而不是與絕對位置本身有關。例如，由高往低的非自主移動會產生失落、虛弱和沮喪的感覺。同樣的道理，在一段重要關係中，從親近友好移動到疏遠不友好，可能導致一個人焦慮和悲傷。橫軸的負面因素包括拒絕、拋棄和撤銷感情。如果這種轉變可以歸咎於另一個人或多個人，受害者可能會覺得自己的憤怒很正當，並產生報復的欲望。

位於縱軸高處的人（比如說正在批判的人）可能會覺得自己有權過度批評脆弱的下屬（比如說被批判的人）。這種關係讓我想起一段親身經歷，當時我為臨床心理學學員舉辦研討會，期間我徵求志願者在一齣戲劇中扮演幾個角色，卻只有一位外國交換學生自告奮勇。他走上前，我對他說：「你似乎很擔心，你有什麼好怕的？」他答道：「我怕自己太緊張，他們會批評我演得不好。」為了證明他的恐懼有多麼牽強，我要求觀眾表達立場：因為他的表演過於緊張就會給予批評的人請舉手。不料幾乎所有人都舉起手！

我從這次事件學到幾個教訓。首先，當事人抱持何種心態視情況的背景而定。在這種特殊學術環境中，心理系學生的競爭非常激烈。觀眾認為自己很容易受到他人嘲笑，因此不願自告奮勇。他們知道他們會覺得自己比其他處於弱勢地位的人更優越。當其中一位觀眾展現出脆弱的一面，還是一名外國學生，但激起的卻是他人的批判性思維，而不是同理心，這個結果與我的預期相反，可見表現出群體或個體的弱點會受到鄙視。縱軸（上層—不友好象限）的應用正足以說明他們不願暴露自己，以及隨時準備貶低暴露弱點（「下層」）的人。那些在上層的人處在一個能夠輕視下層者的位置。

這樣的經歷說明了我們有理由在可能被評估的情況下感到脆弱。因此，大多數人在公共場合發表演講都會焦慮。可以預期在某些情況下，人可能不友善，甚至殘忍或像是虐待狂。我們可以預料到會面臨別人的負面偏見。然而，如果我們對自己有穩定、正面的看法，便無須理會他人的貶低評論。但是，如果我們的自尊心低下或隨著生活中各種事件而波動，我們可能會因他人無傷大雅的評語而深受傷害。

為什麼研討會成員對痛苦的同學沒有同情心？在這種情況下，他們的競爭性評估心態凌駕於關懷之上。而且，由於外國學生不是他們當中「真正」的成員，更容易遭到鄙視。畢竟，他是外來者。我們對「情緒低落」的人所做出的反應有一種奇怪反差，這取決於我們認同他還是疏遠他。在競爭模式（縱軸）中，我們可能會與外人保持距離，尤其是當我們認為他屬於非我族類；同時，我們會產生負面偏見。另一方面，如果我們將自己投射到他的位置，就會認同他（橫軸）。因此，心理狀態會影響我們決定要關心或輕視對方。

研討會其他成員可能會產生優越感，因為他們的位置比這位處於下層—脆弱象限的同學高，可以隨意批判他。然而，一旦離開研討會，這批心理健康專業人士也可以關懷備至、細心呵護及滿懷同情心（上層—友好象限）。事實上，他們當中大多都是心理治療師，面對患者往往能表現出這些親社會特質。這種差異性闡明了不同環境如何激發完全不同的模式，從而導致不同行為。

我們與群體的關係很複雜，不僅涉及縱軸（上層－下層），還涉及橫軸（親近－疏遠），關係可能會在短期到長期之間波動。暫時結盟包括與同一團隊或群體成員為了對付共同對手（另一個團隊、種族或國家）團結起來。每個群體都傾向於認定自己優於對手，並對他們有負面偏見。

橫軸最適合用於我們和群體成員、家人及朋友之間的關係。人會聚集起來參加歡迎英雄遊行或慶祝活動。當原本疏遠的人團結起來應對災難，例如火災或洪水，這時便會產生令人驚訝的同志情誼。但群體連結也有不祥的一面，人也會為了私刑、搶劫和性侵湊在一起。

代表團結的信號會帶來快樂，並激發人類早期的合作、相互依存和互惠模式。這個群體顯示出一種連鎖反應。當一個人展現出群聚模式，就會在別人身上觸發相同模式。同步運作的個體模式不斷累積，就成了一種「集體思維」，它將引導個人採取建設性或破壞性群體行動。[8]如果同志情誼、團結與群體接納產生滿足感，那麼離開群體將導致痛苦。在某些社會中，任何敢於違反群體期望的人，都會遭到被整個群體迴避而隔離開來的官方懲罰。[9]親密通常會產生快樂，但拒絕會導致痛苦，而且往往會引發憤怒。配偶或愛人因被遺棄而攻擊甚至殺死對方的行為，屬於被拒絕的極端例子。

在古代，由於人對食物和保護的相互依賴，一旦遭到群體或家庭成員拒絕，其現實面風險會對生命構成威脅。據推測，我們的祖先面對社會威脅會做出與面對身體威脅相同的反應。儘管現代人在人際關係上遭受拒絕而導致死亡的風險遠低於祖先，我們仍然可能回應群體或家庭的拒絕，就好像生存受到威脅一樣。被群體迴避常導致憂鬱，這是對失去主要資源的一種反應。在這些情況下，憤怒通常不明顯，因為被冒犯的人無法懲罰整個群體。人被配偶或愛人拒絕最初會感到痛苦，但在許多情況下會發展為憤怒和渴望懲罰冒犯者。

我使用「模式」這個辭彙來描述信念、動機和行為的組合，這些組合代表了長期反應模式。人可以運作多種模式：在拒絕模式中，一個人會把自身經歷過度解釋為拒絕並感到受傷；在憂鬱模式中，患者對自身經歷採取負面解釋並感到悲傷；在培育模式中，個體會回應來自他人的求助信號。在敵對模式中，一個人更容易把別人的行為當做冒犯，放大輕視的嚴重性，對正面事件或和解的提議比較不為所動並感到憤怒。

人會經歷各種各樣模式，其中一些是自私的，甚至是反社會的，例如擴張－剝削、控制－支配模式。雖然這些模式為主體帶來滿足感，但通常會對「目標」造成傷害。模式代表人的心理狀態，而軸和象限則代表人與人之間在吸引力、權力和地位方面的關係。人之所以觸發某種模式，主要是靠對這些關係的察覺，而不是具體情況。

當我們討論關係時，無論是對稱還是不對稱，親近還是疏遠，都表明關係所賦予的意義非常

8 I. L. Janis, *Victims of Groupthink: A Psychological Study of Foreign Policy Decisions and Fiascoes* (Boston: Houghton Mifflin, 1982).

9 K. Williams, "Social Ostracism," *in Aversive Interpersonal Behaviors*, Plenum Series in Social/Clinical Psychology, ed. R. Kowalski (New York: Plenum Press, 1997), pp. 133-70.

重要。哪一種模式會被激發是由這層意義來決定。

察覺冒犯並回應

當有人成功欺騙或操縱我們，我們的不安全、虛弱和脆弱等感受會加劇。可能會出現這種誇張反應，「我是有多蠢才會中了圈套」，並對冒犯者感到憤怒，因為他們利用我們，還使我們自尊心低下（「我是個容易上當的人」）。或者，當別人控制我們，我們會感到無助，而當所愛的人拒絕我們，我們會覺得自己不討人喜歡。在這些情況下，自我價值會貶低。如果我們將注意力集中在對方的錯處或居心不良，就會對那個人生氣。

既然自身和自尊動不動就會遭受如此廣泛的攻擊，我們該採取什麼策略才能保護自己？當然，最顯而易見的防禦就是對冒犯者發怒並反擊。透過報復，我們可以證明自己不是逆來順受的弱者；我們傳達的訊息是「別惹我」。戰鬥可以抵禦現在和未來的冒犯，並有助於重建力量感和效能感，這是自尊的重要組成部分。

受到傷害時，我們想以傷害反擊，報復的形式通常與我們所經歷的冒犯類型相稱。人被冒犯當下首先出現自動化思考，接著才是痛苦感，但若我們打算反擊，心中非常清楚可能有哪些回應，並且一想到它們就備感壓力。以下列舉典型的口頭反擊和引發它們的冒犯，這些冒犯類型可以從「被冒犯」個體的反應中推斷出來：

・你怎麼敢命令我該怎麼做！（受控）
・我再也不會相信你。（遭到背叛）
・你不能這樣跟我說話。（被降級）
・我以為可以依靠你。（被辜負）
・你是個大騙子。（被剝奪）
・不要跟我冷戰。（被忽略）
・你好大的膽子，竟敢對我撒謊。（被騙）
・你害我出洋相。（底細被揭露）
・走路不長眼睛。（被撞到）

這些口頭報復的用意是傷害冒犯者並激起對方道歉——當然是為了防止冒犯行為再次發生。人對於苛待和傷害極為敏感，社會秩序顯然深知這一點，早已提供幾種語言和非語言手段，以便我們對彼此保證，行為不應被視為一種侮辱。比如我們提出要求時會微笑並說「請」，以免顯得我們在強迫或過分要求對方。當人們發表可能被視為批判的評論時，通常會以這樣的句子開頭：「無意冒犯，但是……」我們常在批評別人之前先讚美：「你的工作表現很傑出，但是……」最重要的是，當我們意識到自己有意無意地傷害某人的感情時，我們會道歉或彌補。許多成功的管理階層都已提升這些社交技巧，以便正確表達實質意見，而不會激怒他人。他們還善於巧妙運用自身魅力、奉承和激勵等手段來誘導他人為自己服務。每個人注重的利益都不同，能夠像他們一樣和別人相處融洽，簡直就是奇蹟。當然，減少摩擦的潤滑劑也與我們的親和本能有關。

CHAPTER 05

原始思維

認知錯誤和扭曲

人類的理解層面一旦採納一種意見（無論是舉世公認的意見，還是個人認同的意見），就會竭力尋求所有證據來支持並認同自己的觀點。——法蘭西斯．培根（Francis Bacon），一六二〇

假設你看見遠處有個飛行物，它飛到近處時，你認為可能是一隻鳥。如果你對鳥類沒什麼興趣，注意力就會轉移到其他事物上。你既已認定這件事與自己無關，因此不會浪費時間和精力去確認那到底是什麼東西。

現在想像一下，國家正在打仗，你的工作是識別敵機。當你的注意力被吸引到遠處的飛行物上，如果你認為它可能是一架敵機，心理和生理系統就會完全調動起來。你變得高度警覺，感到緊張和焦慮，心臟開始狂跳，呼吸急促。任何一架敵方轟炸機一旦突破防禦系統，都會造成重大

災難，因此你可能會將民航機誤認為威脅——這是一種誤報。[1]

此外，即使你在下班後自由活動，也會保持高度警覺，準備好揪出可能混在人群中的敵方特務。你深受政府在電視和布告欄發布的警告所影響，任何陌生人只要外表或行為不符合你的愛國同胞定義，都會被你懷疑。你會特別注意一些小細節，例如某個男人略帶外國口音、他不認識國內某些運動明星，或者他與其他陌生人祕密、可疑的會面。你可能僅根據這些片面觀察就將他列為立案調查對象，並在判斷過程中過度類化他的可疑行為。畢竟，當人處於危險之中，以偏概全是適應性的策略，因為沒有揪出敵人可能會造成危險。在正常情況下，人有許多解釋都是基於這類片面資料推敲出來的。我們可能會將一些容易遭到斷章取義的訊息串連起來，因此往往得出錯誤的結論。

類化和以偏概全

如果你參與軍事行動，你將處於「紅色警戒」狀態，準備好迅速處理可疑事件，假設它們是針對你而來（**自我參照或個人化**），並特別注意可能具威脅性的小細節（**選擇性相信**），也許會斷章取義。你會做出**二分法**判斷（陌生人不是朋友就是敵人），你的評估會過度類化（**以偏概全**）。當出現明顯且急迫的危險時，這些評估是順應情勢出現的，有助於我們為可能挽救生命的行動做好準備。

我們面臨威脅時，要能夠迅速釐清情況，以便採取適當對策（戰鬥或逃跑）。由威脅激發的思維過程會盡快將複雜訊息壓縮為簡化而明確的類型，這類過程會產生二分法評估，例如有害／無害、友好／不友好。

我在前文提及，我使用「原始思維」一詞來表示這些基本認知過程。這種思維方式具有自我中心取向，並在「什麼對我（或我們）有好處或有壞處」的參考框架內運作。它在絕對意義上是原始的——因它發生在訊息處理的最早階段——在早期發展階段也很明顯，兒童主要以全面評估方式思考，例如好或壞。[2]原始思維某些層面近似於佛洛伊德描述的「原始處理」思維形式。[3]他描述一種原始認知處理，通常在無意識情況下運作，但可能在夢中、口誤和原始社會的言語中表現出來。

這種原始訊息處理在真正緊要關頭會視情況運作，其他時候則不然。當我們陷入「危險」或「防

---

1 目擊誤報曾經造成許多悲劇。一九八三年九月一日，一架蘇聯戰鬥機命令大韓航空公司途經庫頁島上空的波音七四七客機立刻降落蘇聯機場，由於客機並未照辦，戰鬥機奉命「阻止飛行」。事實上，戰鬥機飛行員不知道自己正與民航機打交道。A. D. Home, "U.S. Says Soviets Shot Down Airliner," *Washington Post*, September 2, 1983, A1。此外，一九八八年七月三日，美國海軍神盾級巡洋艦文森斯號（USS Vincennes）發射導彈，摧毀波斯灣上空一架伊朗民航機，機上兩百九十人全數罹難，只因它被誤認為戰鬥機。G. Wilson, "Navy Missile Downs Iranian Jetliner over Gulf," *Washington Post*, July 4, 1988, A1.

2 J. Piaget, *The Moral Judgement of the Child*, translated by Marjorie Gabain (1932; reprint, Glencoe, Ill.: Free Press, 1960).

3 S. Freud, *The Basic Writings of Sigmund Freud*, translated and edited by A. A. Brill (New York: Modern Library, 1938).

禦」模式，這種思維會排擠其他反射性思維。當我們的解釋長期錯誤或誇大，我們就會為持續的不安、消耗及神經系統受折磨而付出代價。一個人遭受這種模式長期支配，這便是精神病理學的典型特徵，例如妄想症和慢性焦慮，此外也包括某些心血管疾病。[4]

每當有人認為切身利益受到威脅時，原始思維就會被激發。它會擷取情況中與個體最相關的特質，並且效率一流。它是一種反射性思維，適用於沒有時間多想和仔細辨別的緊急情況。正是這種非常簡單的性質，使得它有助於觸發相關初始策略來應對威脅。

原始思維的高效特質也是它的缺點。將資料選擇性地縮減為幾個粗略類別會浪費大量可用訊息，情況的某些特質被突出或誇大，其他則被最小化或排除在外。個人相關的細節被斷章取義，含義往往過於自我中心，結論則過度寬泛。因此，這樣的思維並不平衡，可能反而會對攸關生死的緊急情況感到滿意，卻不利於日常生活運作及解決一般人際問題。

原始思維常在威脅被誇大的人際和群體衝突中引發。當人處於敵對狀態，原始思維可能會取代適應性技能，例如談判、解決問題和妥協等能力。人在多種情況下都會出現原始思維，包括順應緊急情況而生的反應、功能失調的人際衝突，以及群體之間的衝突等等。在危險條件下（例如戰場前線）可能挽救生命的緊急機制，往往在日常人際衝突中被不當觸發。因此，我們不僅容易出現思維錯誤，也可能會經歷相當大的痛苦，甚至是心理傷害。

當我們對特定對象或群體有負面偏見，可能是基於不愉快遭遇，或對某些種族有負面刻板印象，此時特別容易犯前文提到的思維錯誤。當我們片面擷取或扭曲資料以符合心中的成見，冒犯行為便會無中生有，原本無害的行為也會被我們曲解。這種選擇性偏見使人容易做出武斷結論，而人往往是在面臨真正危險時才有這樣的結論。然而，看似無害的偏見是眾多人際衝突與群體之間嚴重問題的基礎，比如成見和歧視（彷彿它是先前冒犯行為的複製品）。

例如，一位妻子詢問配偶為何選擇特定型號吸塵器，丈夫沒有說明原因，而是大發雷霆，踩著重重步伐走出房間。他原本的結論是「她對我的判斷沒有信心」，後來擴大到「她對我從來沒有信心」。她的簡單詢問激起了類化思考，亦即她不僅懷疑他的判斷力，實際上對他的評價也很低。當她問起購買情況，他之所以出現這種反應，其實是和以前的經驗有關。他立刻就想起曾經發生相同情形，那些不愉快的回憶似乎支持他對當前事件的解釋，於是他變得怒火中燒。

或許妻子平常真的認為丈夫的判斷力有問題，但她在這件事上未必這麼想。這對夫婦的關係向來和睦，丈夫的解釋明顯過於武斷。人一旦認為自己被質疑，似乎會從記憶庫中擷取所有相似的困境。不幸的是，這些記憶不一定準確，它們是由某種信念長期累積而成，比如「她對我的評價很低」。「從不」或「總是」之類絕對性辭彙反映出以偏概全的心態，我們可以透過一位年輕人對父母的抱怨觀察到：「你總是任由莎拉為所欲為……。你從來沒有給我我想要的……。沒人喜歡我。」

人愈是以偏概全就會愈沮喪，「總是」被苛待顯然比被苛待一次要痛苦得多。憤怒的程度取

4 M. E. Oakley and D. Shapiro, "Methodological Issues in the Evaluation of Drug-Behavioral Interactions in the Treatment of Hypertension," *Psychosomatic Medicine* 51 (1989): 269-76.

決於以偏概全的解釋，而不是事件本身。以偏概全的一個關鍵因素是「受害者」想像冒犯者對他的看法：愚蠢、可犧牲、不受歡迎。這個因素也可以說是「投射的自我形象」或「社會形象」，往往是人與人之間問題的核心。激怒我們的不是旁人的言行，而是我們片面認定他們對我們的看法和感受。

自我參照、個人化和衝突

將個人片面定義沿用到非個人的事件或評論，這是造成憤怒和其他情緒反應的常見因素。這種將他人中立行為解釋為針對自己的傾向，可以從高速公路的駕駛身上找到最明顯的例子。例如，奧斯卡在高速公路上行駛，每當有一輛車從旁經過，他都會很生氣。有一次，一輛大卡車開過去後，切進他的車道。他的腦海裡閃過以下念頭：「他這是在向我炫耀，他可以隨意切過來擋我的路……，我不能輕易放過他。」起初奧斯卡覺得被貶低，表現出短暫的軟弱感。接著出現的是憤怒，伴隨決定：「我要給他好看！」此時他覺得自己被充分授與懲罰對方的權力。

奧斯卡的大拇指按著喇叭，他駛過卡車旁邊，發現司機正和女伴交談。他突然想到，卡車司機「根本沒有注意到」他，很可能正聚精會神地討論何時停下來吃午飯或在哪裡過夜。奧斯卡想像自己與卡車司機起衝突；但對方顯然根本沒有注意到他。奧斯卡重新定義這次事件，怒氣迅速降低，這正是心理學家爾文・席格爾（Irving Sigel）描述的「脫離接觸」（disengagement）。[5]

還有一次，奧斯卡開車進入醫院停車場，警衛機械地揮手指示方向，被他解讀為非常敷衍：「他認為我像蒼蠅一樣可以隨便被人驅趕。」當他被要求重新評估這段經歷，他說：「我猜警衛根本沒有注意到我，他只是在指揮交通。」他再次認清警衛的行為「沒有任何個人色彩」，於是敵意瓦解，憤怒也隨之煙消雲散。

奧斯卡在大多數情況下都小心提防自己被貶低，他長期擔心別人會把他當做無名小卒，怕自己被人利用後就拋棄。他會將權威人士的任何評論解讀為貶低，即使他們在談論別人，他也認為這些評論是在巧妙地針對他。奧斯卡還有一種習慣，與他人談話時，他會認為對方刻意針對他，比如他和另一個人聊到政治或體育而意見不一時。

奧斯卡在治療過程中逐漸領悟，自己武斷地將旁人的評論解讀為輕視、不屑和不尊重。我向奧斯卡指出，他這是在下意識地將片面認定的含義附加到他人的行為上，但其實對方無意針對他。他一直在將中立的互動轉變為重大的衝突。他必須學會將談話與自己片面認定的含義脫鉤，接受別人表面上的意思。

奧斯卡的反應並非單一個案。重要的是，在正常人和有臨床問題的人身上，都可以看到自我參照（或稱為個人化）現象。許多人與陌生人（比如銷售人員和服務人員）進行與私人無關的交

5 I. E. Sigel, E. T. Stinson, M.-I. Kim, *Socialization of Cognition: The Distancing Model* (Hillsdale, N.J.: Erlbaum Associates, 1993).

流時，都會賦予自我中心的含義。他們認為「他不喜歡我」，或者「她看不起我」。

當兩個或更多人發生衝突，他人的想法和感受對每位當事者來說都很重要。然而，當一個人認為不值得將精力浪費在衝突上，並將談話轉為中立話題或走開，他們可能就會停止接觸。同樣地，若他人介入，告訴他們「分開」或「冷靜」，也可能導致心理上停止接觸與敵意化解。太過在意別人的想法並認定對方的行為是在針對自己，部分原因是過度重視別人對自己的評價。

治療可以幫助這樣的人認清自己對社會形象過度關注，以及他們因此傾向於在想像或實際衝突中與他人過招。在大多數情況下，分析他人（尤其是陌生人）可能具備的形象沒有什麼用處，因為這對生活幾乎沒有影響。在商務談判中，注意所有一致或不一致的意見比擔心失敗更有成效。不過，可想而知，對舊時代的人來說，被家族成員接納或與陌生人接觸可能是生死攸關的大事。今天，這種不合時宜的餘毒可能會妨礙人欣賞其私生活或職涯中正常互動的微妙之處，但如果能認清這一點，就可以克服它。

當事件涉及重要問題時，一個人可能會表現出強烈的不當反應。第三章曾提到，一位主管露薏絲對犯小錯的同事大發雷霆。引起她憤怒的不是失誤本身，而是她賦予它的個人化意義。信任是最敏感的問題，她的想法「我懷疑他連一點小事也做不好」正足以表明這一點。類似的「敏感」問題也牽涉到動機是否忠貞、忠實和誠實。根據原始思維的「對立法則」，如果一個人在某個情況中不忠貞、不忠實或不誠實，那麼他就是對立的一方，他在任何情況中都會不忠貞、不忠實及不誠實。這種看法會讓關係變得不穩定，並激起「受害者」的憤怒和懲罰冒犯者的衝動。

將他人的行為解釋為針對自己，可能會導致將對方視為敵人，或者至少是反對者。例如，我在第四章提到的鮑伯上診所看病，接待員告訴他無法指定醫生，因為他沒有帶藍十字／藍盾保險卡[6]。當接待員告知他必須回去拿卡片，他大為光火，開始對她大喊大叫。他的想法是：「她想為難我，故意制定很多規則來貶低我。」後來他才意識到，接待員只是遵循標準流程，並沒有刻意為難他，但這時他已經錯過預約時間，無法解決燃眉之急。鮑伯長期難以適應規章制度，每當有人要他遵守規則，他便斷定對方刻意找碴。在短暫的軟弱和無助之後，他會變得憤怒，有一股抨擊假想對手的衝動。

二分法思維

艾佛瑞被朋友稱為「最後怒漢」（靈感來自同名書籍[7]）。他們說，當他制定計畫或想要獲取某個東西時，如果無法按自己的方式去做，他就會生氣。他的憤怒反應明顯源自一種內心感受，

6 譯注：Blue Cross/Blue Shield，由藍十字藍盾協會（Blue Cross Blue Shield Association）推出的保險服務，此協會已有近百年歷史，是美國規模最大的保險公司。

7 編注：*The Last Angry Man*，美國作家傑拉德・格林（Gerald Green）於一九五六年出版的小說，以其父親為原型，講述一位堅守原則、脾氣火爆的老醫生的故事。

亦即他覺得自己對他人沒有影響力。當朋友不同意他的觀點或看起來像是不在乎他的意見，他會想：「從來沒人要聽我的。」然後生起氣來。當妻子沒有接受他的某個建議，他會下意識地想：「她根本不考慮我的意見。」當他無法說服工人立刻過來檢查水管是否漏水，他心想：「找這些傢伙根本無濟於事。」每一次他都感到挫敗、軟弱和無助。

艾佛瑞判斷這些情況的依據是有本事或沒本事。他要不完全掌控，要不相反，亦即完全無法掌控。這種二分法思維表達一種潛在信念：「如果我不能影響他人，我就是個沒本事、無能為力的人。」他會根據這個準則胡亂判斷情況，如果他認為自己很有本事（少數情況），他會高興一陣子。當他無法立即對別人產生影響，便會覺得受傷，然後生氣。

艾佛瑞將自己與他人進行比較時，發現他們在促使別人合作和掌控局勢方面比他更有本事。在他心目中，別人都是為了反對而反對，而且冥頑不靈，他的憤怒便是由此而生。這些過度反應潛藏著他對自己的看法：「我很弱。」

為什麼艾佛瑞對於阻撓覺得憤怒而不是悲傷？事實上，他能夠將傷害的「原因」從自己的無能感轉移到他人的行為上。「他們跟我作對是錯誤的……他們從不聽我的。」推卸責任使他能夠減輕沮喪和失望的痛苦，至少憤怒的感覺比沮喪和失望好過一點。當然，持續的憤怒對身心有不良影響，艾佛瑞的血壓不斷升高，日子過得不快樂，而且長期處於疲勞狀態，這可能是經常「情緒激動」的結果。

為了回歸平和的生活，艾佛瑞必須審視自己對「沒本事」的詮釋。他需要培養洞察力，以明

辨自己在某些情況下，是否像他認為的那樣沒本事？有沒有什麼情況是他明顯有本事應付的？他該如何將自己軟弱無能的形象與生活中的明顯成就互相調和？他還須認清，不應該把任何情況視為「不是這樣就是那樣」，應該要視情況而定，發揮不同級別的影響力、效力和能力。此外，艾佛瑞可能需要考慮，他可以從哪方面下手，以便改進社交能力，成為更有本事的人。當他提升自我形象，或許真的會變得更有本事。

在各種人際關係問題中都可以看到二分法思維。莎莉認為自己有「被拒絕」的心理障礙，如果沒有立即得到親朋好友或愛人的安慰、喜愛或認可，她會感到被拒絕。一旦她從這種感覺中恢復過來，便會針對令她失望的人產生批判和憤怒情緒。她會把注意力從受傷的感情轉移到冒犯者身上，她認為冒犯者拒絕她是一種錯誤。

莎莉的二分法信念是：「如果我沒有完全被接受或被愛，也就意味著我被拒絕。」這源於她認定自己的形象並不可愛，於是尋求安慰來彌補這個形象，她需要別人不斷表達愛意和認可，以避免不好的感覺出現。每當事與願違，非此即彼的心態使她認定朋友或愛人正在拒絕她。由於不可愛的想法是毀滅性的，她會轉而尋找「拒絕者」的過錯並對他生氣。

賴瑞被親友視為「控制狂」和「完美主義者」。他堅持監督家人和下屬的表現及行為，看他們是否符合他的標準。如果他們沒有達到標準，他會以惱火和憤怒的方式回應。針對他的反應所做的分析表明，這個人對事情出錯有著深刻的潛在恐懼。他的完美主義是二分法信念的產物，亦即他認定如果事情做得不好，就會出現混亂。當錯誤出現，他往往極度焦慮，在他的焦慮中可以

明顯看到這種二分法信念。他面對錯誤的最初想法是：「這可能會是一場災難。」然後他會把注意力轉向另一個人，把責任推到對方身上，不是因為對方犯錯，而是因為害他不高興。

賴瑞的核心信念集中在自己不夠完美的認知上，這種信念源自童年經歷，他的注意力不足障礙沒有被診斷出來，課業上的要求令他不知所措。他對控制自己和他人行為的需求，可以視為對這種信念的彌補。當他無法掌控某個情況，他會因極度害怕自己無能為力而不知所措。為了彌補對於自己不完美的恐懼，當事情進展不順利，他就會責怪別人。既然他認為別人該為他的痛苦負責，他自然會對「做錯事的人」感到憤怒，並覺得應該懲罰他們。此外，當事情做得不好，就會激發他對混亂的恐懼，而他對這種恐懼的主要彌補手段是堅持最高水準的表現。

在一般情況下，當一個人預期不完美表現或錯誤所導致的最壞結果，往往無法做出正確判斷。許多人容易將問題「災難化」，部分由於遺傳傾向，部分由於先前的學習，這種心理機制與慢性焦慮和慮病症有關，也與過度指責和憤怒有關。[8]

因果思維和思維問題

想一想以下情景。當你走在街上，被擺放的拐杖絆倒。你立刻斷定有人故意傷害你，於是你打算懲罰他。但後來你發現，其實是一位盲人不小心讓拐杖擋到你的路。你糾正自己對事件的解釋，也許還會因為不分青紅皂白就發怒而感到有點內疚或丟臉。從這件事可以看出，冒犯者的意圖

比你受到的輕微驚嚇更重要。一旦你明白這件事是出於無心——一種不帶任何**意圖**的突發狀況——那麼沒有人應該受到責備，你不再覺得有必要懲罰對方。

當我們遭遇不愉快事件，比如被他人阻礙，我們對事件的解釋會受到原始思維的重大影響。如果令人反感的情況**原因**不明或模糊，當事者傾向於認定是出於蓄意，而不是偶發。[9]然而，在與他人的衝突關係中，我們可能會陷入錯誤解釋因果的模式，因為大腦已經不接受對立的訊息或另一種解釋。令人不快的情況通常會自動喚起這種思維模式，當事人不會進行任何有意識的省思。

別人的言行對我們來說很重要，但其背後的原因和動機更為重要。不愉快的反應如受傷、悲

---

8 A. Ellis, *Anger: How to Live With and Without It* (New York: Carol Publishing, 1985).

9 基本歸因謬誤——將他人行為判斷為完全由其內在屬性而非情境因素決定——在三種情況下特別明顯：一是當個人容易出現不恰當或過度憤怒或暴力行為；二是當個人或群體之間發生衝突；三是在痛苦的婚姻關係中，困境被完全歸咎於配偶的過錯。此外，它也被認為是誤解對方意圖的主因，例如第一次世界大戰的導火線：B. Tuchman, *Guns of August* (New York: Macmillan, 1962)。有人提出，基本歸因謬誤——將不愉快事件歸咎於他人——是最簡單、最令人滿意和最省力的解釋策略。儘管關於這個謬誤有多麼「基本」存在一些爭議，但有大量證據表明它無處不在，而且正面和負面性質都有。例如，快樂的人將成功歸因於個人特質，將失敗歸因於外部原因。憂鬱症患者的情況正好相反。這種偏差思維也被貼上「對應偏誤」（correspondence bias）的標籤。D. T. Gilbert and P. S. Malone, "The Correspondence Bias," *Psychological Bulletin* 117, no. 1 (1995): 21-38; J. P. Forgas, "On Being Happy and Mistaken: Mood Effects on the Fundamental Attribution Error," *Journal of Personal and Social Psychology* 75 (1998): 318-31。

哀、焦慮、沮喪或鬱悶，需要得到一個解釋。一個特定行為是故意傷害還是純屬偶然，顯然會有很大的不同。當我們陷入苦惱，很可能會尋找原因：「她為什麼不打電話給我？」或者「他為什麼說話那麼難聽？」任何讓我們感到不適的行為都會引發一個問題：「為什麼？」

我們將思維聚焦在不愉快事件的原因上，因為對它的解釋將影響我們對事件後續發展的預測和對未來的預期。然而，我們歸咎原因的方式容易受到偏見影響，可能會誤將行為歸因於他人的惡意或性格缺陷，但現實往往只是因情況或偶然造成的不可避免的錯誤。因疏忽造成的有害錯誤，通常會比不可避免的錯誤受到更嚴厲的審判。

如果有人橫眉豎目並指著你，對你來說最重要的是釐清他在開玩笑還是嚴重威脅。如果「原因」出自他對你的憤怒，那可能是直接攻擊的前奏或不愉快行為的預兆。這時你感受到的焦慮若能幫助你發動防禦模式，那麼這種焦慮是可以接受的，因為威脅性手勢或言語可能會伴隨身體攻擊或其他敵對行動。如果你能夠解讀冒犯者的心理狀態，就可以預測冒犯行為的可能後果。

大量研究表明，人在解釋事件時有一定風格。[10]有些人認為發生好事時都是自己的功勞，而將壞事歸咎於他人。一般人大多表現出這種自私的偏見，其餘少數人則相反。例如，憂鬱症或有憂鬱傾向的人將成功歸因於運氣，將失敗歸因於自己，比如說認為自己能力不足。

雖然給惱人行為（吵鬧、遲到、粗心）貼上標籤比較容易，但要正確解讀對方的心態——行為的原因——並不容易。事實上，我們的判斷常常充滿潛在錯誤。如果我因為天生難以理解他人心態或充滿偏見，以致陷入自我中心的原始思維，那麼我很難對他人的惱人行為做出合理解釋。因為當事件涉及重要問題就會出現偏見，此時人往往會錯誤地解釋情況。

不妨想一想以下這些典型問題和當事人認定的原因。

請注意，在下表各情況中，都可以在事件和解釋之間插入「因為」二字。一個人對令其不安的行為所賦予的**含義**，通常與對該行為**原因**的解釋相同。下意識的解釋使另一種更溫和的解釋不復存在，其實他們可以這樣想：「他待在辦公室是因為工作很忙」、「這個分數很公平」，或者「我父親忘記了。」

遲到的丈夫抱怨：「為什麼我才遲到幾分鐘，妻子就歇斯底里？」這裡要再次強調，她的過度反應源於她推斷的「原因」：「他比較重視工作，不在乎我。」當然，妻子的解釋可能是正確的。也就是說，他可能更重視工作。然而，痛苦來自於推斷的極端含義：「他不再愛我」，或者「他不尊重我」。在大多數情況下，人可以客觀看待問題並提出更

---

10 G. M. Buchanan and M. E. P. Seligman, eds., *Explanatory Style* (Hillsdale, N.J.: Erlbaum Associates, 1995).

事件	推斷的含義
丈夫晚餐遲到	「他寧願待在辦公室， 也不願和我待在家。」
學生的考試成績低於預期	「教授不喜歡我。」
朋友不遵守諾言	「他在生我的氣。」

正確的解釋，或者可以彌補或消除問題。學生可以找教授討論成績；妻子可以判斷丈夫是否真的需要加班到很晚；失望的朋友可以找對方討論為什麼沒有遵守諾言，釐清朋友是否真的生氣。

儘管令人失望的情況可能會被糾正或消除，但推斷的原因往往令當事人無法接受。因此，當一個人變得憤怒，他只想施加痛苦並消除「原因」，不想糾正或彌補惱人事件。施加痛苦不僅是為了改變冒犯者的行為，也是為了改變其動機。

唯一原因

我們強迫自己解釋他人為何做出不良行為，即使很容易誤解也在所不惜。了解他人對我們的看法和感覺非常重要，當我們試圖預測可能出現的問題以及如何採取相應措施時，對方的心態極為關鍵。我們會自動列舉對某人行為的可能解釋，並形成關於對方的結論，然後根據結論決定要對他友好還是迴避，要重視還是懲罰他。儘管特定事件通常有多種原因，但原始思維促使我們鎖定「單一原因」並排除其他可能性，這使得問題變得更為複雜。

舊時，某些如暴風雨和乾旱等自然現象，被歸咎於個體的單一原因——例如，神明的善變或憤怒。我們現在知道天氣變化有「自然」原因，而氣候如此複雜多變，很難斷定是哪些因素造成的，要預測長期天氣形態就更難了，儘管我們對那些影響氣候的多重複雜因素有一定了解。而在人際交往中，報復的目標通常是直接而明顯的，也就是最接近的「原因」。然而，即使對於最接近原因的推斷正確無誤，也可能有眾多影響因素，其中一些因素細微而遙遠，不是以線性方式排列，而是以網狀方式排列。

不妨想一想這樣的情況。一個女人對丈夫很生氣，因為兒子和朋友一起開車上學時撞上另一輛車。起初她完全歸咎於丈夫，因為「他應該更嚴格地教導兒子開車」。在心理治療師進一步探查中，這位母親終於意識到還有其他因素導致這次事故：（一）兒子因為遲到而急於上學，（二）同伴慫恿，（三）當時下著雨，道路溼滑，（四）另一輛車的司機也有錯，他轉彎沒有打方向燈，（五）兒子常常任意違反交通規則。當她回顧整起事件，公平看待各個影響因素，這才明白兒子在事故原因中只占了很小一部分。

把一個人的「不當行為」歸咎於單一原因，這會導致自動排除另一種解釋。被冒犯的人會草率做出關於行為原因的結論，從而忽略其他可能的解釋或將其視為「藉口」。

一位老師很氣惱，因為她帶的中學班級考試表現不如期望。她的第一個解釋是，他們不夠用功，故意讓她難堪，以報復她的嚴格管教。接下來，她對學校和整個社會感到惱怒，責怪他們沒有提供適當的學習安排。在一次治療性訪談中，她被問及收到班級成績通知時，心中的第一個想法是什麼。她淚流滿面地說：「我認為是我的錯，責任在我身上。我應該要激勵他們……我一定是個差勁的老師。」她先前對學生和學校的憤怒掩蓋了她的自我懷疑。要對學生負起完全責任的應該是她或者學校。

雖然聚焦單一外部原因似乎可以保護自尊，但它只是用來掩飾而不是消除潛在的自責。在這種情況下，自我懷疑會令人感到不適，從而加劇對體系和他人的指責。

為了讓這位老師了解所有相關因素，我使用一種稱為「圓餅圖」的認知技術，用來分析對生命沒有直接威脅的一般情況。我讓老師在圖中指出，學生差勁的課堂表現在多大程度上可以歸咎於任何單一因素。她首先指著「學校」並寫下百分之百，然後她推翻這個結論，轉而認為自己是唯一原因。接下來，我們集思廣益，列出所有其他可能原因，最後彙整了一系列影響因素，她重新分配百分比如下：

- 學生來自市中心周邊的低收入住宅區，通常這種地方沒有用功的榜樣，整體氛圍不會激勵他們爭取學業上的優良表現。15％
- 學生大多數來自單親家庭，在家中得不到鼓勵、支持或幫助。15％
- 他們入學時基礎薄弱，欠缺動力。15％
- 學校讓他們失望——例如，班級人數太多。15％
- 老師們被迫花太多時間管秩序。15％
- 同儕壓力，尤其是男孩子之間的壓力，不是要在學業上有所表現，而是要在運動方面出類拔萃。10％
- 我應該要當個充分激勵學生的老師，但我沒有做到。10％

完成新的分析後，她的眼界大大拓寬。她終於意識到，他們表現欠佳並非單一因素造成。她還發現，她自己的教學缺陷——如果真有的話——對結果的影響很小。於是她不再為了學生「令她失望」而生氣，決定今後要設法扭轉其中一些負面因素。最後她想了想並表示，其實這一屆學生的成績和上一屆一樣好。

這個案例說明人很容易將負面事件歸咎於單一原因——在這個例子中，學生試圖阻撓老師成了單一原因，老師的憤怒與一種「懲罰學生害她失望」的潛在願望連結起來。事實證明，這個「原因」只是老師苦惱的表面原因。學生的成績一開始就激起她的反應：「他們表現欠佳全是我的責任。」接下來，她為了擺脫這種歸因的痛苦，不得不轉移焦點，尋找另一個藉口：學生是因為冥頑不靈才表現欠佳。她當時還補充說明：「我覺得他們在抵制我。」後來回想起來，她終於意識到一開始她確實完全責怪自己，但這麼做太痛苦，於是把原因轉向假定學生在抵制她。

這位老師最初陷入個人化的認知錯誤：她將學生的課堂表現視為個人失敗。然後，她把責任推給全班——從專業角度來看，這個過程被稱為「外化」（externalization）或「投射」（projection）——並變得憤怒。但她潛在的不足感持續存在，導致她持續憤怒。

這個例子闡明人性的其他方面。我們經常發現，父母起初會認為自己該對孩子的不當行為負全責，不久又將責任推給孩子並對他生氣。自我批判（「我是失敗者」）對自尊的傷害引發責備他人（「他是壞孩子」）的自我保護反應。但潛在的傷害依然持續，在某種意義上助長外部歸因和憤怒。這種憤怒大多源於自尊受傷，但將責任外化以減輕自我批判確實是一種煙幕彈。母親因為推卸責任而放棄努力的機會，無法重新評估她是個失敗者的想法。因此，自尊的傷害仍然存在。在責備他人之前發生的自我懷疑和自責通常不明顯，並且如前所述，這是一種自動化思考。然而，人可以接受訓練，在憤怒出現之前觀察意識狀態，找出自我懷疑和自責。

有些人透過釐清偏差思維的某些特質（例如以偏概全或個人化），學會在陷入憤怒或焦慮模式時「抓住」自己。然後，他們可以應用諸如轉移注意力或尋找矛盾證據等策略來強迫自己糾正原始思維。而其他人則可能陷入原始思維模式，最後導致臨床心理症狀。

人不一定會受限於過往經歷或演化衍生的思維模式，我們天生擁有成熟靈活的思維能力，可以省察和判斷，取代原始思維。這種省察更實際、更符合邏輯，也更理性，可以糾正原始思維，但也有速度較慢、更為費力的缺點。事實上，它在文獻中被描述為「費力思維」。當我們不陷入敵對衝突時，便具備認知能力來審時度勢。然而，當我們陷得太深，心智需要非常努力才能超越自動浮現的原始思維。只要持續努力，總有一天，審時度勢會變得更容易，並為建設性解決問題和更平靜的生活奠定基礎。

CHAPTER 06

憤怒的公式

權利、錯誤和報復

大腦已發展出一種能力，可以為我們創造一個想像的世界。很少有人活在現實中，大家都活在自我認知的世界裡，這些認知會根據個人經歷而有明顯差異。我們可能會在憤怒不存在的地方察覺到憤怒。如果扭曲事實達到一定程度，即使身邊圍繞著朋友，我們依然會認為周遭全是敵人。——威勒・蓋林[1]，一九八四

請思考一下這個違反規則並導致憤怒反應的例子。妻子發現丈夫沒有履行某些義務，例如修

1 譯注：Willard Gaylin（一九二五～），美國哥倫比亞大學醫學院精神病學教授，也是心理治療與精神分析醫師，並創立海斯汀中心（The Hastings Center），致力於研究生命科學領域的倫理議題，曾出版十多本著作。

理廚房水龍頭滴漏、打電話給水電師傅和支付帳單；她大為光火，雙方進行下列對話。

妻子：你答應過的事永遠做不到。
丈夫：妳為什麼要把這件事講得好像犯法一樣嚴重？
妻子：因為我要你做的事你從來都不會做，你永遠不會做分內該做的事。
丈夫：妳又來了——反正不管我做什麼，妳都看不上眼。
老婆：我要怎麼看得上眼？你老是在看電視上的比賽，不然就去打高爾夫球。
老公：反正只要我去找樂子，妳就看不順眼，我做什麼事妳都要管。
妻子：你為什麼不閉上嘴，去做你該做的事？
老公：妳連我說話都要管。

值得注意的是，夫妻雙方沒有討論到各自最初的傷害，他們原本可以接受對方正常的感受。與憤怒情緒相比，他們當然可以更容易對彼此的受傷產生同理心。從他們的交談可以看出，雙方被迫站在絕對的角度看待彼此的行為（**永遠不會**、**老是**和**什麼都要管**這些用詞就足以證明這一點）。他們表達的想法也顯示他們認定對方違反規則。

不妨讓時光倒流，從妻子的角度來看待事件。她在治療中曾對我提及這次爭吵，當時她陸續出現以下想法：「他讓我再次失望了……他該做的事從來不做……他這樣做是故意要傷害我……

他根本就沒有責任感。」

這個順序顯現憤怒和敵意產生的步驟：**受挫的期望**和失望以及隨之而來的**背叛感**（「他讓我失望——再次」）。最初的感覺通常被描述為一種低落的**虛弱感**，這是失去力量的身體表現。她把他的疏忽視為**不良行為**（「他永遠不會……」），並將這些疏忽斷定為**故意**，原先的失望很快就被這種心情取代。最後，她將責任**歸咎**於他，並譴責他「不負責任」。一旦他的錯誤行為在她的腦海中定型，她的憤怒就會加劇，甚至想要對他動手。

進一步探查妻子的心理，發現她當下也感到害怕或過度擔憂，這是以典型的「要是……該怎麼辦」模式顯現。「要是他凡事擺爛該怎麼辦？一切都可能完蛋」，或者「我們會被債主追債」，或者隱約感到「我會很無助，沒有辦法應付」。因此，導致憤怒的不僅是挫敗感，還有恐懼和無助感。當她將注意力轉移到痛苦的**原因**，自然會緊咬著丈夫的頑固和不負責任。

下圖說明從丈夫不履行義務到妻子憤怒的連鎖反應進程。很明顯，僅僅因為意識到對方缺乏責任感就足以激怒她，但在這個案例中，就和許多情況一樣，其他因素會加劇她的不安感，使得她大為光火。她傾向於把事情災難化，因此她會設想最壞結果，也就是認定生活將全面陷入混亂。此外，他的拖延影響她對自身能力的觀感，讓她覺得自己很無助，沒有辦法應付所有事情。

這些信念、解釋和感覺匯聚起來，可能導致一個人出現精神症狀——甚至是全面性症狀，妻子可能會非常擔心而陷入廣泛性焦慮症。如果她覺得受到丈夫恐嚇，並且過度擔心會惹惱他，那麼特別可能發生廣泛性焦慮症。另一條路徑可能會讓她從感到軟弱和不足到絕望和放棄，還可能會沮喪。如果她的反應沒有遵循焦慮症或憂鬱症的路徑，很可能會走向生氣或暴怒，並打算全力懲罰丈夫的行為。她被憤怒激發，進而表達不滿：

「你答應過的事永遠做不到。」

她的責備引發丈夫一連串想法：

「她每件小事都要挑我的毛病，我為她做的一切她全看不上眼。」當他一心想著妻子的「不公平」並認定她試圖控制他，最初的受傷感很快被憤怒取代。由於他認為她的責備沒有道理，為了捍衛自己負責任和強大的形象，也為了懲罰她試圖控制自己，於是他開始反擊。

他們的交流從頭到尾離不開控制：妻子強行逼迫丈夫履行責任，丈夫則極力避免被她控制。雖然成功的合作取決於限制他人行為的能力，但控制的需要源自過度恐懼：她從一開始便認定丈夫推卸責任，很害怕因此無法掌控局面，丈夫則是深怕被她支配而行動受限。人對自己的恐懼和

圖 6.1 妻子因丈夫不負責任而表現出的反應進程

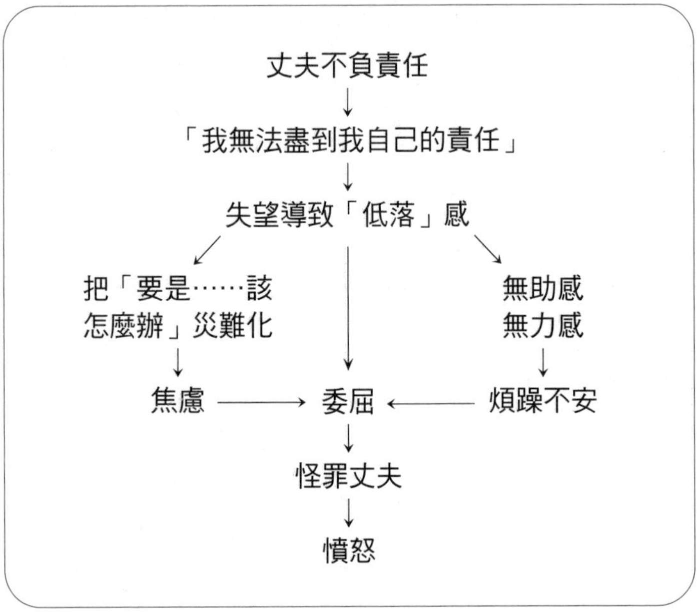

無力感比對實際冒犯的反應更強烈。無論如何，當人與人的相處涉及高標準規則和期望（「你**應該**把工作做好」和「妳不**應該**罵我」），不僅會引起憤怒，還會將注意力從好好審視抱怨轉移到對各自困境的實際解決方案上。

恢復權力平衡的反擊

人際關係似乎有個定律，當一個人感到在一段關係中失去權力，就非得反擊不可，即使從長遠來看報復會弄巧成拙，而且隨著衝突加劇，可能會導致進一步的攻擊和痛苦。許多相關因素造成這個情況。首先，無論是身體上還是心理上的痛苦，人都有一種原始的、幾乎是反射性的反應，也就是要去除痛苦根源。另一個重要因素是，批評即使有正當理由，也常常會破壞權力平衡。在前面的例子中，丈夫感到自己的權力被妻子削弱和剝奪，妻子同樣因為他的行為而感到無能為力。他的報復代表他希望在與妻子的權力爭奪中恢復平衡。只要雙方持續懷著敵意接觸，她就面臨兩難局面：是要反擊而導致衝突加劇，還是要放棄而感覺更糟。儘管衝突集中在勞務分工上，也可能發生在許多領域，例如育兒、社交活動或與親戚來往。

當然，已婚人士都明白，互相辱罵通常無法實現任何一方的目標，往往導致雙方更為疏離。正確的做法是暫停接觸，專心解決問題，這樣既沒有「贏家」，也沒有「輸家」。然而，這個方案通常很難實行，因為衝突的表面原因可能掩蓋個人問題，例如對挫折的容忍度低、不足感和對批判太過敏感。如果個人問題特別嚴重，則有必要解決，建議可以透過心理治療或婚姻諮商來尋求協助。

從思考到行動：敵對模式

有趣的是，一個人口頭表達憤怒或採取敵對行動之前，內心早就火力全開了。此時思路似乎採直線進行，從開始出現貶抑的念頭到以口頭表達，最後則是採取暴力行動。在前面的例子中，被冒犯的妻子口頭表達想法：「他永遠不會做分內該做的事。」她的自動化思考已經包含責備——以及對丈夫的不良行為提出批判性解釋。

不妨研究一下人在敵對接觸中有怎樣的經歷。當她表達想法和感受時，敵意不僅表現在用字遣詞中，也表現在尖銳的語氣、繃緊的面部肌肉、怒瞪的眼睛、緊握的拳頭和僵硬的姿勢上。她很生氣，也有懲罰丈夫的強烈欲望。她所有攻擊系統全面啟動，包括認知（對丈夫的蔑視）、情感（憤怒）、動機（批判的欲望）和行為（發動攻擊）。最初的負面評語發展為批判和責備他的衝動，後來成為懲罰丈夫和迫使他乖乖聽話的工具。有趣的是，一旦她切入攻擊模式，最初的受傷、沮喪和無力感會被淹沒，取而代之的是更強烈的個人能力感，以及左右丈夫行為的期望。當然，她會不會開始動手攻擊他，取決於她是否克服一些威懾和抑制因素，比如深怕衝突惡化和到最後會傷害到自己。

在攻擊模式中，夫妻雙方的思維都恢復到原始形態。妻子認為丈夫惡劣而行為不良，抹殺了他所有正面特質。她只看他的過失，用不留餘地的辭彙來解釋他的行為。丈夫則認定她只會喋喋不休，而且她的行為不僅醜陋還不合理。只要他們繼續處於敵對模式，只會回憶對方過去的錯誤行為，並以偏見來解釋對方目前的行為。後來，他們平靜下來（嚴格來說就是擺脫敵對狀態），可以更客觀地看待彼此，也許會著手解決家中問題，只要這個問題跟兩人之間的相處無關。

正如圖6.1所示，許多因素都與敵意產生有關。儘管它們是按某種順序出現，但評估似乎是同時發生的，因此個人會做出綜合及全面的判斷。

圖表中數個因素是必要的（例如，察覺到損失或威脅），但不足以產生敵意。圖表中假定的**損失**通常與評估自己在某方面遭到貶低有關，例如感覺不那麼受歡迎或有用，或者被剝奪人際關係或資源。察覺到的**威脅**則可能針對個人安全或價值觀。這些因素的影響力視特定事件的性質和周圍環境而異。如果損失或威脅被認為可以原諒或理由正當，那麼當事人會就此打住，不會生氣。另一方面，如果這些因素出現，將為最終的敵意增添一種特殊力量。

雖然**痛苦**的感覺——受傷、焦慮或沮喪——通常發生在這個進程的早期，但它們在憤怒出現的過程中並非不可避免。至於違反規則，通常並不明確，實際上總是出現。如冒犯者已有**違反規則**的紀錄，將會加劇被冒犯者的敵意反應。

違反規則的嚴重程度會影響敵意的程度，推定冒犯者的違規動機（是無意還是故意）也是如此。事實上，大多數人似乎都基於不確定的假設行事，也就是除非得到證明，否則他們一概認定那些有害的行為都是故意的。如果冒犯者**原本可以**採取其他方式，他就**應該**這樣做；因此，他應對罪行負責。另一方面，如果冒犯者被判定為無法控制冒犯行為，或者被視為非自願，那麼責任歸屬會減少。

人甚至有可能受到別人故意的傷害而不會生氣——例如，冒犯者被視為不需要對行為「負責」。憤怒的小孩對我們拳打腳踢，或精神錯亂的病人對我們尖叫，這些情況通常不會令我們生氣，因為我們知道他們不需要為自己的行為**負責**。因為這種行為可以原諒，所以我們不會因敵意高漲而發動反擊。此外，這類行為並不違反「不應該」規則（禁止無正當理由的攻擊），因為「應該」和「不應該」意味著冒犯者有選擇餘地或自決與控制能力。如果一個人的敵對行為由不成熟或混亂的大腦所決定，那麼通常不適用不應該規則，患有大腦疾病的人會被他人**預料**為表現不合理。因此，如果令人不愉快的攻擊有正當理由或可以原諒，敵意便不會進一步發展。然而，冒犯者若有不良行為紀錄，他將被認定為故意冒犯，而且被冒犯者的敵意會高漲。

重要的是要記住，引起憤怒的並非事件本身，而是它的最終意義。來自教練或老師的建設性、圓融評語或醫生持針筒注射所造成的疼痛，這些都被認為可以接受，因為從中獲得的益處證明受苦是值得的。即使對方的行為看起來可能是故意挑釁，但當事人的反應取決於他賦予該行為的意義。例如，憂鬱的人遭受故意的侮辱時，他的回應可能是更加沮喪而非憤怒，因為他對侮辱的解釋可能是：「我活該……這證明我有多麼不受歡迎。」

我們對情況的解釋以及後續衍生的感受和行為都受到口語規則所支配，這些規則通常很複雜，並且似乎形成一種推論系統。我們的訊息處理系統非常龐雜，足以同時評估情況的每個特徵，就像有多個管道一起處理一樣。例如，假設朋友拒絕與你共進晚餐，推論系統中的規則將同時回答下列所有問題。

- 「對方的拒絕是否等於某種程度的貶低，也就是說，這是否表明我不是理想的友伴？」
- 「這是不恰當還是不合理的拒絕？」
- 「她是不是想傷害我？」
- 「這種行為是否合乎她的個性？」
- 「她應不應該受到懲罰？」

推論系統中的規則迅速提供多個答案，它們會立即被整合為一個結論。如圖6.2所示，對這些問題給予肯定的回應將引起憤怒。

自動框架

想像一下，你走進不熟悉的城區中某家商店，一位店員——假設她具有不同種族背景——帶著微笑走過來。你的第一個反應可能是：「她似乎是一個友好的人。」你會自動報以微笑。但是，假設你與該種族背景的人有過不愉快，或者你聽說過關於他們的負面傳聞，這時你的正面反應將會減弱。也許你的腦海中迴盪著父母帶有貶損意味的警告：「不要和這些人接觸。」或者，你基於以前和店員打交道的經驗，先入為主地認為他們都喜歡耍手段又自私自利。你帶入情境中的記憶和信念將有助於塑造你對店員行為的解釋，然後你會得出結論：她的微笑不真誠，只是為了擺布你。你沒有回應她的微笑，反而感到緊張和僵硬。[2]

人與人之間經常出現上述的互動模式。我們都如何解讀別人的溝通方式——包括他們的用字、語氣、表情和肢體語言（僵硬還是放鬆）？大家自有一套適用於各種特定情況的信念，因此大多時候都能理解它們。當我們進入一種情況，已經有這些規則或公式可供運用。根據性質的不同，一種或另一種信念模式會自動啟動。

信念和公式往往放諸四海皆準，比如「外國人都心懷不軌」，或者「店員都喜歡耍手段」。全面性信念以條件規則或「如果－那就」的模式應用於特定情況。例如，「老虎具危險性」是一種全面性信念。但是，如果你在動物園而非野外遇到劍齒虎，你對牠的反應顯然會完全不同。在這種情況下觸發的條件規則是：「如果老虎被關在籠子裡，那我就會很安全。」關於「凶猛動物很危險」的普遍信念已改為有條件的信念，用以衡量特定的背景或條件。

同理可證，當你遇到帶著微笑的店員，可能會透過條件或前後關係規則來面對：「如果店員非常積極，那就意味著她試圖控制我。」或「如果店員被動且順從，我就是安全的。」回到前面的例子，有條件的信念是：「如果店員長得像外國人，她可能會耍手段。」

分類規則為同類型個體或情況提供一致性觀點，而條件規則讓解釋適應當前情況的特質。分類規則通常是寬鬆的（「陌生人都心懷不軌」），而條件規則是嚴格而具體的（「如果陌生人接近我，我應該保持警惕」）。分類和條件規則都類似於逮捕及定罪違法者的法律：搶劫是非法的（分類規則）；如果一個人闖入民宅並偷竊財物，那麼他犯有重罪（條件規則）。

規則的影響在精神病理學中變得明顯。嚴重憂鬱的人可能會根據「我不如所有人」的分類信念和「有人

圖 6.2 導致敵意的推論因素

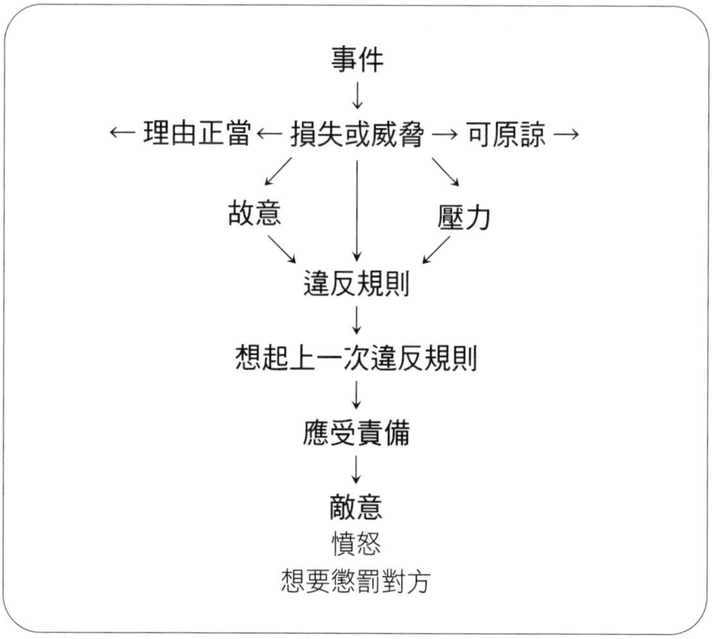

[2] 關於另一個立即評估的例子，請見：J. A. Bargh, S. Chaiken, P. Raymond, and C. Hymes, "The Automatic Attitude Evaluation Effect: Unconditional Activation with a Pronunciation Task," *Journal of Experimental Social Psychology* 32, no. 1 (1996): 104-28。

在監視我」的妄想來解釋與他人的所有互動。這些信念擴及層面之廣，幾乎適用於所有情況。嚴重憂鬱的人深陷於自卑或不受歡迎的感覺，會將他人的微笑解釋為憐憫，將沒有表情解釋為冷漠，並將皺眉解釋為徹底拒絕。妄想的人可能會將微笑解釋為試圖操縱他的狡猾手段，而將沒有表情解釋為假裝的冷漠。因此，占據主導地位的分類規則會扭曲情況的特質。憂鬱或妄想的人其偏差信念會產生對現實的偏差解釋，這種偏差信念和思維既發生在精神病理學中，也發生在人際敵意和群體衝突中。

對陌生人或外國人過於寬泛的分類信念，可能導致將友好的陌生人誤貼上危險或不友好的標籤（「錯誤肯定」）。在某種程度上，對陌生人的分類信念是我們的演化、文化承襲以及個人學習史的混合體，面對不熟悉或不同的人，我們傾向於將他們視為非我族類。例如，在早期成長階段，孩童通常會以明顯的痛苦（可能是恐懼）回應試圖接近的陌生人。[3]

儘管大多數孩子長大後不再害怕陌生人，這種分類信念可能依然潛藏在他們心中，一旦與看起來像外國來的人接觸或聽到對自身不利的評論時，這種信念就會被激發出來。我們對於非我族類的反射性厭惡在仇外心理（少數民族或種族偏見）中很明顯。此外，在與其他群體或國家發生衝突時，對於非我族類更普遍的偏差信念將會被激發。

當微笑的店員走過來，我們如何擷取特定刺激的含義？當人解釋所見情景，會運用基於圖像、記憶及信念的訊息處理系統。店員的視覺配置與我們記憶中的模組匹配。當外部配置（例如，女店員的笑臉）與相關模組進行匹配，就會發生「識別」，相關的信念和規則就會跳出來解釋她的動機。

條件信念具體化並修正匹配過程產生的意義。若我們曾經認定某特定人士懷抱欺騙或操縱意圖，這個記憶可能會凌駕對於店員微笑形象的認知，以及原先「微笑的人很友善」的信念。相關的規則「不要相信她」會改變我們對微笑的反應，並引發一個問題：「她是不是想耍我？」事實上，我們的設想甚至可能「改變」她的笑容，原本看似單純的笑容，現在成了狡猾的模樣。

「原本」和「應該」

我們對自己和他人的行為所應用的模糊規則，與我們對有利結果的期望有關。然而，我們從錯誤中學到的比從成功中學到的更多，這是不爭的事實；當問題出現時，我們更有可能會仔細檢查自己的所作所為。「怎麼回事？」「有沒有不一樣的做法？」以及「為什麼會不順利？」這些自我反省可以幫助我們擬定糾正策略，釐清事件的順序並設計替代行動方案。這個策略是由解決問題和「從經驗中學習」等兩項重要因子組成。我們將結果與行為連結起來，打造評估自身和他人行為的基礎。例如，如果我們選擇某條路線或某個計畫，可能要考慮它是否能達到預期目標，以及它是否是最有效的方法。

---

3 A. T. Beck, and G. Emery, with R. L. Greenberg, *Anxiety Disorders and Phobias: A Cognitive Perspective* (New York: Basic Books, 1985).

然而，當我們對事件的轉折不滿意，往往會感受到內在壓力，於是責備自己或他人的不幸，而不是彌補不良結果或從經驗中獲益。我們將現實中令人失望的結果與想像中的有利結果進行比較，如果不同的行動方針**原本**可以產生有利結果，那麼**應該**遵循它；既然沒有做到，就應該受到譴責。

不妨想一想這個例子：一位消費者在市場排隊等候結帳。由於大多數人都喜歡立刻結帳，以便盡快離開，所以他們會在評估後，選擇看起來最快的隊伍。但消費者通常會有一種觀念，也就是覺得自己都會排在最慢的隊伍。他們會察看其他隊伍，並主觀認定別條線的結帳速度更快。一旦他們換去別條線，好像它馬上就慢了下來。

然後，典型的消費者可能會想像不同的場景。由於假設的情況本應產生更好的結果，於是消費者責備自己做出錯誤選擇：「如果我能在另一條線上就好了。如果我沒有換就好了。」有趣的是，「原本可以做而沒做」比「實際發生」（「浪費」的時間）帶來更大的不耐煩和挫敗感。「我**原本**可以選擇另一條線」迅速轉變為「我**應該**選擇另一條線」，變成了自責。

我們往往下意識地想像替代和最佳場景，並將它與實際情況互相比較。兩者差異有多大，我們就有多不滿意。人所經歷的大部分壓力都是由這種小規模反應累積而成，長期下來可能會變得易怒，並對家人、朋友或合夥人的小問題反應過度。

假設前文提到的消費者在排隊等候結帳時，正在結帳的客人因為到處翻找優惠券或跑去拿另一件商品，導致整個隊伍停滯不前。當事人若認為對方自私或粗心，此時挫敗感會更大。一開始的想法可能還算溫和：「**要是**她事先準備好優惠券**就好了**。」這個念頭會迅速加入批評：「她**不應該**耽誤大家的時間。」

到了這個節骨眼，憤怒的消費者想要吶喊：「妳為什麼不提早準備好優惠券？」這是一種更理想的情景，彷彿這樣表達就能讓耽誤時間的女客人從頭再來一遍。儘管社會約束可能會阻止他大聲說出來，但他肯定會為任性的女客人想到貶低的形容詞：自我放縱、愚蠢、自私自利、能力低下。但如果他的自制力弱，有很強的衝動，那麼很可能會大聲說出這些批評。

這個公式顯示，將選用的策略與可能更有效的策略進行比較，或許會適得其反。要求他人**不應該**以他們的方式行事，可能會衍生出徒勞的憤怒。這種認知過程被描述為「反事實思維」，亦即想像實際上沒有發生的情景。[4]在最病態的情況下，對不愉快事件感到痛苦的人可能會產生強迫性幻想，並在當中改變事實，以容許更有利的結果。

有時，情況非常明顯，事情就是絕不可能以不同方式發生，以致憤怒感消失。如果犯行被重新定義為完全不可避免，那麼它就不再是犯行。不妨看一下這個例子。父母擔心十幾歲兒子開家裡的車出去，超過預定時間很久都沒有回家。他們因焦慮而有各種聯想：「萬一他被搶劫該怎麼辦？」「萬一他出了車禍呢？」當兒子終於現身，他們鬆了一口氣，隨後又因為他沒有早點回家

4 N. Roese, *What Might Have Been: The Social Psychology of Counterfactual Thinking* (Hillsdale, N.J.: Erlbaum Associates, 1995).

而憤怒（另一種情況）。當兒子提出合理解釋來消除這種情況的可能性，他們的憤怒隨即平息。也許是汽車引擎出問題，他無法打電話給父母，或者乘客生病，不得不緊急送往醫院。一旦父母得知兒子的行為和他們的痛苦是不可避免的，「應該」就不再發揮作用，他們不再相信自己受到不好的對待。有趣的是，當我們對另一個人的行為感到痛苦，我們傾向於假定對方是故意或疏忽。一開始我們不會考慮相反的情況，也就是令人痛苦的事件是偶然的或不可避免的。[5]

人們通常知道，如果能證明冒犯行為不可避免，自己將免於受到批評。事實上，為防止受到指責，他們可能會編造理由來表明，除了他們所採取的行動，不可能有其他作為。青少年通常擅長編造這類不容辯駁的解釋，而大人是否接受，取決於他或她是否生氣或浮現敵意。[6]

應該的專制

將行為規則和標準強加於他人，當中有個令人信服的理由：這樣做既提供保護，也提供滿足「需求」的策略。我們賴以生存的重要規則旨在控制他人和自身的行為。就像政府制定的法律，這些規則採取命令和禁令的形式：該做什麼和不該做什麼；也就是我們口口聲聲、心心念念的「應該」和「不應該」；我們對別人這麼說，對自己也這麼說。違反這些命令的行為就像違法行為一樣，將被視為應受懲罰的罪行。

心理治療師和理論家如卡倫・荷尼和亞伯・艾里斯，他們察覺並闡明這些命令在各種精神病患身上占據主導地位。此外，他們也表明，沒有精神疾病的一般人與那些精神病患有相同問題。人們通常將誇大目標融入「理想的自我形象」，荷尼特別關注命令在這當中所扮演的角色。特別容易罹患憂鬱症的人，主要是受荷尼所謂「應該的專制」所驅使。他們沮喪時，思緒充斥著**不應該**做和**應該**做但沒有做的雜音。艾里斯在一次巡迴演講中，展示「應該」和「不應該」如何為各種各樣的人帶來問題，尤其是那些對他人抱持過度期望而暴怒的人。[7]

當人開始注意自己對他人（和自身）的想法，很快就可以認清自己的情緒反應和憤怒如何受到這些命令支配。儘管命令可能只是一些沒有表達出來的想法，但很容易就可以說出口：

- 「他應該要更了解。」
- 「她應該聽我的。」
- 「你應該更加小心。」
- 「他們應該更加努力。」

---

5 同上。

6 這是人們更容易被「個人」解釋而不是「情境」解釋所吸引的另一個例子。

7 K. Horney, *Neurosis and Human Growth: The Struggle Toward Self-realization* (New York: Norton, 1950); A. Ellis, *Reason and Emotion in Psychotherapy* (New York: Carol Publishing, 1994).

這些陳述的共通點是微妙地要求別人重塑行為，包裝在他們違反命令或規則的指控當中。這些命令可能會採用不同形式的口語表達，也就是運用某些「含蓄」的辭彙，但仍包含相同的關鍵訊息，也就是發話者的權利在某種程度上受到侵犯。

- 「她沒有權利這樣對我。」
- 「我有權誠實回答。」
- 「你好大的膽子，竟敢那樣對我說話。」

這些句子隱含的是「應該」和「不應該」，旨在保護一個人的權利，確定侵權責任，並懲罰冒犯者。

由於這些命令頻繁侵入我們的意識，在塑造情緒和行為上發揮重要作用——往往對自身和我們關心的人造成損害——因此，務必要了解它們的功能及在人際衝突中的作用。此外，揣摩它們的起源以擬定相應策略也有益處。

命令：保護權利，滿足需求

我們在日常生活中如何免於干擾、歧視和威脅，同時追求利益和目標？我們顯然不會面臨石器時代祖先遇到的問題，也不需要為了抓兔子、打倒飛奔的鹿或擊退掠奪者而通力合作。我們通常對社會秩序中的法律、法令和公約及各種執法所給予的保護充滿信心。此外，我們依靠公平、合作和互惠的社會準則來追求目標，並與他人和諧共存。另外還有針對貪婪、色慾和敵意等非社會或反社會行為的宗教制裁，旨在阻止過度自我中心的行為。如果沒有這些命令，社會群體將處於混亂狀態。生存和組建家庭所必需的承諾和義務將不存在，只關注自身利益的個人將互相傷害。

規則、法律和制裁不僅對潛在犯罪者發揮嚇阻功效，只要我們願意接受，它們還可以發揮認知功能，從而形成我們對冒犯行為和冒犯者、罪行和罪犯的評估；也就是說，它們影響了我們的行為以及對罪犯的想法和感受。對法律和社會規範的觀察促使我們將所有冒犯者視為有罪、邪惡及心術不正。當我們將規則融入訊息處理系統中，冒犯者在我們看來可能會暫時成為一個醜陋的竊賊、淫笑的好色之徒或賊眉鼠眼的狂妄之輩，我們會體驗到相應的感受：焦慮、憤怒和厭惡。然而，大多時候，我們不會將注意力集中在這些形象上（要是多加注意，它們會變得更為突出），但我們會意識到對冒犯者的厭惡，覺得他們心術不正、令人反感或墮落。

很明顯，基於期望和慣例的規則顯著影響我們的思維和行為。文化與世代承襲顯然塑造我們對社會規範的接受度，而個體的私人規則（來自內部的壓力）類似於社會規範（來自外部的壓力），它們支配著我們的行為和對他人的反應。然而，無論規則來自何處，它們都會影響我們對自己和他人的觀感。事實上，無論是來自於社會還是私人，規則主要影響我們的認知系統，我們的行為源於這些內化的規則。

儘管在某種程度上，我們的認知規則、公式和標籤是社會規範的複製品，但只要反抗、貶低或顛覆社會規範和法律，我們可能會得到一套相反的規則。因此，有些人可能會認為非法行為「很酷」（例如使用或販賣毒品）或很正當（私闖民宅）。

當我們在各種情況下審視這些命令，可以看到慣例、習俗和傳統在影響（如果不是控制）他人以及自身方面發揮很大的作用。社會規範無論是體現在法律還是慣例中，都構成我們對他人的期望之框架。許多期望被提升到要求和義務的領域，也就是別人必須尊重我的利益和目標。此外，我們自己的願望也成為莊嚴的權利，我們認為自己有權受到公平、誠實和友善的對待，他人**應該**適時察覺我們的需求和感受。這些「應該」被當做個人生存的工具，它們是控制桿，其力量超越法律命令和禁令。事實上，內心的命令使我們影響甚至強迫他人保護、培育我們，或者與我們合作。

出於同樣的原因，我們對他人施加限制。他們**不應該**阻撓、欺騙或拒絕我們；他們**不應該**無禮、輕率、不負責任或控制他人。這些行為規則經常在社會規範中得到美化，違反它們會產生傷害、憤怒以及報復的欲望。因此，對於可能有用且令人滿意的行為所衍生的社會方針，可能會變得絕對、極端和僵化，或許還會出現矛盾的結果，亦即原本的宗旨是要防止痛苦，最後卻製造更多痛苦。

命令的演化論

為什麼「應該」和「不應該」的力量如此強大，以致經常排擠其他更適用的策略，例如合作、談判或溫和的說服？例如，秉持完美主義的家庭主婦可能會強迫自己維護環境，達到一絲不苟的整齊和清潔，即使她的強迫性舉動可能會干擾她和配偶及孩子的和諧關係。我們通常會發現，在這種情況下，所謂的「應該」是對害怕不被認可或無能自我形象的一種補償。在精神疾病中可能會發現類似的誇張形態，例如，在強迫症患者身上可以看到這些命令的極端表現，他們不停地洗手，以免被看不見的細菌汙染。「應該」的嚴酷性在憂鬱症患者身上也很明顯，他們顯然受到精神疾病困擾，不斷責備自己：「我在工作（或家務）上應該要表現得更好。」

為了追溯這些現象的起源，我們需要分析那些千百年來塑造人類思維、感覺和行為的基本原則。人類思維和行為的基本設定是為了確保遠古祖先的健康和生存而演化的結果。[8]顯然，如果祖先沒有成功演化，我們的血統就會滅絕。適應性的訊息處理是適應行為的前奏，這些思維、感覺、衝動和行為模式的演化，使祖先有能力解決基本挑戰，也就是免於遭受各種危險、獲取資源並和他人保持可維繫的關係。他們用以解決這些問題的機制，很大程度上是自動的和反射性的。因此，當大灰熊突然出現，激發他們的先天設定，同時喚起對嚴重威脅的察覺（認知）；焦慮或恐慌的經歷（情感）；逃跑的衝動（動機）；和實際的逃跑（行為）。這些機制同步運作，可以想見在現今類似的衝突中也會自動運行。

---

8 J. H. Barkow, L. Cosmides, and J. Tooby, *The Adapted Mind: Evolutionary Psychology and the Generation of Culture* (Oxford: Oxford University Press, 1992).

回到前面憤怒的妻子一例，探討為什麼衝突如此重要，以致她變得憤怒。不妨透過更廣泛的演化框架來回顧這次事件。相互依賴的個體之間的分工，直接關係到保護關鍵資源以及與其他重要個體合作的需求。由於執行重要活動不一定會立即獲得回報，對滿意的預期不足以「讓人動手去做」。因此，從演化的角度來看，創造一種**形成命令和禁令的基礎**，用以促進他人合作，可能具有生存價值。這些原始命令放到現代就成了這樣：「我負責打理家中一切」，以及「配偶**應該**履行我分配給他的任務」。

在對彼此合作的期望中，命令是造成憤怒的關鍵。從這個例子來看，妻子若僅在**理智**上認為丈夫有責任幫助維護家庭，不足以在他未做到時產生如此強烈的反應，讓她切入戰鬥模式的是「應該」造成的壓力和丈夫的阻撓。當然，堅持公平分工在現今已經不是生死攸關的大事。然而，正如最初為了面對生命威脅而設定的激烈反應一樣，衍生出來的這種反應到現代成了過度反應。就像身體受到威脅時整個人都會動員起來，心理受到威脅或攻擊也會產生過度反應。

CHAPTER 07

親密的敵人
愛與恨的轉變

弗雷德：她希望我待在家裡陪她，因為她有點感冒。我心想：「如果她為了這點小事就把我留在家裡，那麼發生大事時她又會要求什麼？」

蘿拉：我對弗雷德提出請求，但他不願意待在家裡。我心想：「如果他連這點小事都不願意做，那麼真正重要的事發生時，他又願意做什麼？」

弗雷德和蘿拉在結婚前已經同居幾年，但不曾遇到棘手的問題。就在即將結婚之際，他們開始因為細微差異而發生衝突。這些事件不斷累積，直到他們開始接受心理治療。他們在治療中描述兩人之間的典型問題。一天晚上，蘿拉身體不舒服，希望弗雷德待在家裡，不要去見一位造訪本地的業內專家。弗雷德很生氣並拒絕。蘿拉淚流滿面不再多說，弗雷德則氣沖沖地外出。

這對夫婦的問題可以從不同層面分析。乍看只是優先順序發生衝突——也就是說，兩方都試圖「按自己的意思去做」。但很明顯，雙方的難題根源在於以不同方式看待同一事件並賦予它矛盾的意義。這些對比鮮明的意義導致彼此都以非常負面的角度看待對方。蘿拉覺得弗雷德對她的需求不聞不問，但她沒有意識到，這個需求是基於孩子一般的恐懼，她深怕自己被拋棄。因此，弗雷德的拒絕在她看來非常重要：「他這麼做就是要拋棄我。」這個結論導致她對弗雷德有了更為負面的看法，認定他自我中心又不可靠。

反觀弗雷德，他正在努力拓展職業生涯，希望利用這次與訪客會面的機會來提升自己。他認為他有能力「做自己的事」，而蘿拉的要求是在輕率地否定他的能力。他沒有意識到他也有心理問題，亦即他一輩子都很害怕被限制、被束縛。

從某種意義上來說，這對夫婦的優先順序差異意味著彼此的**恐懼**發生衝突。這些恐懼控制他們對彼此行為的看法，從而塑造自身感受和行為。這些恐懼與潛在的人格形態有關，在各自的目標之間產生衝突。弗雷德是自主性強的人，看重成就、聲望、獨立性和機動性，覺得蘿拉的「需要」讓他窒息。他對受阻礙或限制的恐懼助長他追求自主和成就的動力，使他對任何障礙或限制極為敏感。蘿拉則更親社會，換句話說，她是「喜歡與人交往的人」，獨自一人時會感到空虛。此外，她一輩子都害怕罹患重病，每當有點小病，往往會被她誇大為災難。她生病時，希望身邊有可靠的人幫忙。正如先前的對話所指出，當她覺得身體微恙，就會引發被遺棄的恐懼。然而，她希望弗雷德待在身邊，加劇了他對於受到限制的恐懼。

一旦蘿拉和弗雷德生對方的氣，便雙雙陷入敵對的防禦模式，如此一來將阻礙以建設性方式解決問題。情況就和心理治療師提到的一樣，他們原本可以找到雙方都滿意的替代方案。例如，弗雷德原本可以邀請專家來家裡，或者隔天再聚，也可以去對方的飯店短暫拜訪，並在抵達時打個電話給蘿拉。這些方案中任何一個都可以向蘿拉表明他真的在乎她，並保證在她「真的」需要時，他不會丟下她一個人。同時，弗雷德可以順利達成目標，不會覺得受阻。然而，一旦他們切入防禦模式，彼此都會全力保護自己並懲罰對方。他們滿心縈繞的只有自己被苛待的危險，以及如何保護自己。

蘿拉和弗雷德因連串誤解而陷入持續衝突。他們對彼此的看法兩極化——他是背棄者，她是控制狂——每一次誤解都為下一次誤解鋪路。僅僅根據自身需求和恐懼來看待事件，使得他們對配偶的需求和願望視而不見。蘿拉認為，她對弗雷德行為的負面解釋合理而有效，弗雷德對她行為的負面解釋則不合理也不正當。當然，弗雷德的信念恰恰相反。他們都覺得自己對現實的強烈看法以及對情感的投注都處於危險之中。持續衝突有助於形成雙方都堅持的偏見：「我對，你錯。」弗雷德和蘿拉認為對方自私且固執，藉以維持他們對自己的良性看法。一旦個人對衝突的整體看法流於片面和自私，那麼判斷變得不嚴密並帶有自欺成分。此時個人的思維、感覺和行為顯得合理而有根據，伴侶則顯得不合理和不適宜。

傷害性言論和行動的交流會導致夫妻雙方強化彼此的負面形象。這種僵化經常表現在伴侶的抱怨中：「你都沒在聽」，或者「你無視我說的話」，或者「不管我說什麼你都要唱反調」。只有在極少數情況下，這類極度分歧的抱怨會被對方視為有效。即使他們沒有陷入明顯的衝突，彼此仍將對方視為充滿惡意的個體，不值得積極修補關係。

矛盾心理

矛盾心理即正面和負面形象、信念、感覺和欲望交替或同時出現，在親密關係中並不罕見——也許可以說相當普遍。在不同時間以相反角度看待同一個人，這種能力是原始訊息處理系統的二元機制。當伴侶上一秒愛得難分難捨，下一秒又恨不得把對方撕成碎片，矛盾情緒就會變得很明顯。通常很難解釋人如何或為什麼會突然從喜歡轉為討厭，或者為什麼以前的熱情無法緩衝憤怒情緒。一段感情相安無事、美好安穩時，這類情緒反轉可能並不明顯，因為所有差異都被愛意淹沒或美化。然而，隨著夫妻雙方愈來愈投入自己的目標和願望，這一點變得更加明顯。先前平和美好的風景中開始出現坑洞和裂痕，共同利益和自身利益的平衡逐漸發生變化，「你好我就好」變成「我好你就好」。事實上，這兩種傾向可能在整段婚姻中持續存在，但在痛苦的關係中，自我中心的信念往往比利他信念更活躍。

矛盾心理會破壞甚至可能導致關係終止，通常不僅僅是因為偏好或風格的差異，或者正常的感情起伏。多數人在性格核心中都有相互矛盾的目標、信念和恐懼。有時，親社會目標——對親密、分享和互助的渴望——可能占主導地位。其他時候則獨立、成就和機動性等更自主的目標可能較為突出。人心可能會在親密的吸引力和渴望獨立之間來回擺盪，這些模式反映在人們對彼此的感覺上。在自主模式下，人可能會變得有些疏遠，但親社會模式占主導地位時，便會進入深情階段。當夫妻雙方的模式不同步，關係更有可能出現問題。

親近模式促進連結並消除界限，自主模式則維持邊界並設置障礙，以防止他人入侵，同時促進行動自由。這種模式的自我保護表現在遠離或抵制要求、操縱或誘惑。它的作用是保護自身利益和「空間」。在更深層次上，疏遠策略可能有助於彌補被限制的恐懼（如弗雷德的例子），而依附策略可能會彌補被遺棄的恐懼（如蘿拉的例子）。

矛盾心理若是加劇，日常生活的可能表現是好惡、吸引和排斥交替，並在極端情況下愛恨交替。

有些人顯然在自主和親社會模式之間搖擺不定，害怕被限制或被遺棄。不妨想一想以下夫妻之間的交流，他們的婚姻處於中等程度的痛苦。

艾娃：你不太在乎我，只顧著忙自己的事。

巴德：我很在乎妳，妳是我的全部。我想照顧妳，幫助妳——我確實努力提供協助。

艾娃（憤怒地）：我不需要你的幫助，我不是笨小孩，我很懂得照顧自己。

巴德（受傷）：好吧，那我不幫妳了。

艾娃（受傷）：你又來了——又拒絕我。

艾娃在依賴和獨立模式之間搖擺不定，各方面都暴露在她混合的信號中：「幫幫我……別煩我。」巴德採取的任何策略都違背她矛盾的目標（或恐懼）：「他現在看不起我……他現在要拋棄我。」

艾娃的親社會模式不僅包含著渴望親密和依賴，還有深怕遭到拒絕；她的自主模式包括對自我滿足的自豪感和對受到溺愛的過度敏感。巴德的行為只要抵觸其中一種模式，都會引發與該模式相關的恐懼：縱容她依賴會傷害她的自尊；遷就她對獨立的渴望則意味著疏遠和不支持。此外還會引發相反的命令：「巴德應該多來幫忙」與「巴德應該放手」。任何違反命令的行為都會讓她苦惱，導致憤怒爆發。

巴德是社工，他比艾娃更獨立，但對自己的能力強烈懷疑，他透過幫助別人來增強自己的主控感。艾娃拒絕他的幫助，傷害他的自尊心，使他覺得自己很無能。於是，為了「保護」自己，他會跟艾娃保持距離，艾娃便斥責他冷酷無情。

大開關——從愛到恨

現代人在生活中往往面臨一個難題：感覺很對、很令人欣慰甚至振奮的那種愛，終究會煙消雲散，徒留怨懟和敵意——甚至還有仇恨。我們可以檢查感情中矛盾心理是否加劇，說不定就能找到逆轉的線索。隨著各種摩擦不斷出現，負面態度逐漸形成。這種模式並不罕見，源於對過去重要人物的負面態度，可能是兄弟姊妹、父母或前任情人。日子一久，這些負面態度會更加強烈，可能會因此對伴侶抱持負面看法。雙方對彼此的看法發生變化——通常是漸進的，但有時比較突然和劇烈。這個情形將在以下高度痛苦的關係中說明。

泰德和凱倫在一場暴雨中的街角相遇，當時兩人都在等公車。由於公車延誤，眼看會淋成落湯雞，泰德便提議去附近咖啡館喝杯咖啡。凱倫欣然同意，後來兩人共享了一段開心時刻。泰德對凱倫的看法是：「她非常和藹可親，可愛活潑。」他覺得她主動又充滿生活樂趣，因而深受吸引。凱倫則是很高興認識這位成熟、果斷、井井有條的男人。這次不經意的邂逅發展為追求，最後是婚姻。凱倫欣賞泰德的智慧和他對文學、全球事務與歷史侃侃而談的能力。泰德則喜歡凱倫富有魅力的談心，喜歡聽她描述別人和他們的經歷。[1]

他們剛結婚時很幸福，但起初看來非常融洽的相處，婚後開始互相磨合。彼此對這段關係、家庭責任的安排和社交活動——或者，以一句話概括，就是婚姻該如何維持下去——等看法發生衝突。最初彼此珍視的個人特質，現在都變得無關緊要或被汙名化，原本看起來美好而討人喜歡的部分，現在全成了糟糕且不受歡迎。

1 A. T Beck, *Love Is Never Enough* (New York: HarperCollins, 1988).

他們對彼此的看法發生變化，從對彼此特質的前後評價就可以看出來（見下表）。

雙方對另一半的看法轉為負面，導致對配偶所說或所做的任何事都採取偏差解釋。這對怨偶抱持強烈觀點，將另一方封閉在一個類別（或框架）中。與任何深信不疑的負面評價一樣，兩極化形象導致兩極化結論。這種框架導致選擇性相信、以偏概全和任意推論的思維錯誤。

有一個有趣之處值得注意：雙方的個性特質如何從可愛變為難以忍受。例如，泰德最初喜歡凱倫隨和、主動、有衝勁的個性，因為這些特質彌補並豐富了他嚴肅的一面。後來，他試圖將自己的模式強加在她身上，要她變得井井有條、未雨綢繆及嚴謹，但她不願意。他遭到拒絕後備覺受傷，開始認為她的幽默既輕浮又幼稚。基於相同原因，凱倫也開始認為他是一個嚴苛、無趣和僵化的人。

幾項研究證實這些臨床觀察結果。[2]例如，一項研究表明，怨偶往往對另一半的行為做出負面性格解釋（「她遲到是因為她不負責任」），具體來說是對配偶以外的人所做的

泰德對凱倫的看法	
婚前	婚後
無憂無慮	輕浮
主動	衝動
爽朗	無腦
有魅力	膚淺
活潑	情緒化

凱倫對泰德的看法	
婚前	婚後
穩定	不知變通
井井有條	強迫症
果斷	控制狂
聰明	古板
客觀	冷淡

相同行為採取客觀情境解釋（「她遲到，因為她可能遇到塞車」）。

當兩人關係嚴重惡化，對伴侶採取負面評價，恰恰是當初熱戀期正面評價的反轉。處於關係高峰的正面框架通常與一些思維錯誤有關，例如選擇性相信並誇大正面特質，以及最小化或否認負面特質。此外，愛人的任何良好行為都被以偏概全，原則上擴展到所有行為。這對戀人認為彼此都一樣美好，並且忽略或不考慮任何缺陷或令人討厭的特質。到了最後，還會對令人愉快的行為做出性格解釋：「他善良、敏感、有愛心」等等，同時對有問題的行為做出正面解釋：「我確信他很努力要及時趕來。」這些誇大的歸因設定一個高標準，當關係開始惡化，彼此仍以相同標準看待對方。泰德的觀察體現了正面和負面兩個極端之間的評價差異：「相愛時，我做什麼都不會錯，而現在，我不管做什麼都錯。」

期望和規則

許多踏入婚姻的人，對伴侶都有一套美化的期望和規則。這些期望可能不明確，甚至當事人也沒有意識到，但問題開始積累並用來衡量伴侶的價值時，它們就會變得明顯。這些命令——「應

---

2 P. Noller, *Nonverbal Communication and Marital Interaction* (New York: Pergamon Press, 1984); N. Jacobson and J. Gottman, *When Men Batter Women: New Insights into Ending Abusive Relationships* (New York: Simon & Schuster, 1998).

該」和「不應該」——也會衍生策略，旨在強迫對方達到標準，並在違反規則時指出錯誤。這些命令在無憂無慮的追求期間可能不明顯，一旦伴侶開始承擔彼此的責任和共同的義務時，就會跳脫出來。如下表所示，這些都是強調關懷的常見命令。

有趣的是，在相處和諧階段，配偶被認為能滿足更多正面標準（下表左欄），而在痛苦時期，配偶似乎只滿足右欄的標準。儘管配偶在快樂時期可能表現得更好，但伴侶傾向於誇大在痛苦時期不受歡迎行為的程度和重要性。

諷刺的是，婚後伴侶之間往往變得更加脆弱，而不是鞏固彼此的關係。為彼此謀福利的責任增加，以及在維繫家庭和養育子女的多重角色上相互依賴，使得伴侶擔心被辜負。此時有更多機會受傷、沮喪和失望。親密關係強化他們對情感和支持的需求，同時也害怕可能會失去支持。因此，為了保護自己，他們可能會覺得有必要建立更多保護措施和規則。在熱戀時期可能被視為理所當然的體貼、敏感和同理心等特質，在家庭責任、經濟、養育子女和休閒活動發生衝突時變得更加重要。這些情況激起對於互惠、合理性和接納的渴望，但就其本質而言，反而會引發干擾這些特質的自我保護傾向。

配偶應該……	配偶不應該……
敏感	不敏感
關心	不關心
體貼	不體貼
接納	拒絕
不隨意批評	隨意批評
負責任	不負責任

不和諧的演化

親密關係的生死意義在傳統婚禮中體現在「至死不渝」這句誓詞。伴侶之間親密的身體（如果不是情感）關係誕生了由基因決定的新生命，生死議題則被戲劇化。反過來看，親密關係破裂的致命影響可能導致他殺或自殺，或兩者兼而有之。在正常社會中，沒有任何地方像家庭暴力那樣，憤怒會變得如此戲劇化。

為了全面了解這些反應的強度和生死意義，在內在機制中尋找線索很重要，這些機制可能是為了滿足成功繁殖的演化需要而進化。顯然，先天機制在親密關係的啟動和維持中扮演重要角色。除了媒妁之言或強迫婚姻之外，基於各種原因而相互吸引的個體，會從和睦、支持以及性關係中獲得快樂。

這種與親密關係相關的獎勵機制成為我們生物遺傳的一部分，這似乎是不可避免的。在為了個人生存及養育後代而進行的各種活動中，滿足感具有重要的強化功能。當然，無論我們願不願意，性活動帶來的滿足感都會促進繁殖。

以敵意防禦敵對者的有害行為，也受到自然選擇的青睞。防禦性敵意是由對立配偶相互陷害而產生的，他們的表現對彼此有害。一個關於監護權之爭的故事說明了此一現象。

夫妻雙方都處於敵對情緒中。法官將孩子的監護權判給母親，這是離婚協議的一部分。父親有權每個月隔週週末探視孩子，但妻子對此提出異議，理由是丈夫對孩子有不良影響。

配偶視對方為**敵人**，戰火旋即點燃，既要擊敗「**敵人**」，又要養育孩子。

丈夫對妻子的看法

- 一個「潑婦」
- 愛耍手段
- 控制狂
- 熱愛權力
- 對孩子有危險

妻子對丈夫的看法

- 一頭豬
- 自我放縱
- 不負責任
- 巨嬰
- 狡猾
- 對孩子有害

當法官裁定丈夫擁有探視權，妻子感到沮喪和焦慮。她覺得自己被打敗，孩子也淪落到「不受保護」的境地，她擔心他的行為會影響孩子。

彼此的負面形象是問題本質。這些被高度指控的形象遭到誇大，源自他們對彼此表現的敵對行為，並不代表他們對孩子和他人也一樣。在痛苦的婚姻中，伴侶對彼此的負面看法隨著負面行為節節升高而愈演愈烈。我們可以看到負面框架導致負面行為，負面行為又導致更負面的框架，如此不斷惡性循環下去。

不妨想一想以下情景：凱倫和丈夫泰德正在對一些朋友描述他們參加的招待會。凱倫對這群人說：「那裡有**很多**人。」泰德打斷她的話：「沒有那麼多。事實上，人並不多。」凱倫氣得幾乎說不出話來，當晚回到家，她對泰德大喊大叫，他當眾聲稱她說話誇大，「令她很失望」。她的想法是：「他讓我在別人眼裡看起來很傻。他喜歡羞辱我。」

凱倫強烈的情緒反應取決於更多因素，而不僅僅是丈夫聲稱她用詞誇大。畢竟，人常常會厚臉皮地誇大其詞，不一定會被糾正。從本質上來講，她對他評語的理解方式，決定了她是否認為這是一種侮辱。儘管我們承認，別人行為的附帶意義會影響我們的感受，但我們可能沒有意識到，這種不舒服的感覺可大可小，是因為我們對旁人的行為有不同解釋。對方說了**什麼**並不重要，重要的是我們**為什麼**認為他別有用意。凱倫推斷泰德糾正她是因為想要當眾貶低她；在她看來，泰德覺得有必要糾正她，因為他看不起她。她假定自己在他心目中形象欠佳，令她心煩意亂。

這個形象的影響因泰德與朋友的交流而擴大。凱倫堅信，從那一刻開始，朋友會認為她凡事喜歡誇大，也會覺得她不可靠。在她看來，她的社交形象將因此受損。事實上，泰德的目的不是為了貶低她，而是要「教育」她用詞更精準，以**提升**她的可靠性。不管他的糾正如何被誤解，他並不像凱倫想像的那樣惡意。儘管如此，他的公開評論嚴重破壞了雙方已經搖搖欲墜的關係。

儘管許多人都認為泰德的言論可能會造成傷害，但我們可以發現，這樣的言論不一定會引起凱倫強烈的受傷感和憤怒。為了充分了解她的反應——並進一步了解夫妻衝突中的強烈反應——我們必須考慮她的自我形象和社交形象的發展情形。凱倫始終認為自己在別人眼中顯得相當笨拙，也相信自己在他們面前就是這副模樣。然而，她為了彌補這種負面形象，刻意精進談話技巧，她最擅長的就是講述有趣的故事。

泰德的行為像是在宣告她沒有資格講故事，這破壞了她的補救措施，並暴露她（在她看來）是一個社交無能的女孩。泰德刺穿了她的社交盾牌，使她覺得自己很脆弱。凱倫基於「婚姻命令」想要懲罰泰德，這是她暗中強加給泰德的行為標準，亦即他必須是她的擁護者和支持者，不得做或說任何可能使她受到批判或鄙視的事。儘管凱倫從未向泰德明示這項規則，但她認為泰德知道，也希望他能確實遵守。

因此，泰德違反重要的婚姻規則：「不要玷汙伴侶的社交形象。」在凱倫看來，他違背她的信任，暴露她的缺陷。當社交門面被破壞，「受害者」會覺得自己很容易受到各種社會虐待，比如喪失地位、遭人嘲笑和拒絕。泰德違反規則使得凱倫反應激烈，她怕的是後患無窮：他的行為將使凱倫永遠無法防禦而變得脆弱。凱倫發現自己面臨兩種抉擇：要不就是嚴厲懲罰泰德，讓他永遠不會再違反規則，要不就是終止關係。

懲罰冒犯者的決定通常不是透過反思式推論，而是出自一個完整架構，從認定自我形象或社會形象遭到損害，到心理受傷後將責任歸咎於違反規則的人，再到試圖透過報復來恢復原狀。

當事人認為懲罰（即使是過度懲罰）的價值在於重新確立被破壞的規則原有的正確性，以及它的可執行性，彌補無力感並恢復一些失去的自尊。施加痛苦（報復）也有助於將注意力從受害者的痛苦轉移到加害者的痛苦上。

致命的訊息

試想這樣的情景：一對夫婦正在互相咆哮。他們握緊拳頭，齜牙咧嘴，口沫橫飛，身體呈現備戰狀態，每個部位都在高速「運行」。雖然沒有掐住對方的喉嚨，但從緊繃的肌肉不難看出，身體像是在進行生死搏鬥一樣全面動員。雖然敵對雙方沒有出拳，但以眼神、表情、語氣以及憤怒的話語互相「攻擊」。冰冷的目光、下撇的嘴角和輕蔑的咆哮——這些都是他們武器庫中的武器，隨時準備大戰一場。在激烈的爭執中，雙方可能會像蛇一樣發出嘶嘶聲響，像獅子一樣咆哮，像鳥兒一樣尖聲鳴叫。

怒瞪、咆哮和噴鼻息都是攻擊的訊息，即使雙方的語言交流看似無害——或者根本沒有語言交流。這些訊息旨在警告對手退下或迫使對方投降。針鋒相對、威脅口吻、說話的音量和速度等等，可能都比字面意思更挑釁或傷害力更大。人對語氣的反應往往比對話語本身的反應更強烈，這早已是司空見慣的情形。我們透過眼睛、面部和身體所表達的訊息，是一種比語言更原始——通常也更有說服力——的交流形式。不妨看看以下這對夫婦的對話：

湯姆：親愛的，請記得打電話給水電師傅好嗎？

莎莉：如果你好聲好氣問我，我就會打。

湯姆：我的口氣很好啊！

莎莉：你每次要我做事，口氣都很差。

湯姆：如果妳不想做，為什麼不說！

湯姆原本**打算**以有禮貌的方式提出請求，但他對莎莉以往的不合作態度有些不滿，所以提出的請求透著幾分斥責的意味。儘管他的用詞有禮貌，但語氣夾雜了明顯的負面訊息。

當對話出現這類雙重訊息時，接收者很可能直接忽略對方的用語，將非語言訊號當做重要訊息來回應，就像莎莉針對湯姆的語氣來回應。湯姆沒有意識到自己的語氣帶有挑釁意味，將她的責備解釋為拒絕要求並進行報復。如果湯姆沒有語帶斥責，莎莉可能會同意打這通電話。但他們都陷入責罵和報復，所以解決不了實際問題，也就沒有打電話給水電師傅。

當某種敵意的表達有正當理由，我們可能會怒不可遏，甚至願意為此奮戰至死——即使我們會控制自己，僅限於責備或謾罵。在夫妻的爭吵中，這種全面動員遠遠超過了應有的程度，使得較為冷靜的一方懷疑另一方「歇斯底里」或「不理智」，或因恐懼而退縮。

當全面動員的攻擊突破自制力，不再限於口頭責罵，而是動手傷害，就會出現更嚴重的問題。幾年前，一對夫婦找我進行心理諮商，雖然他們彼此相愛，但總是吵架。有幾次，丈夫甚至動手打人，導致妻子報警。他們描述的事件如下。

兩天前，蓋瑞正要出門，貝芙莉說：「你順便打個電話給吉拉多（Girardo's，私營垃圾公司），讓他們過來收車庫裡的垃圾。」蓋瑞沒有說什麼，但愈想愈氣，最後一拳朝她的嘴打過去。貝芙莉跑去拿電話準備報警，但被蓋瑞制止。經過一番激烈衝突與唇槍舌戰，他們最後達成協議，決定前來諮商。

根據他們最初描述的經過來判斷，蓋瑞的反應似乎沒有道理。然而，隨著細節逐漸釐清，事件變得更容易理解。我問蓋瑞為什麼打她，他說「貝芙莉害我氣得要命」——彷彿她明擺著故意作對。在他看來，她挨揍是自找的，因為她的說話方式激怒他。由於貝芙莉惹他生氣，蓋瑞便認定自己有正當理由打她。但他有個想法沒有明說：儘管她的用詞沒有問題，但她就是在指責他不負責任，也順便表明她比他優越。

另一方面，貝芙莉堅稱，她只是在「向他提供訊息」，而不是指責他。她前陣子就要求他清理車庫的垃圾，由於他一直沒做，她決定接手處理，他只需要打一通電話就夠了，其他事情由她來負責。

為了了解真實情況，我決定讓這對夫婦在我的辦公室裡重現當下情景。我請貝芙莉說明來龍去脈，接著對蓋瑞再說一次當時的話。他聽到這些話後滿臉脹紅，開始大口喘氣，握緊拳頭，看起來好像又要打她。我適時介入並提出認知療法的基本問題：「你**現在**在想什麼？」他一邊氣得發抖，一邊回答：「她老是要刺激我，想給我好看，她根本就知道這麼做是在逼我。為什麼她不明說她在想什麼？乾脆直接說她是偉大的聖人，我很差勁。」

我懷疑他聽見她所說的話時，第一個反應就是：她覺得他這個丈夫很失敗。他顯然認為這是一種貶低。然而，他很快就排除這個痛苦的想法，把注意力集中在她的「冒犯性陳述」上。她在我辦公室還原當下情景，對他說這番話時，看得出來有在克制自己，但我懷疑現實生活中，她可能會用一種傲慢或批判的語氣對他說話。

她自己也承認，她說話時有一種瞧不起他的想法：「看吧，任何事都不能指望你，我什麼都得自己來。」雖然她當時沒有表達這個想法，但語氣已明顯流露。此外，他透過以往的經驗，對這類訊息特別敏感。挑釁可以隱藏在看似無害的訊息中。但是，蓋瑞的反應如此激烈，我們該從何探究？癥結在於他性格的某些方面，以及婚後頻頻出現的指控和報復。

蓋瑞一直以來自力更生，並認為自己很成功。他從小家境不好，努力完成大學學業並成為工程師。他後來開設顧問公司，一開始就相當成功。他認為自己是一個成功而強悍的個人主義者。貝芙莉深受蓋瑞英俊外貌與不羈、獨立的作風所吸引。她在「正規家庭」長大，強調良好的舉止和社交技巧，因而個性有點壓抑，於是被這位看起來不受社會習俗束縛的男人所吸引，他是有主見的思想家，最重要的是，看起來很強大。她欣賞他事業有成，幻想他是身穿閃亮盔甲的騎士，會一輩子照顧她。事實上，他在追求期間一手包辦了兩人之間所有事項，因為他在她心目中是個佼佼者，她樂於凡事聽他安排。蓋瑞被貝芙莉吸引則是因為她很漂亮，而且她依賴並欣賞他。當時的她百依百順，也會遷就他的所有願望。

婚後，貝芙莉漸漸發現他的缺點——比如做家務拖拖拉拉，和孩子不親近。日子久了，她變得更加成熟和自信，不再認為自己不如他。事實上，她常常證明自己絕不是「完美花瓶」並從中獲得滿足感，她在很多方面都比他成熟。她更注重細節，對孩子更盡責，並且比他更巧妙地維繫他們的社交生活。

蓋瑞婚後有過幾次短暫的輕度憂鬱，每當發病期間，他都認為自己是不稱職的父親和丈夫，貝芙莉暗示性的批評完全正確。他雖然備覺受傷，但沒有反擊。然而，當他不再沮喪，便拒絕忍受她的批評，甚至會猛烈抨擊她。

但是，為什麼他的報復會演變為動手傷害，而不是和朋友們一樣僅限於口頭攻擊？首先，他是在一個「粗暴無禮」的社區長大，居民經常透過肢體暴力來解決衝突。此外，蓋瑞口中的父親是一個「充滿暴力的人」，生氣時會毆打妻子和孩子。顯然，蓋瑞很早就學會這個道理：「當你生氣時，應該在害你生氣的人身上泄憤。」

蓋瑞從來沒有一個和平解決問題的學習榜樣。他與周遭所有人（包括員工和客戶）打交道時，通常自制力欠佳。如果他覺得某個員工激怒他，他會直接解僱對方——然後再嘗試重新僱用。如果他與客戶因計畫或費用意見不合，他會中斷談判。他因缺乏自制力而臭名遠播，業界都盛傳他這人非常專橫——奇怪的是，客戶非但沒有減少，反而慕名而來。因為專橫給人一種至高無上的權威印象——意味著極度自信、果斷、不容反對。簡而言之，他是個強悍的男人。

雖然他的專制風格在事業上很成功，但顯然不適合婚姻生活。起初，貝芙莉試圖挺身對抗，他便大吼大叫。當她開始口頭反擊，他逐漸養成動手打人的習慣。到最後，只要他在她的語氣中發現嘲諷或貶低意味，他就會忍不住動手。

我和這對夫婦一起努力解決他們之間的衝突，發現自尊問題是最重要的。當蓋瑞告訴她該怎麼做，貝芙莉一心想著維護自尊，不肯輕易屈服。對蓋瑞來說，她的反對象徵她對他不屑一顧。畢竟，**知道**正確做法的人是他——員工和客戶向來都聽他的，也總是按照他的吩咐去做。因此，她的抗拒對他來說有更深一層的意義——也就是他可能沒有他想像中那麼有能力。這個想法令他倍感痛苦，為了消除這層痛苦，他發動憤怒的攻擊。

我們進一步發現，在蓋瑞的成長過程中，哥哥常欺負並取笑他，說他是「弱者」。儘管蓋瑞事業有成，他始終無法擺脫弱者的形象。然而，他很少感到自己「很容易被打敗」，因為他與人打交道時，大多都是他占上風。

然而，他和貝芙莉在一起時，情況有所不同——他感到很脆弱。於是他攻擊她，以免「弱」的一面暴露出來而導致痛苦。若是被她占了上風，在他看來，也就等於印證他確實是「弱者」——這個想法令他非常痛苦。其實，聽見她的批評時，他會這麼想：「如果她真的尊重我，就不會那樣對我說話——她認為我很弱。」因此，從某種意義上來說，雙方都試圖透過貶低對方來平衡關係。蓋瑞想要維護自尊，而他的自尊通常建立在控制他人的基礎上。他的兩極化想法——「我要是不在上位，就會跌入深淵」——反映他害怕被揭露為弱者的潛意識。

蓋瑞和貝芙莉以及本章描述的其他夫婦經歷了各種認知困境和人際衝突，當我們思考當中的普遍性，可以理解為何有這麼多不幸的婚姻，以及離婚率為何居高不下。然而，諸如幻想破滅、退回自私自利的境地、日益增強的脆弱感和累積的誤解等問題，似乎全都難以解決。儘管如此，找出那些打擊自我的觀念，可以幫助夫妻消除誤解，並為更有價值的感情、友誼、共同樂趣和建立家庭的滿足感奠定基礎。

VIOLENCE:
INDIVIDUALS
AND
GROUPS

▲

PART
TWO

▼

個體／群眾
的
暴力

CHAPTER 08

個人暴力

施暴者的心理

具有傷害性的個人通常被視為有「暴力傾向」，這是一種故意傷害他人的模式，藉以達到目的或表達不受控的憤怒。鑑於施暴者的這種形象，當局對他進行嚴厲懲罰似乎合理，以便讓他明白「犯罪得不償失」。因此，管理施暴者一般側重於控制和嚇阻。然而，這個群體充滿各種變數，不能一概而論；了解特定施暴者的心理運作模式，有助於適當介入和預防。

儘管個別施暴者之間存在差異，典型的暴力行為也不同，但可以在各種反社會行為中，例如不法行為、虐待兒童、毆打配偶、刑事攻擊和性侵等等，找出某些共同心理因素。常見的心理問題在於施暴者對自己和他人的認知或誤解。例如，單純「把他身上的魔鬼打出來」可能會對少年施暴者產生暫時嚇阻作用，但不會改變他對自己和別人的看法，他認為自己是脆弱的，而別人對他懷有敵意。事實上，這麼做只會造成反效果，反而強化了他的看法。他的暴力行為源自互相關聯的不良觀念，上述所謂的「嚇阻」可能會讓他繼續行使暴力。

我要澄清一下：由於個性和所處社會環境的交互作用，一個人可能會發展出一系列反社會觀念和信念，從而塑造他對別人言行的解釋。施暴者的個人脆弱感反映在對特定社交衝突（例如支配或貶低）的高敏感反應中。當他察覺到攻擊，便透過反擊或攻擊更弱、更容易接近的對手來回應。無論是青少年還是成年人，施暴者都將自己視為受害者，而將他人視為加害者。[1]

施暴者的思維是由僵化信念塑造的，例如：

- 當局熱愛控制、貶低和懲罰人民。
- 配偶詭計多端、愛說謊又不配合。
- 外人都奸詐、自私並充滿敵意。
- 沒有人可以信任。

由於這些信念和搖搖欲墜的自尊心，潛在的施暴者常將他人行為誤解為充滿敵意。此外，他相信任何程度的控制或他人的貶低都會使他變得脆弱。因此，他發展出一套相互關聯的信念，旨

1 應該區分「反應性施暴者」和「原發性精神病患」的差異，關於反應性施暴者，本章的重點在於其自尊心非常不穩定，而原發性精神病患則沉浸在誇大的幻想之中，認為別人既軟弱又順服。

在保護自己免受他人傷害。這些信念為暴力反擊可疑攻擊者奠定基礎：

- 為了維護我的自由／自尊／安全，我需要反擊。
- 施暴是讓別人尊重你的唯一方法。
- 如果不報復，就會被別人踐踏。

有暴力傾向的個體與戰鬥中的拳擊手擁有相似信念和認知。當他走向擂臺時，所有注意力都集中在對手的行為上。對手每個動作都變成威脅，他必須反擊。如果他暫時放鬆警惕，就會遭到決定性一擊。當戰鬥進入尾聲，他必須擊倒對手，否則會被擊倒。隨著比賽進行，脆弱感和掌控感交替出現。擊中一拳的滿足感勝過挨一拳的痛苦。

同樣地，有暴力傾向的人將整個人生視為一場戰鬥。當他保護自己，避免遭受身體和心理威脅時，他在脆弱感和安全感之間來來回回。他不斷地發動戰鬥，因為他總是在別人的行為中嗅到挑釁意味。典型的順序如下：衝突觸發施暴者的普遍防禦**信念**，從而賦予情況意義；例如，「他們在欺騙（或貶低或支配）我。」這種對事件的負面**解釋**最初會激發痛苦，然後是憤怒，以及恢復自主和效能的**欲望**。他相信可以攻擊具威脅性的個人或其他有效目標，藉以恢復自主和效能，於是他心中浮現非這麼做不可的欲望。由於對他的攻擊（例如懲罰）看似不公平，所以施暴者覺得有權藉暴力來修復心靈創傷。因此，**他允許**自己滿足欲望。如果他在當下沒有察覺到嚇阻力量，就會發動攻擊。

這個過程中的關鍵因素是當事件侵襲一個人的特定脆弱性（例如遭到拒絕或貶低）時，敵對信念便會激發。當這些信念被激發，施暴者的訊息處理轉變為原始模式。他對事件的思考變得既偏頗又高度誇大，往往表現出以下特點：

- 個人化：他將別人的行為解釋為特別針對他。
- 選擇性：對於整個情況，他只關注與他的偏差信念一致的層面，排除矛盾訊息。
- 誤解動機：施暴者將中立甚至正面意圖解釋為耍手段或惡意。
- 以偏概全：他將單一的不利遭遇視為通則而非特例；例如，「每個人都跟我唱反調。」
- 否認：他下意識要他人對任何暴力行為負責，而他自己則完全無辜。他可能會極度否認，以致完全忘記自己在暴力事件中的角色。若當局指控他在爭吵中扮演重要角色，他會極力撇清。

認知模型除了闡明反應性施暴者的心理，還可以更具體地說明一系列暴力行為，例如虐待配偶、青少年犯罪、虐待兒童和個人暴力，例如襲擊和搶劫。

虐待配偶

家暴夫在大眾心目中的形象是毆打妻子以獲得樂趣，他的暴怒宛如閃電般瞬間發作。[2]然而，這個形象沒有準確描繪出大多數涉及家暴的男人。儘管存在個體差異，在大多數家暴者的挑釁和攻擊中，仍可見到一些共通線索。家庭暴力不是憑空發生的；往往是衝突達到頂點，丈夫和妻子運用現有資源相互攻擊或防禦。妻子可能會尖酸刻薄、辱罵、毆打和丟東西，丈夫則咒罵、威脅，最後動手毆打她。[3]由於他更強壯，因此人身攻擊是他的終極武器。[4]

儘管家暴最顯著的特質是對弱勢妻子的暴力攻擊，但有一點很重要：丈夫認為**自己**面對她的言行時，心理既脆弱又無助。在他看來，她冤枉**他**，因此他必須用暴力減少察覺到的威脅，讓關係恢復適當平衡。事實上，他扭曲的信念放大心靈的傷害，思路因而轉向暴力，把它當做唯一的解決方案。因此，妻子的不同意和反抗成了攻擊他的權威；嘮叨和批評成了不尊重的表現；拒絕求歡和情感退縮意味著徹底排斥他。然而，妻子最具破壞性的冒犯是在他看來疑似不忠的行為或言語。

在關係的非暴力破壞中也可見到相同類型的認知扭曲，例如被貶低或受委屈，導致暴力衝突，形成家暴案件。情緒困擾比敵對反應更早出現，這是由丈夫的負面解釋所產生。他傾向於將妻子的行為過度解讀為貶低，基於他假設妻子對他的看法：「她認為我是個混蛋、弱者、無名小卒」等等。當這個投射形象固定下來，它會自動塑造他對她的每個動作或話語的解釋，於是在他看來，她對丈夫所說的每句話、所做的每件事可能都是負面的。例如，即使貶義的言論確實代表妻子對他的看法，他也會誇大其嚴重性。

真實或幻想的輕視所造成的受傷感，很快使他將妻子的行為標記為無法容忍的冒犯：「她沒有權利這樣對待我。」這種不合理的侵犯感產生憤怒和懲罰她的衝動。由於深信她「活該」，無法抑制傷害她的衝動，整個過程往往在一瞬間發生。這也可以套用在其他類型的暴力行為，例如虐待兒童、酒吧鬥毆和性侵。

一些系統性研究針對那些容易產生敵意反應以及攻擊妻子的男性，追蹤他們的認知過程。例如，易發怒的男性特別注意環境中的敵意暗示。[5]別人說話時，他們對語句中的控制意味特別敏感，

---

2 尼爾・雅各森（Neil Jacobson）和約翰・戈特曼（譯注：John Gottman〔一九四二～〕，美國心理學家，華盛頓大學心理系名譽教授，畢生致力於研究如何保持婚姻穩定，針對相關主題發表過兩百多篇學術文章及四十多本著作。他與妻子聯手創立戈特曼研究所〔The Gottman Institute〕，也開發戈特曼夫妻療法〔Gottman Method Couples Therapy〕，用以鞏固婚姻關係）針對兩百多對夫婦進行深入研究，將男性施暴者歸為兩類，並命名為「鬥牛犬」和「眼鏡蛇」。儘管他們在書中提出一些重要臨床見解，卻陷入將男性客戶定型的陷阱。知道自己被歸類為鬥牛犬或眼鏡蛇的患者似乎很難對治療師說真心話，而接受患者這種形象的治療師也可能很難助他走出困境。還有另一個陷阱，這麼做不僅造成刻板印象，甚至妖魔化那些具有反社會行為的個體。N. Jacobson and J. Gottman, *When Men Batter Women: New Insights into Ending Abusive Relationships* (New York: Simon & Schuster, 1998)。

3 K. D. O' Leary, "Physical Aggression in Intimate Relationships Can Be Treated Within a Marital Context Under Certain Circumstances," *Journal of Interpersonal Violence* 11, no. 3 (September 1996): 450-52.

4 無論是同居還是已婚，虐待心理都是一樣的。

5 C. I. Eckhardt and D. J. Cohen, "Attention to Anger-Relevant and Irrelevant Stimuli Following Naturalistic Insult," *Personality and Individual Di_erences* 23, no. 4 (1997): 619-29.

不太會注意友好或同理心的句子。那些對妻子施暴的人特別可能將負面意圖、自私動機和責備歸咎於妻子。[6]性別歧視心態——例如，「女人喜歡隨便跟人上床」、「她為了報復我會這麼做」以及「我必須控制她，因為我無法信任她」——導致過度限制、嫉妒和懷疑。此外，這些丈夫對婚姻暴力有不正常的信念和偏見。[7]

另一個導致施暴的催化劑是丈夫對婚姻中權力平衡的威脅過於敏感。按照他的二分法思維，如果他不明確支配，他就成了被支配的一方；如果不能完全控制，他就會變得無助；如果不掌權，他就無能為力。表現出被支配、軟弱或無能為力會降低他的自尊心，並使他覺得容易受到進一步侵犯。他的暴力行為大多是為了自我保護，為了防禦妻子反對或不尊重他，也是為了重振他那搖搖欲墜的自尊。

將丈夫區分為暴力或非暴力的關鍵在於，前者視暴力為解決婚姻衝突的可取及合意手段。當衝突陷入僵局，有暴力傾向的丈夫認為：

- 施暴是唯一能讓妻子明白的語言。
- 我只有透過施加痛苦，才能讓她改變虐待行為。
- 當她「自討苦吃」（暴力虐待）時，我應該回應並如她所願。
- 毆打是讓她閉嘴的唯一方法。

他的自尊宛如氣壓計，不僅可以衡量他如何評價自己，還可以衡量他認為妻子對他的評價（或貶低）。如果他假設「她認為我一無是處」，他覺得必須把這個想法從她的腦海中剔除；如果她以為可以肆無忌憚地勾引別的男人，他不得不讓這個行為變得痛苦，好讓她無法繼續下去。使用暴力的衝動變成當務之急，與保護自己避免遭到攻擊一樣，都是一種反射動作。他認為，必須不惜代價消除妻子令他厭惡的行為。

儘管這些贊成暴力的信念可以改變，但只要丈夫不審視它們，他的行為就會受到嚴重影響。它們部分源於將妻子視為所有物的古老文化和法律原則，許多有暴力傾向的男人認為他們對妻子具備所有權。一些作者注意到其他靈長類往往要求配偶完全服從並懲罰接近其他雄性的行為，於是他們主張雄性的性占有欲和嫉妒有演化根源。[8]

當原始思維被觸發，丈夫傷害妻子的衝動變得強烈，病態心理就會發揮作用。施暴的丈夫眼

---

6 A. Holtzworth-Munroe and G. Hutchinson, "Attributing Negative Intent to Wife Behavior: The Attributions of Maritally Violent Versus Nonviolent Men," *Journal of Abnormal Psychology* 102 (1993): 206-11.

7 C. I. Eckhardt, K. A. Barbour, and G. C. Davison, "Articulated Thoughts of Maritally Violent and Nonviolent Men During Anger Arousal," *Journal of Consulting and Clinical Psychology* 66, no. 2 (April 1998): 259-69; R. Serin and M. Kuriychuk, "Social and Cognitive Processing Deficits in Violent OFFenders: Implications for Treatment," *International Journal of Law and Psychiatry* 17 (1994): 431-41.

8 M. Daly and B. Smuts, "Male Aggression Against Women: An Evolutionary Perspective," *Human Nature* 3, no. 1 (1992): 1- 44; B. Smuts, "Male Aggression Against Women: An Evolutionary Perspective," in Sex, *Power, Conflict: Evolutionary and Feminist Perspectives*, ed. D. M. Buss and N. M. Malamuth (New York: Oxford University Press, 1996), pp. 231-68.

界變得狹隘，尤其是在酒精影響下。[9]他的注意範圍很窄，將妻子視為對手，甚至是敵人。他只看見投射到她身上的形象：一個婊子、惡女或蕩婦。

當然，並非所有想打妻子的丈夫都會屈服於這種衝動。大多數處於痛苦婚姻中的丈夫都會控制自己的敵對衝動，並利用非暴力手段來處理婚姻衝突。他們可能會透過自我表述來緩和惡性循環，例如「也許我們應該在情況失控前談一談」或「是時候冷靜下來了。」[10]相較之下，暴力的丈夫缺乏自制策略和社交技能，例如與妻子溝通、共同解決問題以及提出建設性主張，尤其是面臨潛在拒絕或遺棄的情況下。[11]他們缺乏這類人際交往能力，可能認為暴力是解決衝突的唯一方法。此外，這些丈夫經常出現臨床憂鬱症、嚴重的性格問題和酗酒情形。

在所有經專家研究的文化中都可以觀察到，男性訴諸暴力與他們的性占有欲有關。他們期望配偶絕對忠誠，當期望看似遭到違反，隨之而來的嫉妒導致丈夫毆打甚至殺害妻子。[12]在大多數情況下，被毆打的婦女認為丈夫施暴的動機來自嫉妒，而施暴的丈夫也承認嫉妒是毆打妻子的最常見動機。

施暴的丈夫對於可能遭到妻子背叛非常敏感，導致他採取一些脅迫手段來約束她。被毆打的妻子描述，丈夫試圖限制她們與親友聯繫，不斷審問她們的行蹤以及和誰在一起，並限制她們取得財物。妻子自由受限時往往會反抗並反彈，要求收回自主權，這可能會進一步讓丈夫感受到威脅。

很多重度施暴者在臨床上都有憂鬱症。他們堅持要完全控制妻子，警覺性很高，始終嚴密監控妻子的活動，這一切意味著他們試圖抗拒憂鬱症典型的不可控感和無助感。當他們的控制手段失敗，妻子確實與其他男人交往，丈夫的絕望感常會愈演愈烈。當他們認為問題和痛苦無法解決，思路可能會轉向殺人和自殺。他們不再認為活著有意義，只想在自殺前摧毀痛苦的假定原因，也就是恣意妄為的妻子。他們的所有焦點與活下去的唯一理由，就是對不忠的配偶施加終極懲罰：「如果我去了，她會和我一起去。」丈夫對妻子下意識地出現惡意看法並認定為事實。

不妨看看雷蒙的例子，他是一位典型的奸詐施暴者。雷蒙小時候被父母虐待並被同儕施暴，他的世界觀裡充滿敵對的人，他們虎視眈眈，想要藉機突襲他。儘管他大部分時間與妻子相處融洽，但當她強迫他做家務或批評他下班後和「那幫傢伙」喝酒時，她在他心目中的形象變為惡質。

壓力和批評是衝突的引爆點；妻子化身成為生命中曾經批判、虐待、脅迫他的人，是一個必須被控制的**敵人**。他沒有意識到自己是被投射到她身上的形象所威脅，而不是被真人威脅。他的

---

9 雖然酒精不會直接導致暴力，但很明顯是暴力的促成因子。許多關於謀殺、性侵和攻擊的研究表明，大多數暴力犯罪發生在攻擊者或施暴者飲酒的情況下。實驗也支持酒精會增強攻擊性傾向。顯然，酒精使人更加自我中心，因此更有可能將事件解釋為針對自己，並回到對侮辱採取報復手段的原始思維。R. Baumeister, *Evil: Inside Human* Cruelty and Violence (New York: Freeman, 1997), p. 140。

10 Eckhardt, Barbour, and Davison, "Articulated Thoughts⋯."

11 A. Holtzworth-Munroe, G. L. Stuart, G. Hutchinson, "Violent Versus Nonviolent Husbands: Diffierences in Attachment Patterns, Dependency, and Jealousy," *Journal of Family Psychology* 11, no. 3 (1997): 314-31.

12 M. I. Wilson and M. Daly, "Male Sexual Proprietariness and Violence Against Wives," *Current Directions in Psychological Science* 5, no. 1 (1996): 2-7.

防禦策略是立即攻擊。事後，當怒火平息，他對自己激烈的暴怒感到不解和困擾。然而，他的內疚感並沒有阻止下一次爆發，因為他從未審視或修正導致暴力的信念。接受治療時，他終於意識到自己不正常的信念：妻子的輕度脅迫意味著完全支配，讓他感到無助；批評意味著拒絕，讓他感到被拋棄。

「反應性施暴者」是暴力行為中人數最多的類型，雷蒙是當中的典型代表。有些人僅對配偶或孩子施暴，另一些人則可能在廣泛的人際衝突中訴諸暴力。他們的共通點是對貶損和拒絕高度敏感，並傾向於以暴力方式回應——因此被稱為「反應性施暴者」。然而，當他們不沮喪時，能夠正面關懷他人，並為以前的過犯感到羞恥和內疚。

虐待狂父母和過失兒童

八歲男孩泰瑞因在校出現絕對化要求（demandingness）、不服從與破壞性行為，時常與弟妹打架，以及反抗父母師長，被轉診到我的診所。他從三歲起就表現出低挫折容忍度。父母抱怨他很難管教，為阻止他打弟弟，父親會打他屁股和搧他耳光，但幾乎都不奏效。泰瑞會因為受罰變得更加憤怒並回擊父親。此外，父親常無預警地懲罰他，只因為他犯了一些輕微的過錯，比如吵鬧。

泰瑞似乎總是會激怒父親，六歲時，父親會拉他去撞牆，把他摔在地上，或者拖到房間裡鎖上門。父親以兒子需要更強力控制為由，為自己的體罰辯護，但他的暴行其實反映了他對自己有個「不聽話」的孩子非常失望。泰瑞的母親則扮演被動角色，父親不在場時，她傾向於寬大處理。

在學校和家庭各種敵對遭遇中，泰瑞感到被誤解、虐待和拒絕。他最常見的抱怨是：「每個人都跟我唱反調。」這種信念塑造他對其他男孩行為的解釋。如果有同學從身邊走過，絲毫沒有注意到他，他會認為這是故意貶低。他的解釋是：「對方想要表明我是無名小卒，不值得關注。」他認為對方的「侮辱」既故意又不公平。受傷感浮現後，他渴望朝對方大吼大叫並引發鬥毆，藉以挽救受傷的自尊心。他認為自己的「反擊」是一種自我防禦，而且理由正當。他不會考慮紛爭有可能是他挑起的，而是一貫根據這個理由為自己的行為辯護：「是那個同學先開始的。」根據他對事件的扭曲記憶，他完全無辜。

儘管泰瑞在家中的行為被歸咎於「脾氣暴躁」，但問題核心並不在於缺乏自制力或個性衝動，而是他對別人的負面信念。他始終想像自己是無辜受害者，並認為同學和老師都喜歡惹他。當被問及對同學的感受時，他說：「他們是我的**敵人**。」有時他會尋找較弱的目標（通常是女同學）來反抗校規，他會取笑、用力掐或推對方。當他遭到老師訓斥，他的解釋還是那句老話：「是她先開始的。」若父母收到他的不當行為報告並質問他，他會否認事情曾經發生：「不是真的……都是她編造的。」

這個小孩表現出敵對攻擊認知模型的典型特質。他認為自己很容易受到別人惡意行為所害，他們全都故意跟他作對。別人的行為被他解讀為出於對他的偏見，讓他覺得自己處處不如人。因此他不得不反擊，以便恢復自尊。此外，他認為自己沒有挑起爭鬥，從而扭曲他對事件的回憶，使得大人很難糾正他。

許多研究表明，很多過失兒童成長於體罰嚴厲的家庭，泰瑞便是如此。父母使用強制手段、懲罰和暴力，而不是諸如講道理、解釋、獎勵和幽默等等更有彈性的策略。在過失兒童的典型案例中，家長是單親，而且通常是母親，她承受龐大的社會和經濟壓力。在這種情況下，家長對挫折的容忍度很低，並將孩子的行為過度解釋為對個人的侮辱。[13]此外，她對孩子的行為常出現不符年齡的期望。

當懲罰極度嚴厲（拳頭重擊、毆打、焚燒）又反覆無常，兒童最有可能犯罪。另一方面，良好的親子關係可以在一定程度上減少間歇性毆打的影響，並緩和孩子的不當行為。此外，符合特定文化或種族規範的體能訓練不太可能產生犯罪，除非它過於激烈。父親對兒子或母親對女兒的嚴厲懲罰，比起父母和孩子是異性的情況更容易產生犯罪。[14]

肯尼斯．道奇和范德比大學（Vanderbilt University）的團隊已經證明，父母嚴厲管教對心理的最早影響在四歲。團隊針對過失兒童進行測試，結果表明，當責任歸屬仍待釐清，他們比其他孩子更有可能認為對方有敵意。例如，假使有人將牛奶灑在另一個人身上，或是走路時不小心撞到，他們會將這些行為解釋為故意。隨著孩子從兒童期到青春期再到成年，將他人行為過度解讀為敵對行為，將成為他一貫的認知模式。[15]

嚴厲的養育方式塑造孩子認定別人懷有敵意，以及他認為自己容易受到別人敵對行為所害。即使孩子可能不喜歡甚至討厭父母，他還是會模仿他們的行為並融入他們的心態。父母沒有為孩子提供建設性榜樣，也沒有給予他需要的指導、支持和理解。孩子也可能因為父母的直接影響，認定恐嚇、支配和暴力才是影響別人的最佳方式。別人「老是跟他過不去」的觀念，可能會導致孩子從事各種「非社會化」行為：撒謊、欺騙、霸凌、殘忍對待、不服從和破壞財物。

孩子的早期經歷使得他相信別人都會不公平對待他，他們「老是跟他過不去」。當然，這種信念多少符合現實情況。其他孩子——以及成年人——往往會避開難相處的孩子。過失兒童可能沒有完全意識到，他那些令人反感的行為使得大家對他提高警覺並產生敵意。因此，他更有可能覺得他們對他不公平。

由於在家中受到嚴厲對待又缺乏指導和支持，孩子被社區中其他違法青少年吸引。最終，他們透過幫派鞏固自己的利益。幫派成員的觀念與這些孩子一樣，都認為自己是對的，視別人為對手或敵人。因此，幫派強化受害感，為了抵抗察覺到的敵人而提供道義支持和正當理由。

品行不良的兒童，其父母經常表現出與孩子相同的思維障礙，他們傾向於將正常發展（例如衝動性活動或哭泣）解釋為試圖惹惱或操縱他們。此外，他們認為某些難以解決的行為是不良性

13 K. A. Dodge, "Social Cognitive Mechanisms in the Development of Conduct Disorder and Depression," *Annual Review of Psychology* 44 (1993): 559-84.

14 同上。

15 同上。

格的反映，如粗心大意或挑釁。他們還將在校的問題行為視為「他是個壞孩子」的指標。鑑於這些敵對信念和互動，孩子的不當行為會愈來愈惡化，一點都不奇怪。

此外，孩子的行為常常觸動父母最敏感的點。例如，一位害怕自己不討人喜歡的母親，可能會將孩子的不服從解釋為拒絕。一個重視秩序和控制的父親，可能會將不服從視為孩子意欲打擊他的大丈夫形象。在這兩種情況下，父母都可能受到傷害，從而對孩子大發雷霆。

反應性施暴者和精神病患

各種類型的人都會做出暴力行為；儘管他們的公開行為看起來差不多，但心態可能完全不一樣。有些人僅在特定挑釁情況下以暴力回應，其他人則刻意將暴力當做一種生活方式，若將兩者進行比較，其心態上的差異尤其明顯。前一組可能被貼上「反應性施暴者」（或反社會者）標籤，而後一組可能被貼上原發性精神病患（或頑固的反社會者）標籤。

不妨看看一位嚴重「反應性施暴者」的案例。當事人名叫比利，在一家酒吧攻擊酒友後被判入獄。剛開始是典型的政治意見分歧，後來衝突升高，變成互相辱罵和揮拳。比利的情緒在打鬥後變得更糟，他怒火中燒地回家，對這件事耿耿於懷。他找到一把手槍，回到酒吧，朝對方開槍，但沒有致死。在服刑六年後，比利因表現良好而獲得假釋，當局要他定期向假釋官報到。

比利搖搖欲墜的自我形象和暴力信念有助於解釋其暴力行為。他在酒吧覺得受辱，自尊災難性下降，幾乎達到臨床上憂鬱症的地步。由於單靠蠻力無法制服對手，他決定採取最好的懲罰方式，透過槍擊對方來挽救受傷的自尊。對比利來說，暴力傳達強而有力的訊息：他不是弱者，不會容忍別人不尊重他。

比利出獄後，心理問題有了更清晰的呈現。他必須和假釋官會面，行前他情緒激動，準備好隨時戰鬥。與假釋官會面強化他獨特的敏感：他覺得自己即將被假釋官的權力控制；對方會以優越的態度貶低並輕視他；他甚至會遭受可能被送回監獄的威脅。確實，在與假釋官會面後，他感到虛弱、困頓和屈居劣勢。他對這些情緒的反應是有股想要反擊的衝動，以便重建權力感並在心中平衡關係。但考慮到非常可怕的負面後果，他終於克制住衝動。

比利從假釋官那裡離開時，感到非常緊張且充滿敵意，他決定去喝幾杯「放鬆一下」。然而，他持續深陷在每個人都想要貶低他的迷思中。他再度在酒吧裡與人起衝突，因為他覺得一位顧客以貶低的方式稱呼他，有必要懲罰侮辱他的人。他一拳打在對方嘴巴上，對方隨即後退，轉身離開。比利感到勝利，透過這個有效行為，消除了不愉快。他不再感到緊張、虛弱、無力或卑微。暴力行為是恢復自尊和自我效能（當然是暫時的）及消除痛苦的有效方式。

從比利的角度看世界，據以分析問題，這個做法很管用。他將自己視為無辜受害者，而他人（社會、官員、同儕）則是加害者。因此，他認為攻擊「敵人」是正當的。整個進程可以總結如下。

拜訪假釋官→感到虛弱、無能為力、受困→亟欲恢復自尊→準備發動暴力→找到他受到不當

對待的證明↓採取暴力行為

比利是沒有社會化的一類施暴者典型。這些人能夠體驗到人類常見的情緒，例如羞恥、內疚和同理心，但缺乏抑制、控制和自省能力，無法抑制攻擊衝動（「反應調節」）持續高漲。[16]他們的特點是缺乏解決問題能力和自信的社交技巧，經常感到虛弱和不足。正因如此，反應性施暴者在人際衝突中感到脆弱，並傾向於使用熟悉且合意的唯一解決方法，也就是暴力。不幸的是，暴力往往在短時間內有效，因此每次他懲罰對手並重拾自尊時，就會進一步強化他對暴力的信任。

原發性精神病

反應性施暴者可能與原發性精神病患形成對比，後者雖然在監獄中占少數，但在暴力犯罪中占更大比例，尤其是最暴力的犯罪。這個群體最初被克萊克利[17]描述為浮誇、缺乏同理心或內疚感、衝動、追求感官刺激和不在乎懲罰，這個論述近年來已被廣泛研究。[18]雖然許多施暴者兼具不同程度的反應性施暴和原發性精神病特質，但原發性精神病患構成了具有明確信念和行為的犯罪群體。

協助精神病患的專業人士往往被他們極端的自我中心所震驚。這群人完全自私自利，覺得自己比別人優越，最重要的是，他們認為自己擁有與生俱來的權利和特權，足以凌駕他人的權利。[19]當別人反對他們，他們會迎接挑戰，通常採取反社會手段來消除反對意見，包括撒謊、欺騙、恐嚇或使用暴力。當這些手段發揮作用時，他們會感到愉悅，即使被人揭發也不會覺得羞恥。

在實驗中仔細檢查精神病患的反應，證實他們有訊息處理缺陷。約瑟夫・紐曼[20]和同事透過實驗比較一般人與精神病患投入行動計畫的反應，結果證實，當受到停止並自省的暗示時，一般人會停止進行，但精神病患比較不會受影響。這種不敏感、缺乏自省和有缺陷的反應調節，在某種程度上解釋了精神病患的衝動和明顯缺乏抑制能力。他不會預測行動的後果，因此對他來說，行動傳達一種無所畏懼的感覺，大衛・萊肯[21]認為這是精神病患反社會行為的核心部分。[22]

---

16 J. P. Newman, W A. Schmitt, and W. D. Voss, "The Impact of Motivationally Neutral Cues on Psychopathic Individuals: Assessing the Generality of the Response Modulation Hypothesis," Journal of Abnormal Psychology 106, no. 4 (1997): 563-75.

17 譯注：全名赫維・克萊克利（Hervey Cleckley，一九〇三～一九八四），美國精神病學先驅，其著作《精神面具》（*The Mask of Sanity*）是二十世紀最具影響力的精神病學臨床研究。

18 H. Cleckley, *The Mask of Sanity: An Attempt to Clarify Some Issues About the So-called Psychopathic Personality* (St. Louis: Mosby, 1950).

19 R. D. Hare, L. M. McPherson, and A. E. Forth, "Male Psychopaths and Their Criminal Careers," *Journal of Consulting and Clinical Psychology* 56 (1988): 710-14.

20 譯注：Joseph Newman，威斯康辛大學麥迪遜分校（University of Wisconsin-Madison）心理學教授，畢生致力於研究行為抑制和自我調節的心理生物學機制，以及這些機制對精神病的影響。他於二〇〇九年因對變態心理學的貢獻而獲得海爾終身成就獎（R. D. Hare Lifetime Achievement Award）。

21 譯注：David Lykken（一九二八～二〇〇六），行為遺傳學家，也是明尼蘇達大學（University of Minnesota）心理學與精神病學榮譽退休教授，以雙胞胎研究和測謊聞名於世。

22 D. T Lykken, "Psychopathy, Sociopathy, and Crime," *Society* 34, no. 1 (1996): 29-38; B. B. Wolman, *The Sociopathic Personality* (New York: Brunner/Mazel, 1987).

他們對所傷害的人缺乏同情心，這是他們與暴力犯罪同流合汙的主要原因。雖然他們可能很擅長解讀別人的心思，但他們使用這種技能只是為了支配和控制他人，而不是認同他們傷害的人。他們沒有融入社會化規範體系，這些規範會促使人在進行違反社會行為時感到羞恥，或在傷害他人時感到內疚。他們非常清楚規則，但就是不用在自己身上。

我們可以比較原發性精神病患和反應性施暴者的差異，闡明各自的特質（見下表）。

這兩個群體有一些共通點，但這些相似處的目的不同。他們都主張自己享有特權——例如，「你無權那樣對待我」——但基於不同的原因。精神病患理所當然地認為，他的權利至高無上，並自信地將觀念強加在他人身上。反應性施暴者則覺得沒有人承認他的權利，當別人拒絕或不尊重他時，他們會以憤怒甚至暴力方式回應。兩者都對挫折的容忍度很低，並懲罰令他們感到挫敗的人。然而，反應性施暴者事後可能會感到羞恥或內疚，而精神病患只會感到勝利。

當然，對這兩種類型施暴者所實施的臨床處理不一樣。

	精神病患	反應性施暴者
對自己的看法	無懈可擊 優越 享有優先權	不堪一擊 起伏不定 權利容易受損
對他人的看法	騙子 低等 虛弱	充滿敵意 反對立場 敵人
策略	操縱 暴力	不恰當地解決問題 「防禦性暴力」

反應性施暴者的臨床策略旨在幫助他消除不足感，並訓練他以建設性手段維護權益並解決問題。一開始最重要的是教育他控制憤怒，訓練他化解與自我表述的衝突，例如讓他對自己內心喊話：「這沒什麼大不了的」或「這不值得激動」。至於精神病罪犯的臨床處置就困難得多，但要利用同理心訓練，提高對回饋意見的敏感度，並讓他對反社會行為的長期影響進行更多自省。最大的任務是改變他的自我中心和誇大。

誘惑與性侵

針對女性的性暴力某種程度上可透過男性雄風這個角度來理解，尤其是大男人主義，這個迷思受到一群男性擁護。這張由扭曲形象、概念和期望組成的網路是基於典型的內外群體對立心態。男性刻板印象包含次文化高度重視的特質：強悍、優越、能力和大膽。女性刻板印象則是軟弱、卑微、無能和恐懼的縮影。男性憑藉自以為是的優越感，認定他們可以獲得權利和特權，女性則沒有任何權利。「男人生來就要主宰，女人則順從。」[23]

23 M. H. Stone, ed., "Antisocial Personality and Psychopathy," in *Abnormalities of Personality: Within and Beyond the Realm of Treatment*(New York: Norton, 1993), pp. 277-313; Hare, McPherson, and Forth, "Male Psychopaths and Their Criminal Careers."

這種文化迷思反映在大男人主義對性的心態上。女性被視為性奴隸或玩具，其作用僅僅是為男主人提供快樂。女性反抗男性則被視為遊戲環節，反正到最後她們還是會屈服。男性的目標是操縱、欺騙、玩弄，終極手段則是誘惑。在他們的信念背後藏著性別歧視，亦即男人和女人是對手；彼此都想儘可能擁有對方的一切——透過剝削、欺瞞、詐騙。除了誘惑之外，還有性侵，這是男性權力、支配地位和所有權的最高表現。強制的性行為會帶來額外快感，因為它有助於加強侵略者的男性自我形象並提升自尊心。

瑪莎．伯特（Martha Burt）編寫了「性侵迷思」清單，這些迷思被性脅迫施暴者認可的程度遠高於其他暴力犯罪者。[24]這些迷思信念為性脅迫施暴者提供理由，包括：

- 性侵受害者平常就有濫交的習慣，名聲不好。
- 因搭便車而遭到性侵的女性純屬活該。
- 愛擺架子的女性自視甚高，認為街上的男人沒資格跟她們交談，這種人應該受到教訓。
- 穿著緊身上衣和短裙的女性被性侵都是自找的。
- 健康的女人只要願意，其實有能力抵抗性侵。

有一種心態為這些信念灌輸力量，亦即暴力和脅迫是促使他人服從自己的合法方式。這種心態會延續到親密關係和性關係中。

當然，這種文化偏見在世界各地有強也有弱，但從中可觀察到性侵者的思維模式。當我們審視性侵個案時，可以看到各種因素導致女性的非人形象。在這些性侵犯眼中，女性往往不是真實的人，只是一副軀體或一個物體。他們對女性行為的解讀及對待女性的方式，全都來自於對女性的貶低形象和扭曲信念。波拉切克（Polaschek）、沃德（Ward）和哈德森（Hudson）為性侵犯的偏差訊息處理提供最佳案例。[25]他們指出，性侵犯不僅將受害者的衣著解釋為「快來上我」，還將她害怕的順從和被動解釋為她很享受。此外，性侵與自願性行為相較之下，前者的情景更能激發性侵犯的性慾。這些男人相信女人喜歡被支配，他們也確實在異性戀關係中占據主導地位。事實上，權力地位似乎激發性侵信念和對性關係的渴望。攻擊者通常不會注意到受害者的抵抗或厭惡跡象，或者將它們誤解為一種女性的遊戲。事實上，實驗研究表明，性侵犯存在認知缺陷：他們無法準確解讀女性的暗示。有些作者則發現，男性侵犯認為受害者有「可疑的模式」：他們認為女性愛說反話。因此，憤怒的表現意味著「她口嫌體正直」。[26]

一些青少年或成年男性因曾被女性拒絕或羞辱而耿耿於懷，將性侵視為平反或報復。有時，

---

24 M. R. Burt, "Cultural Myths and Supports for Rape," *Journal of Personality and Social Psychology* 38 (1980): 217-30.

25 D. L. L. Polaschek, T. Ward, and S. M. Hudson, "Rape and Rapists: Theory and Treatment," *Clinical Psychology Review* 17, no. 2 (1997): 117-44.

26 N. M. Malamuth and L. M. Brown, "Sexually Aggressive Men's Perceptions of Women's Communications—Testing Three Explanations," *Journal of Personality and Social Psychology* 67, no. 4 (1994): 699-712.

幫派的意識形態會影響新成員，使他接受其餘成員更極端的性別歧視觀點。例如，他可能基於對群體的忠誠以及暴力攻擊的渴望而參與輪姦。青少年和成人可能會被脅迫性行為所吸引，以此來補償他們有缺陷的自我形象，比如虛弱、沒有男子氣概、沒有吸引力。

少數男性（特別是獨來獨往的人）透過強迫性行為來自我治療心中的不愉快，這種心理機制類似某些藥物濫用者。驅使他們的不僅僅是性本身的滿足，還有對另一個人的權力和支配，可以消除他們的無助感。此外，支配的概念與性侵者腦中的性概念密切相關。[27]從無助到支配再到性的過程，令人聯想到「反應性施暴者」的心理，他們的暴力人際行為是由焦慮或憂鬱所驅使。[28]

另一方面，一些性侵犯與極端自大狂和精神病患相似，他們的人生目標是強化自戀主義。[29]這個群體從事各種反社會行為，性侵只是其中之一。

一般來說，出於精神病傾向或反應性焦慮而性侵的男性，無論是單一或群體都有許多共同特質。在追趕和強迫性行為中，他們缺乏對受害者的同理心，將不明確的女性行為解釋為性邀請。他們因眼界狹隘，以致沒有察覺或不在乎女性的明顯痛苦和屈辱。他們要不沒有注意到，要不對她的哭聲漠不關心。他們低估對方身體和精神上的痛苦（「這不過就是一次性行為」）。攻擊是正當的、受害者「活該」及她會喜歡被性侵等觀念，解除了通常可以阻止他去傷害他人的抑制作用。眼前的刺激體驗消滅了對日後受到懲罰的恐懼。事後，他們會極力粉飾太平，淡化受害者身體或心理創傷，如果可能的話，甚至會反過來責怪受害者。他們認為錯誤的是法律，而不是自己的行為。

各種統計調查為心理分析增加可信度。大多數性侵犯都會責怪受害者，許多人認為她們從這次經歷中受益。然而，大約百分之六十性侵犯承認其動機是羞辱和貶低受害者，[30]許多人承認曾被女性羞辱或貶低。[31]

可以看出，以虐待兒童、毆打配偶、攻擊或性侵青少年或成人等形式對他人實施暴力行為的人，具有某些共同心理因素。他們的負面信念促使其對受害者行為採取負面解釋。他們缺乏社交技巧和解讀他人意見的能力；他們以自己是受害者為由，為自己的攻擊行為辯護。他們經常緊張或沮喪，最後訴諸暴力，做為消除痛苦和恢復自尊的手段。

---

27 Burt, “Cultural Myths and Supports for Rape.”

28 J. B. Pryor and L. M. Stoller, “Sexual Cognition Processes in Men High in the Likelihood to Sexually Harass,” *Personality and Social Psychology Bulletin* 20, no. 2 (1994): 163-69.

29 T. Ward, S. M. Hudson, L. Johnston, and W. L. Marshall, “Cognitive Distortions in Sex OFFenders: An Integrative Review,” *Clinical Psychology Review* 17, no. 5 (1997): 479-507.

30 Baumeister, *Evil.*

31 Ward et al., “Cognitive Distortions in Sex Offenders.”

CHAPTER 09

集體幻覺

群體偏見和暴力

群眾幾乎不會去區分主觀和客觀，他們認定腦海中浮現的形象是真實的，儘管這些形象通常與觀察到的事實只有一點關係……。誰能為他們提供幻想，誰就能輕易成為他們的主人；誰試圖摧毀幻想，誰就永遠成為他們的受害者。——古斯塔夫・勒龐[1]，《烏合之眾》（*The Crowd: A Study of the Popular Mind*，一八九六年）

不妨想像一場足球比賽：看臺一側的群眾在他們的球隊得分時歡呼，在球隊被逼退時哀嘆。對面看臺的球迷則以噓聲和歡呼來回應。每一邊的合一行動給人一種整體印象，就像合唱團成員一樣，由相同的腳本控制。成員對彼此的熱情和同理心，以及對對方的蔑視甚至敵意，令人震驚。球場上的球隊和看臺上的支持者所具有的二分法思維，與更極端的思維（包括偏見、種族暴動和迫害）有很多共通處。

現在想像一下，穿著長筒靴的納粹突擊隊在激昂的軍樂聲與支持群眾的歡呼聲中，整齊劃一地踢著正步。這一幕與穿著制服的足球運動員和看臺上歡呼的球迷高度相似。支持者的熱情產生具有感染力的激情，讚揚他們擁護的對象（也連結到自己身上），並詆毀對手。

運動場上的敵意通常不會太離譜，也有時效性，而軍事暴行則可能範圍廣大又曠日費時——然而，這兩個領域都存在著「我們」和「他們」之間的二分法。事實上，運動競賽與暴力攻擊對手雖然存在著界線，卻常被跨越。不妨看一下所謂的「足球大戰」：失利球隊的狂熱球迷攻擊勝方支持者，甚至攻擊他們認為背叛自己球隊的成員。

最惡名昭彰的運動大戰發生在公元六世紀的君士坦丁堡。這座城市的競技場是舉辦戰車競賽的場地，車手制服分為綠色及淺藍色，而這座城市向來也分為綠色和藍色兩派。在政教合一的催化下，戰車競賽爆發暴動，甚至演變為大屠殺。公元五三二年，在競技場的藍綠互鬥升級為敵對派系之間的戰爭，城市大部分地區被燒毀，最後有數千名綠黨遭到屠殺。[2]

一個人如何與群體中另一個人互動，不能全憑他的思想、感覺和行為來解釋。儘管二分法思

1 譯注：Gustav LeBon（一八四一～一九三一），法國社會心理學家，群體心理學創始者，以研究群體心理特質聞名於世，被後世譽為「群體社會的馬基維利」。

2 M. Ridley, *The Origins of Virtue: Human Instincts and the Evolution of Cooperation* (New York: Viking, 1997), pp. 166-67.

維和偏見在個人和群體互動中都會出現，但某些現象，如同志情誼、為領導者或理想獻身與集體幻想，需要在群體的背景下加以理解。「集體主義」是利己主義的集體產物，群體成員將自我中心觀點轉移到以群體為中心的參考框架中，根據群體利益和信念來解釋事件。一般所謂的自私變成了「群性」，他不僅將個人利益置於群體利益之下，而且反對促進外部群體成員的利益，除非與所屬群體的利益相容。[3]

以群體為中心的成員可能會致力於提升同志（包括他自己）的形象，並貶低外人的形象。與其他群體之間的衝突會凸顯他對所屬群體的正面偏見與對敵對群體的負面偏見。他在內部和外界的評價是相對的，他察覺到的外界反對愈強烈，在內部的地位就會愈高。同伴愈來愈有價值、高尚和道德，他人則愈來愈沒有價值、卑鄙和不道德。

許多群體行為仰賴整個群體互相交流信念、形象和解釋，這些交流通常不易察覺。群體受到一些事件影響時，成員對事件被賦予的特殊意義相當敏感，也樂於接受領導者提倡的意見和政策。儘管這些信念非常極端，但比較具有可塑性（精神病患的信念則不然）。只要領導者一個暗示，就能逆轉他們曾經堅持擁護的信念。例如，希特勒可以在演講中呼籲摧毀蘇聯，引起一片歡聲雷動，不久卻又宣布與該國簽訂互不侵犯條約，再度引起熱烈歡呼。擁護者之間的互動足以將大眾輿論轉向他所選定的方向。當他再次推翻自己的決定，向蘇聯進軍時，相同的群體感染現象也再次蔓延開來。

所羅門・艾希[4]的實驗證明，人在描述自己的認知時，往往會為了配合其他群體成員的看法而改口。[5]他表明，實驗對象會在旁人影響下改變他們對刺激的陳述。例如，受試者會假設她最初對物體的精確定位是錯的，並改變她的判斷以符合他人的判斷。這種集體思維有助於將一個群體凝聚在一起，但也常常造成明顯的認知扭曲。

反過來看，這種凝聚力又促使成員將自己的想法埋沒在集體心態中。意見一致以及與同志分享目標所帶來的滿足感凸顯他們對團隊的貢獻。他們為其他成員犧牲並承擔風險，進一步強化他們的貢獻和凝聚力。這種忠誠促使他們願意甚至渴望捨棄一般道德規範，或者樂意參與刑求和大屠殺。

一個人與另一個人或另一群體的成員發生衝突，都會造成相似的偏見，進一步導致武斷推論和以偏概全之類的認知扭曲。在離婚訴訟中，夫妻對彼此的強烈仇恨也是基於一些相同的心理過程，就像穿制服的暴徒怒不可遏地掠奪手無寸鐵的少數人，打劫他們的房屋和商店。然而，在集體行動中，人會被集體偏見和「感染性」情緒所打動。當群體在「我們」和「他們」之間建立界限，個人會以所屬群體的價值觀和限制取代自己的價值觀和限制。[6]

---

3 同上。

4 譯注：Solomon Asch（一九〇七～一九九六），美國心理學家，是完形心理學和社會心理學先驅，最著名的事蹟為一九五〇年代的從眾實驗。

5 S. Asch, *Social Psychology* (Englewood Cliffs, N.J.: Prentice- Hall, 1952).

6 C. Haney, C. Banks, and P. Zimbardo, "Interpersonal Dynamics in a Simulated Prison," *International Journal of Criminology and Penology* 1, no. 1 (1973): 69-97.

劇院火災、足球比賽輸了或軍事勝利的消息——每一個都將人的注意力集中在同一主題上，不管那是危險、失敗還是勝利。事件的共同意義導致共同感受——恐慌、痛苦或歡快——並引發相同類型的行為——踩踏、暴動、慶祝。執行私刑或大屠殺的暴徒視無辜受害者為邪惡化身，因而有了施暴的動力；勝利的慶祝者也是因其群體或國家的光榮形象而歡欣鼓舞。個人信仰與群體信仰互相融合，激發種族衝突和偏見、迫害及戰爭等行動。個人利益居於群體利益之下，其表現為自我犧牲，最戲劇化的方式是自殺式炸彈攻擊。

個人渴望成功，也渴望依附別人或與人連結，只要他或她認同所屬群體的成功與自身和群體的緊密連結，就能滿足這兩種渴望。當個人取得成就後產生主觀愉悅感，這種心理機制也在集體勝利中發揮作用。但是，群體忠誠帶來的回報超出個人經歷獲得的回報。由於團隊成員會互相交流，他們對勝利的喜悅在整個團隊中迴盪，進而被放大。

這種「情緒感染」又稱同步群體反應，可以在人類發展的最早階段觀察到。任何在育嬰室看過新生兒的人都可以證明，當一個嬰兒開始哭泣，其他嬰兒也會哇哇大哭。[7]同樣的連鎖反應也會發生在日後的生活中：當一位觀眾開始打哈欠，其餘也會一個接一個打起哈欠。同樣地，一旦有人笑起來，笑聲就會不受控制地在整個群體中蔓延開來。

由於同理心（或者至少是模仿）在生命早期已經存在，因此對其他群體成員情緒表達的接受性和反應性似乎天生「內建」於心理結構中。[8]歡呼聲或呻吟聲、微笑或皺眉，這一切都被群體其他成員察覺、快速處理和複製。聲音、表情和肢體語言會引發興奮、喜悅或痛苦的感覺。只要他們對觀點賦予相同意義，群體成員就會體驗到類似情緒。

大量研究證實，人際「展示」對於人類互動有重大影響力。[9]人不斷下意識地追蹤並模仿彼此的情緒反應。伊萊恩·哈特菲爾德[10]和同事觀察受試者觀看演員快樂或悲傷表情的影片時有何反應，發現受試者會自動「模仿」演員的表情。此外，珍妮特·巴韋拉斯[11]和同事回顧相關領域研究時，指出這種同步表達代表一種促進群體團結和參與的先天交流系統。[12]

許多物種都有溝通網路，尤其是群居昆蟲，牠們透過分工合作完成壯舉，因為牠們可以對其他成員發出「指令」。一個井然有序的人類群體也可以比作由發射器和接收器組成的網路。尖叫、大笑和揮舞旗幟等非語言信號會對接收者產生反射性反應。簡單的具體刺激在群體中以波浪形式移動，並逐漸轉化為複雜的意義。當領導者慷慨激昂地對聽眾演講和告誡時，他的口頭訊息會引發一連串非語言反應，包括歡呼、點頭和跺腳，這些反應在接收者之間來回循環。

---

7 M. L. Simner, "Newborn' s Response to the Cry of Another Infant," *Developmental Psychology* 5, no. 1 (1971): 136-50.

8 E. Hatfield, J. T Cacioppo, and R. L. Rapson, *Emotional Contagion* (New York: Cambridge University Press, 1994).

9 同上。

10 譯注：Elaine Hatfield（一九三七～），美國社會心理學家，被譽為愛情科學研究先驅。

11 譯注：Janet Bavelas（一九四〇～），實驗心理學家，也是加拿大維多利亞大學榮譽教授，從事治療性對話的微觀分析研究與教學。

12 J. Bavelas, A. Black, N. Chovil, C. Lemery, and J. Mullet, "Form and Function in Motor Mimicry: Topographic Evidence That the Primary Function Is Communication," *Human Communication Research* 14 (1988): 275-99.

來自群體領導者與成員之間的信號，不會被空泛地接收下來，而是由認知結構中專門的演繹系統和概略形象形成基模，將信號轉換為有意義的結構。由於基模在整個群體中是一致的，因此集體意義比較統一。

我們或許可以從網路結構的角度來看待群體之間的衝突。群體成員通常對外部群體成員有刻板印象，對其行為的負面訊息往往也會引發刻板印象，進而塑造偏差解釋。這些刻板印象通常牢不可破，若是被封入嚴密的基模（或框架）中，便不允許修改偏差信念，而且帶有所謂的「封閉思想」特質。

嵌入激進意識形態的刻板印象可能會將敵對群體的形象塑造為**敵人**。如果這種意識形態包括「目的正當便可不擇手段」的道德準則，則可能會對被投射刻板印象的他人進行迫害和謀殺。

想像和集體歇斯底里

幾乎所有社會都可以看到，想像的力量及其在人與人之間傳播的重大影響。被汙名化的他人一定會做出令人髮指甚至超自然行為，這在人們的想像中幾乎是要多誇大就有多誇大。當謠言涉及煽動性問題，他們會創造出與訊息相呼應的生動形象——例如，身穿長袍在祭壇上獻祭嬰兒的人物。雖然這類形象通常純粹出自於幻想，但經由群體散播後提高它的可信度，在成員看來它簡直就像真的一樣。

即使是受過高等教育的聰明人士也會聽信獻祭孩童和同類相殘的謠傳，儘管沒有任何確鑿證據。一九九七年，一些成人提到自己在孩提時代目睹並參與過嬰兒獻祭，雖然這些證詞未經證實，但許多心理治療師和福音教派人士都認為是事實。[13]在舊時代，單憑虐童和與魔鬼簽訂契約便足以激發聽眾的想像力，並引發他們刑求、燒死或絞死所謂的罪犯。傳言指出，有兒童在儀式中受虐，信徒之所以相信這類傳言，乃是基於他們認定撒旦已滲透整個社會，並認為在男性主導的社會中，虐待兒童的人有能力從事最不可思議的行為。

遭到汙名化的群體被人捏造一些恐怖事蹟，通常只要和聽眾的信念及意識形態一致，就足以被認定為事實。被汙名化的他人（基於信徒的成見而受到懷疑）涉嫌不當行為的可怕故事，往往激起令人痛心的畫面，人們也基於這些畫面的表面意義而認定為事實。以激昂想像取代理性的傾向促使迫害觀點形成，尤其是那些由群體領導者和成員描繪的想像畫面。

無論哪一種犯罪性質，群體的報復欲望都源於對所謂受害者（例如嬰兒）的同情，以及把遭到汙名化的他人視為惡棍。這些傳聞不是基於任何具體、可見的證據，而是故意植入的不法形象。這些形象使得人們把遭到汙名化的人定罪，因為謠言散布者看來相當可靠，並且人們傾向於相信可疑群體無比邪惡。在人們的心眼裡，想像的事件宛如親眼目睹一般真實。事實上，那些人之所以「想

13 J. Victor, *Satanic Panic: The Creation of a Contemporary Legend* (Chicago: Open Court, 1993), pp. 91-105.

起」兒時親眼目睹事件的生動記憶，純粹是因為聽過當代關於活人獻祭的傳說。[14]

虛構故事與對真實事件的實際觀察不同，它不受理性思考或證據考量所影響。還會有其他相信的人出面證實，而懷疑者的反對意見則不予考慮。由離譜故事激起的形象具有強大影響力，不僅因為它們的恐怖性質，也因為它們使相信的人感到更加脆弱。在危險模式中，人們想像最壞的情況。畢竟，如果邪惡群體成員連無辜嬰兒都可以殘害，沒有什麼惡事他們不敢做。

如果一個人的文化傳承夾雜著惡魔、邪靈和惡靈附身的概念，他就特別容易產生魔法、巫術和獻祭的幻想。想像的破壞力體現在歷史上許多迫害事件中，包括將被當做女巫、巫師或術士的無辜民眾用火刑柱燒死。

一六九二年著名的塞勒姆（Salem）女巫審判顯示，想像不僅對受害者產生影響，對迫害者也有影響。在塞勒姆的巫毒故事中，一群易受影響的青少年被一位西印度奴隸引發大規模的歇斯底里症狀。癲癇發作、不自然姿勢、恍惚和其他奇怪行為的跡象和症狀，類似於被催眠誘發。由於沒有得到醫學解釋，村醫表示受影響的孩子被施了魔法。[15]對巫術歇斯底里的恐懼蔓延開來，數十名公民被指控使用巫術。最後有十九人被當做女巫絞死，另有一百五十多人遭到監禁。

由於魔鬼和女巫的概念在塞勒姆很流行，惡魔指控符合既有的宗教意識形態。有趣的是，當地歷經劇烈種族、政治和經濟變遷，使得村民更容易受超自然解釋所影響。從歷史上看，動盪時期使人對結黨密謀的形象特別敏感。焚燒女巫的風氣發生在中世紀社會動盪時期。在十五至十七世紀期間的歐洲，約有五十萬名無辜民眾被指控行使巫術，最後被處以火刑。[16]

血腥誹謗可以充分說明幻想的歷史。在公元最初幾個世紀，基督徒被指控為綁架羅馬兒童並用於獻祭的元凶。想像的祭品成了基督徒絕對邪惡的象徵。這個故事在中世紀重現，但這次是基督徒指控猶太人綁架他們的兒童。直到現在，針對猶太人的血腥誹謗仍在上演。對立的宗教團體對既定宗教的威脅，促使人們迫害假想中的異端。縱觀歷史，突然崛起的宗教團體一直被指控與魔鬼結盟。[17]一個被誹謗的團體參與可惡儀式（例如獻祭兒童），這類幻想表達了善惡永遠對立的信念。即使是不相信魔鬼存在的人，對於揭穿和譴責那些據說從事可惡活動的人，可能也會樂於享受這種淨化體驗。

在社會變革和經濟劇變時期，如果當局傳達偏執觀點，民眾往往更容易採納。[18]綜觀整個歷史，將一些群體中的個人定罪為女巫，為苦於貧困、瘟疫和飢荒的民眾提供了方便的解釋。教會和國家聯合引發並延續女巫狂熱，藉以撇清自身責任並維護地位和權力。[19]因此，人民的敵人不是王子

---

14 同上。pp. 113-14; R. Ofshe, and E. Watters, *Making Monsters: False Memories, Psychotherapy, and Sexual Hysteria* (Berkeley: University of California Press, 1996)。

15 C. W. Upham, *Salem Witchcraft*, vol. 2 (New York: Frederick Ungar, 1959).

16 M. Harris, *Cows, Pigs, Wars, and Witches: The Riddles of Culture* (New York: Random House, 1975), p. 207.

17 例如，阿爾比派（譯注：Albigenses，中世紀基督教派別，又稱為卡特里派〔Catharism〕或純潔派，主要分布於法國南部，受摩尼教思想影響）教徒在十三世紀末因表達異端神學而受到迫害。

18 N. Cohn, *Europe's Inner Demons: An Enquiry Inspired by the Great Witch-Hunt* (New York: Basic Books, 1975); E. Staub, *The Roots of Evil: The Origins of Genocide and Other Group Violence* (New York: Cambridge University Press, 1989); Harris, Cows, Pigs, Wars, and Witches.

19 Harris, *Cows, Pigs, Wars, and Witches*.

和主教，而是女巫。圈起某些群體，將他們歸為一類，這種面對刻板印象對象的心態舉世皆然。

成見和偏見

據信著名政治評論家沃爾特·李普曼[20]在一九二二年首度提出「刻板印象」的流行含義。[21]根據李普曼的說法，我們打造刻板印象（簡化），以引導我們對他人的看法，並幫助我們解釋他們的行為。

心理學家戈登·奧爾波特[22]在一九五四年提出，將人歸類具有適應性的功能：「人心必須藉助分類來思考……。一旦形成，類別就是正常預判的基礎。我們不可能避免這個過程，有條不紊的生活必須仰賴它。」奧爾波特指出，我們有必要將社會巨大的複雜性縮減到可控範圍內。透過將人歸類，幫助我們「快速、順暢、一致地」適應生活。[23]當然，有些分類是理性的，比如地中海血統的人可能比北歐人的髮色或膚色更深。但有一些分類依據就很不合理——例如，蘇格蘭人小氣或亞洲人狡猾。刻板印象抹去外部群體成員的特質，一旦基於宗教、種族或主義為一個外部群體劃定界限，它的成員就沒有差異性。尤其是彼此競爭的階級會為對方打造統一形象，好比政治或經濟組織或種族群體（政治上的左派與右派，或經濟上的勞工與管理階層）。這種內外部群體的劃分為偏差思維和偏見提供發展空間。[24]

社會心理學家對偏見原型的「分類思考」傾向進行深入研究。透過分類進行簡化很容易導致過度簡化，進一步造成失真。由於群體對自己和他人的看法存在偏見，因此他們可能會認為比起外部群體，所屬群體具有更好的動機和更純正的品格。當情況出錯，可能會將更多責任歸咎於外人，而不是自己人。[25]

即使個人被隨機分配到任意一個群體，也可以觀察到偏見思維。實驗表明，被任意分配到某個群體的人會認為，比起另外也是隨機組成的群體，自己所屬群體的成員更友好、更樂於合作，其外貌和個人特質也更討人喜歡。[26]在群體內意識到的優越感，令人聯想到夏令營學員被分配到各個

---

20 譯注：Walter Lippmann（一八八九～一九七四），最早引入冷戰概念，代表作《公眾輿論》（*Public Opinion*）為傳播學帶來重要影響。

21 W. Lippmann, *Public Opinion* (New York: Harcourt, Brace, & Co., 1922).

22 譯注：Gordon Allport（一八九七～一九六七），曾任教於哈佛大學，是最早關注人格研究的心理學家之一，被譽為人格心理學創始者。

23 G. Allport, *The Nature of Prejudice* (Cambridge, Mass.: Addison-Wesley, 1954), p. 20.

24 「偏見」一詞被廣泛用於指稱群體間的偏差看法、判斷或心態。但對於將偏見與認知扭曲或不公正連結起來的學者來說，偏見還有別的含義。前者可能會被判定為「認知偏見」，後者則是「道德偏見」。認知偏見包括對一個群體的刻板印象判斷、錯誤地以偏概全、社會態度形成（儘管有反面的客觀證據）以及基本歸因謬誤。道德偏見包括根據一個人的社會地位、種族、民族或其他群體成員身分，指定一組不同的權利、正義原則和基本價值判斷。當然，道德偏見通常與認知偏見一樣基於偏見思維，需要各別解釋。而報復可能會導致不和，並在最初衝突原因消失後依然長期存續。K. Sun, "Two Types of Prejudice and Their Causes," *American Psychologist* 48, no. 11(1993): 1152-53。

25 P. G. Devine, D. L. Hamilton, and T. M. Ostrom, *Social Cognition: Impact on Social Psychology* (San Diego: Academic Press, 1994).

26 H. Tafjel, *Human Groups and Social Categories: Studies in Social Psychology* (Cambridge: Cambridge University Press, 1981).

競賽小組，進行傳統「顏色戰爭」的心態。隨機組成的小組成員彼此關係緊密，並與另一組成員保持距離；他們傾向於高估群體內部的相似性以及與其他隨機小組的差異性。各組的競爭愈激烈，這些相似性和差異性就愈突出。

在針對夏令營的實驗中，男孩被分成兩組，彼此進行競賽。每組男孩都對其他組男孩產生敵對態度。集體產生的敵意，最終導致掠奪彼此財物和其他破壞性行為。[27]

即使是用來表示不同從屬關係的詞，特別是**我們**和**他們**，也會扭曲認知。光是將人稱代詞「**我們**」套用在任意群體上，就能導致「我群」（we-group）效應，比起被稱為「**他們**」的群體，人們對自身所屬群體成員會給予更高的評價。[28]提升自尊的刺激，會導致人認為自身所屬群體更正面。人們傾向於尋找對所屬群體有利但對外部群體不利的差異，並儘量減少有利於外部群體的差異。群體經歷也會影響人對自己的看法和感受。泰菲爾[29]證明，在群體成功後，個人自尊心會提升。[30]此外，因群體失敗而降低自尊心的人，會表現出更大的偏見。[31]

重要的是要意識到，人可能會在不自覺情況下對不同種族或族群有偏見。[32]例如，大多數受試者觀看不同種族的照片後，對令人不愉快的詞表現出更快的反應，對令人愉快的詞則反應較慢。當看到自己種族的照片時，情況正好相反。[33]快速的反應時間表明，人會進行自動評估。對另一個種族的負面偏見有助於自動貼上負面標籤，而對自己種族的正面偏見則有利於貼上正面標籤。

一些人的極端破壞行為，無論是種族事件後的暴動，還是內亂中屠殺無辜村民的行為，都可以追溯到他們的信念和思維處理過程。他們與其他群體發生衝突時，表現的概念和錯誤觀念、相同解釋和誤解，就像他們與另一個人發生戲劇性衝突時一樣。他們很可能將摩擦或敵對互動歸咎於對立群體成員中根深蒂固的性格缺陷，而不是相關環境或情況。[34]

在群體與群體的衝突當中，每個群體內的交叉互動成倍數增加。這些互動加強成員的決心，肯定他們的偏見和錯誤觀念，並允許他們表現出破壞性衝動。對另一個群體的敵意將針對群體的偏見與針對個體的偏見結合在一起。

人們和父母、兄弟姊妹或配偶在權力鬥爭中形成的負面歸因及以偏概全，也會出現在他們與社

---

27 M. Sherif, O. J. Harvey, B. J. White, W. R. Hood, and C. W. Sherif, *The Robbers Cave Experiment: Intergroup Conflict and Cooperation* (Middletown, Conn.: Wesleyan University Press, 1988).

28 W. Doise, *Groups and Individuals: Explanations in Social Psychology, translated by Douglas Graham* (Cambridge: Cambridge University Press, 1978).

29 譯注：全名亨利・泰菲爾（Henri Tafjel，一九一九～一九八二），波蘭社會心理學家，主要研究偏見和社會認同，是歐洲實驗社會心理學協會（European Association of Experimental Social Psychology）創始人之一。

30 Tafjel, *Human Groups and Social Categories.*

31 J. P. Forgas and K. Fiedler, "Us and Them: Mood Effects on Intergroup Discrimination," *Journal of Personality and Social Psychology* 70 (1996): 28-40.

32 Devine et al., *Social Cognition.*

33 R. Fazio, J. Jackson, B. Dunton, and C. Williams, "Variability in Automatic Activation as an Unobtrusive Measure of Racial Attitudes: A Bona Fide Pipeline?" *Journal of Personality and Social Psychology* 69, no. 6 (1995): 1013-27.

34 將困難歸咎於他人的性格缺陷而不是造成問題的情況，這種傾向被專家稱為「對應偏誤」。D. T. Gilbert and P. S. Malone, "The Correspondence Bias," *Psychological Bulletin* 117, no. 1 (1995): 21-38.

交、種族對手的權力鬥爭中。他們還用與個別對手在「熱戰」中使用的全面性負面評價來構陷群體對手。[35]他們模糊外部群體中個人之間的區別，把這群人塞進討厭或充滿惡意的框架，並一視同仁地認為這些人擁有相同心理和道德（或不道德）。隨著敵意愈演愈烈，他們再也看不到外部群體的人性。

外人可能會自帶負面評價，哪怕他們根本不是對立群體成員——僅僅因為他們不是自己人。[36]在許多情況下，被排除在內部群體之外是基於對所有外部群體的貶低：他們不是自己人，因為他們有令人難以忍受的價值觀或信念，缺乏必要的美德或純潔，或具有「令人討厭」的特質。[37]

所有文化都能觀察到將人置於有利或不利類別的趨勢：我們或他們，朋友或敵人，善或惡，誠實或不誠實。[38]一些作者認為這種二分法思維是一種心理功能基本原則的表達。[39]人遭受壓力時似乎會回復這種原始的二分法思維。當然，臨床觀察證實了這一點。憂鬱症、焦慮症或妄想症患者根據相反屬性來理解經歷：有價值或沒有價值的自我（憂鬱）；安全或危險情況（焦慮）；善意或惡意的他人（妄想症）。

描述個人性格或特質的形容詞或名詞幾乎帶有評價意味，無論是褒還是貶，討人喜歡還是不討人喜歡。無論是用於個人還是群體成員，這些辭彙都反映尊重（光榮、活力、才華橫溢）或貶低（可恥、耍手段、狡猾）。婚姻關係中，與配偶發生激烈衝突使用的謾罵，可能會被群體成員用來對付敵對群體（奸詐、耍手段、敵對、危險）。一旦有人用性格標籤來汙名化另一個人或一個群體，他或她就會使用這個指定特質來解釋另一個人任何「不受歡迎的」行為。因此，一個看似對群體利益有害的外人會被判定是受到卑劣衝動——也就是他的「壞心」——所驅使。

將外部群體的不同特質濃縮成同性質形象，這個行為本身就為外部群體所有成員貼上相同的

---

35 艾略特·阿隆森（譯注：Elliott Aronson〔一九三二～〕，美國心理學家，最著名的事蹟是發明拼圖式教學法），既可減少種族之間的敵意和偏見，又可促進學習）引用一個非常明確的認知扭曲例子。一九五一年普林斯頓和達特茅斯的足球賽被描述為兩所學校歷來最粗暴和最骯髒的比賽。普林斯頓隊一名球員每次運球都遭到群毆、群壓和包圍，最後因鼻子骨折而被迫下場。在他受傷後不久，普林斯頓隊的攻勢變得非常凌厲，隨後一名達特茅斯球員因斷腿被抬離。此外，場上還爆發數次鬥毆，造成多人受傷。E. Aronson, *The Social Animal*, 7th ed. (New York: W. H. Freeman, 1995)。

達特茅斯大學的艾伯特·哈斯托夫（Albert Hastorf）和普林斯頓大學的哈德利·坎特里爾（Hadley Cantril）進行一項心理學研究，讓這兩所大學許多學生觀看這場比賽的影片。學生們被要求在觀看影片時完全客觀，並記錄每一次違反規則的行為，包括原因及由誰引起。研究人員發現，雙方學生對這場比賽的看法存在極大差異。學生傾向於將同學視為違規行為的受害者，而不是攻擊者。此外，他們也發現，普林斯頓大學學生看到達特茅斯球員的違規行為是達特茅斯學生看到的兩倍。作者得出的結論是，個人查看和解釋訊息的方式取決於他們對特定信念或行動的投入程度。A. Hastorf and H. Cantril, "They Saw a Game: A Case Study," *Journal of Abnormal and Social Psychology*, 49(1954): 129-34。

36 施特魯赫（Struch）和史瓦茲（Schwartz）展示，原來沒有敵意卻在利益衝突被煽動後產生敵意。當群體中的個體察覺到來自另一個群體的衝突，他們會經歷以負面方式看待外人的認知循環——將他們貶低、非人化，並設下心理界限。作者將這一理論應用於耶路撒冷的一起事件，傳統猶太人被移到非傳統猶太人居住的地區，使得當地居民非常憤怒，採取多種激進行動，例如聯合抵制傳統猶太人開的商店，並故意大聲播放收音機來激怒他們。N. Struch and S. H. Schwartz, "Intergroup Aggression: Its Predictors and Distinctness from Ingroup Bias," *Journal of Personality and Social Psychology*, 56 (1989): 364-73。

37 P. G. Devine, "Prejudice and Outgroup Perception," in *Advanced Social Psychology*, ed. A. Tesser (New York: McGraw- Hill, 1994), pp. 467-524.

38 D. Maybury-Lewis and U. Alamagor, Eds., *The Attraction of Opposites: Thought and Society in the Dualistic Mode* (Ann Arbor: University of Michigan Press, 1989).

39 C. Lévi-Strauss, "Do Dual Organizations Exist?" In *Structural Anthropology* (New York: Basic Books, 1963).

貶義標籤（低劣、好鬥、不道德），並扭曲對個人的看法和對行為的解釋。這種隨意將別人簡化為不受歡迎的少數幾個特質，不可避免地會刪除其正面特質。不受歡迎的貶義形容詞愈極端，外部群體就顯得愈沒有人性，也就愈容易遭受攻擊，而且攻擊者認定自己不需要受罰。

封閉心態

要全面了解偏見的本質，不僅需要了解有偏見的人在想什麼，還需要了解他們的想法如何形成。在針對不寬容（特別是「封閉心態」）的研究中可以找到相關線索。正如米爾頓・羅克奇[40]所描述，在種族偏見測試中獲得高分的人，解決問題的方式刻板，思維具體，並對切身利益理解狹隘。他們也容易做出快速判斷，不喜歡模棱兩可的情況，並會扭曲對重大事件的回憶。最重要的是，若要他們改變信念，他們會積極抵抗。羅克奇指出：「接受同意者（自以為是的接受）與拒絕不同意者（自以為是的拒絕）一樣，都是不寬容的表現。」自以為是地接受所屬群體對於敵對者的看法，構成了偏見的基礎。相反地，寬容的表現是接受他人，無論對方是否同意我們。[41]

封閉心態無法接收那些與僵化框架內高強度信念互相矛盾的訊息。正如羅克奇所指出，某些情況似乎會導致封閉心態，包括感到無助和悲慘、生活在孤獨的地方、害怕未來，以及試圖尋找某人來解決自己的問題。這些發現表明，人思維的僵化程度可能部分取決於他們承受的壓力。

外部壓力使得人更渴望被群體或權威人士認可，這個情況往往會凍結心態封閉者的信念，並導致他拒絕接受那些有不同信念的人。尤其是當一個人受到外部威脅時，思維往往會更加僵化並將別人歸類，更不可能不受群體和權威人士的期望所影響，也不可能做出獨立判斷。[42]相較之下，開放心態的特點是能夠根據訊息本身的優點進行評估，不受個人從屬關係和信念影響。

僵化思維、意識形態和偏見三者互有關聯。例如，一個對宗教信仰完全奉獻的人傾向於「神聖化」信徒和非信徒之間的區別，並排斥所有不適合其神聖世界的人。查爾斯・史特羅澤[43]採訪紐約市新教基本教義派信徒，得出一個結論：高度忠誠的人抱持「絕對主義」，使得他們傾向於不寬容。[44]其他研究表明，狂熱宗教信仰與偏見有關聯。德國一項有趣的研究表明，人格類型和經濟地位都會影響受試者的思維；研究人員發現，易怒的性格和處於邊緣的經濟地位都與偏見心

---

40 譯注：Milton Rokeach（一九一八～一九八八），美國心理學家，畢生致力於研究僵化的教條主義人格、社會意識形態、偏見和解決問題之間的關係。他所編製的價值觀問卷受到各國專家廣泛運用。

41 M. Rokeach, *The Open and Closed Mind: Investigations into the Nature of Belief Systems and Personality Systems* (New York: Basic Books, 1960).

42 I. L. Janis, *Victims of Groupthink: A Psychological Study of Foreign Policy Decisions and Fiascoes* (Boston: Houghton Mifflin, 1982); C. McCauley, "The Nature of Social-Influence in Groupthink: Compliance and Internalization," *Journal of Personality and Social Psychology* 57, no. 2 (1989): 250-60.

43 譯注：Charles Stozier（一九四四～），美國歷史學家與精神分析學家，長年研究基本教義派，曾出版多本著作，主題涵蓋人物傳記、心理治療、九一一事件及基本教義派。

44 C. Strozier, *Apocalypse: On the Psychology of Fundamentalism in America* (Boston: Beacon Press, 1994).

態相關。[45]

在群體或領導者的壓力下接受主流心態和價值觀，可能會使人陷入僵化思維。「群體思維」（groupthink）是詹尼斯[46]根據喬治・歐威爾[47]未來主義小說《一九八四》（*1984*）中的「新語」（newspeak）所衍生出來的辭彙。正如詹尼斯的描述，群體思維是「群體壓力導致心理效能、可靠性測試和道德判斷惡化」的產物。

詹尼斯觀察越戰期間一些政策制定，得出以下結論：決策小組成員之間的高度友好和團隊精神，加上軍事威脅的嚴重性，阻礙了獨立的批判性思維。儘管詹尼斯和近年一些作家（比如麥考利[48]）已將「群體思維」一詞應用於決策者，[49]但它也適用在任何有凝聚力的群體與其他群體發生衝突時或多或少的統一思維。群體思維可能導致針對對立者的非理性和非人性行為，這是基於一種隱含的假設：我們是優秀的群體，因此我們犯下的任何欺騙行為都是完全正當的。此外，誰不願意接受我們對事實的看法，誰就是不忠不義。

除了心態封閉，群體思維還包含諸如對自身無敵的幻想、對破壞性行為集體合理化，以及對外部群體成員的刻板印象等模式。群體通常有自行指派的「心靈護衛」，作用是排除可能破壞群體信念和決定的外部訊息。對心靈護衛的依賴表明，在某些情況下，某些群體成員可能不會完全採納群體決策，因此需要施加壓力以使其服從。

詹尼斯指出這種群體思維模式造成各種損失。決策可能有缺陷，因為對替代行動方案的調查不完整。群體也可能無法正確評估所選計畫所涉及的風險，也無法在遇到挫折後重新評估計畫。

群體思維還限制探索所有訊息管道，並對獲得的訊息產生偏差判斷。麥考利指出，儘管群體思維存在明顯危害，但有時它可能是解決問題的有效方式。當有足夠可用訊息並且情況明確時，群體思維已被證明可以成功。[50]

在觀察封閉思想和群體思維現象時，我們可以看到偏見和敵意不僅會傷害被當作攻擊目標的群體，還會損害攻擊性群體的判斷力。這些特質為更惡毒的群體心態和行為提供溫床，例如對於

---

45 R. Grossarth-Maticek, H. J. Eysenck, and H. Vetter, "The Causes and Cures of Prejudice: An Empirical Study of the Frustration-Aggression Hypothesis," *Personality and Individual Di_erences* 10, no. 5 (1989): 547-58.

46 譯注：全名歐文・萊斯特・詹尼斯（Irving Lester Janis，一九一八～一九九〇），美國心理學家，致力於政策制定的心理學分析及危機管理研究，曾於一九八一年榮獲美國心理學會（American Psychological Association）頒發傑出科學貢獻獎。

47 譯注：George Orwell（一九〇三～一九五〇），英國作家、記者和社會評論家，以《動物農莊》（*Animal Farm*）和《一九八四》兩本著作聞名於世，作品特色為尖銳社會批評、反對極權主義及支持民主社會主義。

48 譯注：全名克拉克・理查・麥考利（Clark Richard McCauley，一九四三～），美國社會心理學家，曾任職美國心理學會，畢生致力於研究群體認同和衝突，以及種族衝突和滅絕等議題。

49 政治學家羅伯特・傑維斯（Robert Jervis）對於外國領導者的自我中心思想有精闢分析。他指出，重要國家領導人往往沒有實質依據便主觀認定，某位外國領導人的行為是在回應他們先前的決定，或是為了引起對他們的回應。例如，許多美國人將蘇聯解體歸因於雷根總統（President Ronald Reagan）高昂的軍費開支計畫對蘇聯經濟造成負面影響，而不是蘇聯多年來一直存在的經濟和結構問題。傑維斯強調，這種自我中心的思想會導致不幸結果：領導人認為，自己是其他國家行為的唯一原因或主要原因，因而對於他的威嚇形象產生過度自信。領導人相信可以藉由威脅要懲罰他國，以防止未來遭到進攻，但就像蘇聯的例子，他不明白決定因素往往是內部的，而不是外部的。R. Jervis, *Perception and Misperception in International Politics* (Princeton, N.J.: Princeton University Press, 1976)。

50 McCauley, "The Nature of Social-Influence in Groupthink."

被汙名化的他人心懷仇恨並施展暴力。當敵人不是被汙名化的群體而是政府，也可以看到相同的心態。在這種情況下，政治領導者和官方機構被視為敵人，他們的行為受到扭曲解釋。驅動這種偏見思維的意識形態不可避免地導致暴力策略，因為這似乎是擊敗專制而強大政府的唯一手段。[51]

群體仇恨和恐怖主義

一九九五年四月十九日，提摩西・麥克維（Timothy McVeigh）和泰瑞・尼科斯（Terry Nichols）策劃了奧克拉荷馬城艾弗瑞・穆拉（Alfred P. Murrah）聯邦大樓爆炸案。死亡人數為一百六十七人，包括十九名兒童。隨後，麥克維被判有罪，於一九九七年八月十五日被判處注射死刑。泰瑞・尼科斯承認罪行，與當局進行認罪協商，並因共謀被判終身監禁，儘管他在實際的爆炸和謀殺指控中被判無罪。奧克拉荷馬爆炸案可以當做左派和右派恐怖分子的暴力、破壞性行為範例，特別適合當做社會各階層的反政府狂熱範例。

右派和左派極端主義團體對政府的暴力行動可以追溯到幾種人際和心理模式的匯聚：激烈對立思想的感染，刻板印象並將對立者定為敵人，以及解除殺人限制。確實，以更高、更神聖且認可的恐怖活動來取代人類生命價值的傳統觀念，解除了實施暴力行為（包括殺人）的心理障礙。

美國和其他地方的極端主義團體，其社會與政治意識形態集中在對政府和其他被他們視為對立和破壞基本權利團體的強烈厭惡。無論他們的意識形態起源於極右還是極左，政府在他們心目中都是致力於侵犯其基本權利的單一組織。對於這兩種極端分子來說，政府具有脅迫性，而且腐敗又充滿陰謀。

在美國極右派組織如民兵和光頭黨心目中，有一種思想家致力於促進各民族和國際金融家的利益，而政府就是這些思想家的工具。他們將聯合國等國際組織想像成由試圖打造「新世界秩序」的陰謀者組成。一九六〇和七〇年代的極左團體，如美國的「氣象員」（Weathermen）和「黑豹黨」（Black Panthers），德國的紅軍派（Red Army Faction）和義大利的「赤旅」（Red Brigade），政府都被他們視為資本家和軍事工業機構的傀儡。另一個宣揚和實踐恐怖主義的團體是日本的奧姆真理教，它抨擊不純潔的世界，並預見到世界死亡和重生的最終救贖。

政治光譜兩端的極端主義團體，其集體自我形象也有很多共通點。他們認為自己是正義的，致力於崇高目標。他們認為自身、黨羽及擁護者都是權力結構的受害者，這些當權者包括政府、媒體和大企業。

「沉默兄弟會」（The Order）是「雅利安民族」[52]的祕密分支，名稱源於《透納日記》（*The Turner Diaries*）一書。這本書曾啟發提摩西．麥克維和泰瑞．尼科斯策動奧克拉荷馬爆炸案，由新納粹組織領袖威廉．皮爾斯（William Pierce）於一九七八年撰寫，書中的行動計畫被複製後，在奧

51 當然，有時政府確實是專制的，例如一九七六至一九八三年間的阿根廷。

52 譯注：Aryan Nations，活躍於北美的反猶太、新納粹與白人至上主義團體，由美國人理查．巴特勒（Richard Girnt Butler）創立於一九七八年，二〇〇一年被聯邦調查局列為恐怖組織。

克拉荷馬聯邦大樓造成真正的爆炸。沉默兄弟會的使命是發動戰爭以推翻美國政府，殺死猶太人和其他民族，並使美國成為一個全白人的法西斯社會。包括搶劫、爆炸和其他恐怖行為的游擊戰戰術，將被用來完成革命。

美國極右派團體基本上採取保守意識形態，旨在讓政府回歸憲法制定者所擁護的原則：自由和愛國主義。他們聲稱自己充滿了為個人和公民自由而戰的美國革命家精神。確實，其中一個團體的名稱，就沿用了美國獨立戰爭時期曾在邦克山（Bunker Hill）反抗英國人的民兵（Minutemen）。對於這些激進組織的成員來說，種族純潔理論要求清除人口中那些玷汙純美國基督徒白人形象的「外來」元素（黑人、猶太人、西班牙裔和美洲原住民）。[53]

民兵心理

這類美國「民兵」的準軍事單位分散在許多州，主要是在西部，彼此之間的連結鬆散。他們透過網路、廣播、小冊子和書籍與其他單位交換訊息並宣傳。受到這些準軍事組織吸引的個人，對於被他人控制特別敏感，在生活中有大男人主義傾向。他們厭惡限制和規定，渴望回歸所謂的開國元勳原有理想，在在表現出他們的集體敏感、頑固個人主義和極端愛國主義。政府或社會中不受歡迎的元素一旦被他們認定違反其集體原則，就會被每個成員視為人身傷害。

民兵本質上抱持一種邊疆心態。他們喜歡住在小社區，非常獨立，重視機動性與自由，以保持他們的生活方式不受官方當局的干預。除了負責維護當地法律與秩序的警長，他們不接受更高層級的權力。在他們眼中，政府及其機構透過強行徵稅和槍枝管制法，以及建立層層官僚和執法機構，一心想要擾亂他們的生活方式。他們憎恨將其稅收轉給「受寵」的少數外來種族和外國人。執法人員的限制和干預會產生一種類似幽閉恐懼症的反應：他們覺得被包圍及受到威脅。他們對被控制和被汙染的恐懼超越國界，對跨國或世界政府的可能性非常敏感。

民兵試圖實現其社會和政治議程，主要透過組成準軍事部隊和建立武器庫來保護自己。當他們與政府特務發生衝突，進而有武裝人員前來執行逮捕令或法院判決，或沒收院子裡的武器，他們便會堅持自己的立場。

他們聲稱，建立民兵和攜帶武器的權利是憲法保障自由的象徵。他們進行準軍事訓練，組織自治民兵團體並儲備武器，藉以保護他們的權利，並阻止「非法」政府代理人干預。

一九九一年，蘭迪・韋弗（Randy Weaver）捲入與聯邦特務的致命槍戰，他便代表了這群人的個人哲學。韋弗和其他極右分子一樣，熱愛開闊鄉村，遠離死氣沉沉的都市和頹廢的東岸。在政府特務的威脅下，他撤退到愛達荷州北部偏遠地區一個幾乎無法抵達的小屋，以對「非法」當局進行最後抵抗。

---

53 R. S. Robins and J. Post, *Political Paranoia: The Psychopolitics of Hatred* (New Haven, Conn.: Yale University Press, 1987).

美國近代歷史上幾起事件成為催化劑，助長了對政府的暴力敵意。這些事件對武裝分子具有重要象徵意義，比如「波士頓慘案」（Boston Massacre）的大屠殺、阿拉莫殲滅戰以及緬因號戰艦在古巴哈瓦那港的沉沒。一九九一年，聯邦特務圍攻紅寶石嶺（Ruby Ridge），試圖逮捕蘭迪．韋弗，隨後槍殺他懷孕的妻子和兒子，使得政府的形象成為無情破壞者。聯邦特務的錯誤認知導致了一些類似死亡案例。一九九三年二月二十八日，德州韋科（Waco）的災難成了最後的催化劑，徹底激怒極右派。自稱救世主的大衛．科雷什（David Koresh）和大衛教派（Branch Davidian）七十九名信徒（包括十八名兒童），在聯邦特務的襲擊後於大火中喪生。這些事件將熾熱的記憶烙印在武裝分子腦海中，成為戰鬥口號。儘管數名聯邦特務在兩次衝突中喪生，但武裝分子認定當中的訊息十分明確：政府致力於摧毀對其非法活動的任何抵抗。

在帶動全美民兵組織發展的三起事件中，韋科的大衛教派根據地長達五十一天的對峙是第二起。大衛教派是基督復臨安息日會（Seventh-Day Adventists）分支，自一九三五年以來一直在德州活動，曾對外積極宣揚末日將臨。教派指導者大衛．科雷什有一個基於宗教信仰的特定訊息。他致力於解讀神祕的啟示錄內容（例如〈啟示錄〉的七印）。他相信一場大災難，也就是善惡之間的宇宙級爭戰，即將發生，以美國政府為核心的邪惡勢力將捲入末日之戰。由於特務解讀心思的能力非常低下，把宗教狂熱誤認為簡單的挾持人質，不料邪教落實了偏執信念，促成最終的災難。

將反政府風氣推升到極致的是第三個事件，也就是布雷迪槍枝管制法案（Brady Act）獲准通過。這項立法被右派團體廣泛解釋為企圖壓制他們攜帶武器以抵禦可怕政府的權利。這個法案也再次向他們表明，政府正試圖干涉他們最基本的權利。

麥克維和尼科斯受到強烈反政府情緒影響。奧克拉荷馬城爆炸案原定於韋科災難兩週年紀念日當天發動，足以表明那些看似失控的行動具有強烈的象徵意義。從麥克維的聲明中可以清楚看出，他認為「戲劇性」反擊是懲罰政府的必要措施，即使代價是犧牲無辜生命。

左派恐怖主義

美國極左恐怖主義源於越戰期間日漸激進的學生團體。黑豹黨於一九六六年由休伊．牛頓（Huey Newton）和巴比．希爾（Bobby Seal）在加州成立。這個群體的政治哲學受到切．格瓦拉[54]、麥爾坎．X[55]、胡志明和毛澤東等各種激進英雄的啟發。黑豹黨最初強調文化民族主義，但在其成員於一九七一年試圖越獄被殺後轉變為恐怖主義。黑豹黨與警察發生過幾次槍戰，並曾發動幾次炸彈攻

---

54 譯注：Che Guevara（一九二八～一九六七），本名埃內斯托．格瓦拉（Ernesto Guevara），阿根廷人，堅信拉丁美洲的貧窮和壓迫必須透過武裝革命和共產主義才能解決。他與卡斯楚兄弟一同起義，領導古巴游擊隊推翻親美的巴蒂斯塔（Batista）政權，史稱「古巴革命」。他也曾前往剛果及玻利維亞進行反抗帝國主義的游擊戰，在玻利維亞遭逮捕後處決，後世稱他為「紅色羅賓漢」、「共產主義的唐吉訶德」。

55 譯注：Malcolm X（一九二五～一九六五），原名麥爾坎．利特爾（Malcolm Little）。非裔美籍伊斯蘭教士及民運人士，早年秉持黑人至上主義，支持推翻白人政權，後捨棄極端作風，改採溫和路線推行民運，卻在一九六五年遭到非裔伊斯蘭極端分子暗殺。

擊。與此同時，在加州柏克萊成立的共生解放軍（Symbionese Liberation Army）犯下多起銀行搶劫案和幾起謀殺案。這個組織綁架了豪門千金帕蒂·赫斯特（Patty Hearst），並成功讓她加入「城市游擊隊」，從此變得惡名昭彰。

一九六九年底，學生民主會（Students for a Democratic Society）的極端分支「氣象員」轉入地下。「氣象員」將資本主義形象塑造為「無論在國內還是國外，都是一個極其殘酷和沒有人性的體系」。他們的意識形態包含一種觀念，即現代社會已經打造出新的無產階級，由中產階級和專業勞工組成，他們可能受到社會條件壓迫，這些社會條件也剝奪了少數人的權利。[56]

與激進右派的保守哲學相比，新左派對未來的革命性烏托邦式觀點源自對於解放社會受壓迫階層與第三世界被剝削國家的承諾。隨著心態日益激進，個人將自己的身分與群體身分融合在一起，直到群體身分達到頂峰，成了恐怖分子。[57]

偏執的觀點

在一篇全面探討美國極端主義團體的論文中，霍夫士達特用「偏執風格」（paranoid style）一詞來描述他們的思想和行為。[58]然而，「偏執觀點」（paranoid perspective）一詞似乎更完整傳達他們的世界觀。在一個擁有集體自我形象的群體中，所有成員都認為所屬群體易受到具控制性與侵略性政府的傷害，那麼他們發展出偏執觀點幾乎是不可避免的。當人抱持偏執觀點，將導致對於惡意行為的解釋和期望遠遠超出客觀證據。這種觀點將隱藏的惡意和動機強加給無害事件，例如，由於偏執觀點，民兵懷疑敵人使用祕密方法進行惡意目的。在這種情況下，他們深信政府正密謀使美國屈服於世界政府。

民兵散布謠言，指出高速公路指示牌的標記其實是政府的密碼，用於指導聯合國裝甲部隊接管美國。俄羅斯坦克在密西根的照片被解釋為美國有俄羅斯軍隊的跡象。黑色直升機在頭頂盤旋使得武裝分子妄下結論，認為政府正在監視他們的行動。[59]

脫口秀、網站和影片故意歪曲並散播謊言，助長偏執觀點形成。一段廣為流傳的影片高度扭曲德州韋科的災難性事件。影片被刻意剪輯，使得火災看起來像是特務縱火，而未經剪輯的版本則清楚顯現致命火災是從莊園內部開始。

媒體剪輯、網路文章和民兵文學傳達極端主義團體的被迫害信念和恐懼。在這些媒體流傳的各種「曝光」中，有報導稱政府計畫將反對者關進四十三個集中營；香港警察和廓爾喀部隊正在蒙

56 R. S. Robins and J. Post, *Political Paranoia: The Psychopolitics of Hatred* (New Haven, Conn.: Yale University Press, 1987).
57 W. Reich, ed., *The Origins of Terrorism: Psychologies, Ideologies, Theologies, States of Mind* (Cambridge: Press Syndicate of the University of Cambridge, 1990).
58 R. Hofstadter, *The Paranoid Style in American Politics and Other Essays* (New York: Vintage Books, 1967); Robins and Post, Political Paranoia.
59 Robins and Post, *Political Paranoia.*

大拿荒野中受訓，目的是從美國人手中奪走槍械；政府計畫將華盛頓州的北喀斯喀特山脈（North Cascades Range）交給聯合國和中央情報局；一個想要接管世界的國際集團正在改變天氣。這些故事可能揭露一個建立新世界秩序的全球陰謀。[60]民兵因理想遭到政府反對而感到脆弱，繼而因價值觀受到威脅而憤怒。由於武裝分子的武力遠遠不及政府的軍事或警察力量，他們便轉向積極抵抗和破壞行為，希望將支持者凝聚起來，與他們站在同一陣線。

儘管極端主義團體成員與那些有心理疾病的人存在明顯差異，但查驗雙方的信念與思維的相似性，依然可以獲得具啟發性的結論。激進群體思維和偏執妄想症的比較有其效用，因為它凸顯人類思想本質以及人心為痛苦情況創造奇妙解釋的傾向。

與偏執妄想症一樣，偏執觀點集中在**敵人**及其「陰謀」上。與迫害者不斷升高的衝突助長了偏執觀點。正如好鬥、偏執的病人會猛烈抨擊所謂的迫害者，自認為受到專制政府機構壓迫的民兵也會對假想敵進行報復，例如一九九五年奧克拉荷馬聯邦辦公大樓的爆炸案。患者和極端主義團體成員都對其誇張且具迫害性的信念進行大量心理建設：「我們可以推翻專制政府」，或者「我們可以拯救世界」。假想的**敵人**利用祕密或隱藏力量威脅他們的安全和目標。對手被幻想為狡猾地進行惡意活動，沒有道德規範或準則來加以約束。組織成員不僅認為自己正確，也深信他們被賦予救世主一般的使命，必須恢復國家的純潔，並拯救親友脫離**敵人**的霸權。

妄想和偏執的觀點都有「封閉心態」特徵。那些與他們的迷思（群體）或妄想（患者）相矛盾的證據，都無法滲透其信念。事實上，由於他們認為**敵人**使用所有可用的欺騙工具，任何未經證實的證據都被解釋為敵人欺騙的證據。因此，群體採用祕密和破壞性反擊戰略來對抗敵人的無形和公開操縱。

對於極端主義團體成員和妄想症患者來說，仇恨和敵意的外在表現掩蓋了潛在問題，亦即他們的脆弱感。由於其意識形態涉及對政府的惡意看法以及改革或推翻政府的目標，他們傾向於抵制政府的干預。政府機構愈是要他們符合公民標準，他們愈感到脆弱，最後被迫「反擊」。

為避免將激進組織成員貼上精神病患的標籤，在此必須強調民兵與妄想症患者的差異。首先，武裝分子的陰謀信念被侷限在某個範圍，也就是他們與政府及所屬團體的關係。他們與家人和朋友的關係正常，也進行正常商業交易，出庭作證時表現出理性。相較之下，妄想症患者在與他人的關係中通常表現出思維混亂，並且可能持續處於激動狀態。在群體思維中，成員的信念往往可以獲得其他成員認可，但妄想症患者沒有這種經歷。如果他的信念在藥物治療下「恢復正常」，那就是精神病的證據。相反地，當情況發生變化或領導人改變理論時，激進組織成員可以隨之改變信念。

文化規則：南方榮譽法則

人在什麼時候會感到敏感或脆弱，由於個人經歷或從他人身上吸收的觀念各不相同，許多人

---

60 K. S. Stern, *A Force upon the Plain: The American Militia Movement and the Politics of Hate* (New York: Simon & Shuster, 1996).

都有自己專屬的整組特定情況。在各種文化和次文化的行為準則中納入特定規範，證明了人受到尊重的重要性。對於違法行為和相應規則的定義深植於自身文化時，要對自己的觀點和隨之而來的有害行為保持客觀會複雜得多。適當的行為規範、對違法行為的定義，以及適當的補救措施等等，都來自文化和次文化中普遍接受的規則。有個例子可以證明這種由文化決定的規則，那便是美國南方和地中海國家流行的榮譽文化以及美國城市的街頭法則。

在《榮譽文化：南方暴力心理學》（*Culture of Honor: The Psychology of Violence in the South*）中，尼斯貝特（Nisbett）和科恩（Cohen）描述在大眾面前保持強悍與力量的形象，對於南方男性來說無比重要。[61]一個人所謂的名譽，也就是他認為別人如何看待他，取決於對冒犯保持敏感，並在挑釁發生時進行激烈報復。南方次文化的價值觀嵌入個人的二分法信念體系中。在人際交往中，他要不是脆弱就是強悍，要不是軟弱就是無所不能。個人的信念可以概括如下：

- 任何針對我的負面行動或言論在我或同儕眼中都是一種貶低。
- 如果我不進行報復，我的地位（榮譽）就會下降。
- 如果我不進行報復，我將失去同儕的尊重，也容易受到他人攻擊。
- 即使冒犯可能純粹是口頭上的（輕微或侮辱），我也一定要激烈報復。
- 成功的報復將提升我的光榮形象，我是一個有權受到尊重的人。
- 當妻子或女朋友受辱，真正的男子漢會找對方打一架，並且有理由射殺把她帶走的人。

作者指出，與北方白人相比，這種價值體系導致南方白人的凶殺率較高。[62]價值體系起源於遙遠的過去，當時它可能具有一定的功能價值。南方有蘇格蘭或愛爾蘭血統的移民是蓋爾（Gaelic）牧民的後裔，他們將原有價值觀帶到新國度，但不一定每個人移民後仍然從事放牧。牧民普遍願意為受辱的名聲進行激烈報復，這種傾向最初源自經濟因素：從歷史上看，牧民的牲畜很容易被盜，簡直就是經濟災難。因此，建立強悍的社會形象，打造激烈報復竊賊的聲譽，對他們來說非常重要。此外，他們很容易受到挑釁，顯然是基於他們對可能的攻擊感到脆弱。

由於這種經濟因素不再存在，遵守準則的人可以透過這個方式證明其價值：不遵守就意味著他們在別人心目中與實質上都是弱者。在他們看來，不報復就一定會被欺負，不管他們實質上是否真的被欺負。從此這類信念不須倚靠外力便可維繫下去。他們的孩子，尤其是小男孩，在父母指導下全面捍衛自己的權利。南方白人在其他情況下並不比美國其他地方的白人更暴力。他們往往信奉宗教，一般都守法。法律曾經支持使用武力保護家庭、家人和財產。

報復性暴力信念不僅體現在南方白人的高凶殺率，也體現在他們受辱時強烈的生理和行為反

---

61 R. Nisbett and D. Cohen, *Culture of Honor: The Psychology of Violence in the South* (Boulder, Colo.: Westview Press, 1996).

62 一九九六年，美國的凶殺率為每十萬人七點四起。緊追在後的是芬蘭的三點二，法國為一點一，日本為零點六，英國為零點五。美國在南北戰爭時期有十二個州隸屬於蓄奴的南方邦聯，它們在一九九六的謀殺率調查中位居前二十名，其中路易斯安那排名第一，比率為十七點五。凶殺率最低的十個州位於新英格蘭和西北部。F. Butterfield, "Southern Curse: Why America's Murder Rate Is So High," *New York Times*, July 26, 1998, pp. D1, D16。

應。在實驗室研究中，他們比其他人遭受更多壓力，由皮質濃度增加可知，並且更具攻擊性，由睪固酮濃度增加可知。他們也更有可能在涉及受辱的情況下考慮以暴力解決，並且表現出更多憤怒。

儘管他們對爭論和誹謗的反應很暴力，但南方信念體系的許多特質可以為改善其行為提供機會。他們的報復信念僅適用於某些情況，即人身侮辱、財產或婚姻的完整性遭受威脅。尼斯貝特和科恩強調，在試圖改變根深蒂固的暴力時，總會面臨難題。他們深知馬賽（Masai）戰士、德魯茲（Druze）部落成員、印第安蘇族（Sioux Indian）的傳奇性和魅力，但也提出見解：促使個人審視「不報復就損失名譽」的信念，或者教導他們在不涉及暴力的情況下獲得社區尊重的方法，這些干預措施成功的機會可能相當有限。

廢除現行準則可以在一定程度上改善暴力文化，進而削弱暴力的法律正當性。實施教育計畫，修正培養好戰分子的育兒心態，可能有助於改變男孩對受辱和以暴力爭取尊重的看法。宗教或教育機構的計畫可以探索暴力行為的道德正當性，也可以區分人對社區的義務和對自我的義務。大眾期望男人在戰爭中犧牲生命，因為「這是正確的做法」。社區期望男人們表現優秀並值得尊敬，但社區標準也規定他們參與報復行為，因為「這些是你必須做的事情」。改變社區的期望，你就可以改變行為。

北方的街頭法則

市中心周邊貧困黑人社區的暴力問題，背後的信念體系在許多方面與促進南方白人榮譽文化的體系相似。在北方城市的搶劫、盜竊、綁架和與毒品有關的槍擊等暴力行為，都可歸因於被以利亞・安德森稱為「街頭法則」的街頭文化。[63]街頭法則規定正確的行為舉止和應對挑戰的方式。與南方的榮譽法則一樣，「尊重」這個議題是街頭法則的核心，強調一個人有權得到適當對待或尊重。如果青少年表現出強烈的社會形象並受到適當尊重，他可以避免在公共場合「被打擾」（打、推、搶劫）。和南方的白人一樣，如果他被「冒犯／鄙視」（diss），也就等於受辱。

長時間保持目光接觸是眾所周知的冒犯例子，其理論依據似乎源自長時間目光接觸可能暗示對方懷有敵意。與南方的情況類似，被冒犯會導致在群體中喪失地位——這在南方和北方的次文化中都只能透過激烈報復來彌補。據說這些北方城市青年長期自卑，透過展示勇猛與凶悍，以及穿著昂貴夾克、帆布鞋和黃金飾品（通常從另一個年輕弱者身上搶走）來彌補。為維護他的榮譽或受到「尊重」（juice），他必須表明如果情況需要，他有能力施展暴力並帶來破壞。

特定信念體系以他們從街頭成年人身上收到的訊息為中心：

・如果有人惹你，你必須糾正他們。
・打人以獲得更多「尊重」。

63 E. Anderson, "The Code of the Streets," *Atlantic* (May 1994): 81-92.

・你必須冒險（例如，冒著被殺的風險）以展現你的「膽量」。

・注意背後，不要「畏縮」。

次文化提供的不僅僅是行為規則：如何在在街頭混日子，什麼可以做，什麼不可以做。它還提供一個認知框架，個人根據這個框架定義自己和他人的行為。

外人通常不知道如何解釋這些規則，因此對年輕人的敵意（有時是暴力反應）以及處理印象的方式感到困惑。例如，與不尊重相關的規則被嵌入他們的訊息處理中，以致在外人看來中立或不重要的話語，卻會令他們下意識採取攻擊。同樣地，關於自尊的規則會導致自我膨脹的解釋，例如，「他們討厭我，因為我每天都穿運動服和帆布鞋。」製造破壞和殺人的正當性被納入規則當中，他們認為被害者早該知道相關規則，以此做為謀殺可以被原諒的藉口：「很遺憾，但這都是他的錯，他早該弄清楚。」這種意識形態似乎也鎖定反體制的價值觀，當執法不力或對法律有些甚至完全不尊重，這種價值觀可能會蓬勃發展。警察和司法體系是白人主流社會的代表，人們普遍對他們嚴重缺乏信任。因此，街頭法則取代了現有法律和正義。

南方榮譽文化源自遙遠的過去，最初立論早已消失，而街頭法則是當代產物，符合當前環境。正如安德森所指出，長期失業、毒品文化以及與當局持續衝突等等，造就並維持這種意識形態。由於在可預測的未來似乎不太可能充分緩解社會經濟狀況，因此有必要尋找其他補救措施。再教育、宗教和休閒運動似乎不足以改變意識形態，即使是那些「正派取向」並反對街頭法則的家庭，也經常鼓勵孩子熟悉它（儘管很不情願），以便孩子適應市中心的環境。

街頭的重要性被提升，其意識形態受到支持，其中一項因素是這些年輕人沒有受到完善的養育。許多不良青少年由單親父母撫養長大——通常是一位承受嚴重經濟和社會壓力的母親。這類家長往往無預警地打罵孩子，使得孩子形成一種敵意無所不在的世界觀，並學會暴力可能是左右他人和生存的最有效方式。因此，混街頭代表獲得尊重、權力感和打造自尊的最佳方式。

范德比大學的肯尼斯・道奇和團隊投入一項前景看好的計畫，用以解決青少年犯罪問題。[64] 計畫的其中一個層面是幫助父母培養更好的育兒技能，從而減少孩子的敵對心態和低自尊心。儘管現在要對這個措施的有效性或普遍性下定論還太早，但他們的立意似乎是合理的。

---

64 K. A. Dodge, "Social Cognitive Mechanisms in the Development of Conduct Disorder and Depression," *Annual Review of Psychology* 44 (1993): 559-84.

CHAPTER 10

迫害和種族滅絕

打造怪物和惡魔

製造敵人

從空白畫布開始
大致勾勒出男人、女人和孩子的輪廓。
掩蓋每張臉的可愛個性。
每顆有限的心像萬花筒，
播放著無數愛、希望和恐懼，
將這些點點滴滴悉數抹去。
扭曲微笑，直到它成為嘴角下撇的殘忍弧線。
放大五官，直到人變成野獸、害蟲、昆蟲。
用來自遠古惡夢的邪惡人物填充背景——魔鬼、惡魔、邪惡的奴僕。
當敵人的肖像畫完成，你便可以毫無愧疚地殺戮，毫無羞恥地屠殺。

——山姆・金恩[1]，《敵人的面孔》（*Faces of the Enemy*，一九八六年）

在歷史記載中，整個部落或族群被殺戮，向來是引人注目的事件。《聖經・舊約》中的〈撒母耳記〉（十五章三節）記錄了擊殺亞瑪力人並消滅此部族中所有生物的命令。成吉思汗和帖木兒因大屠殺而惡名昭彰。十字軍東征通常以屠殺猶太人開始，並在「成功」時以屠殺穆斯林結束。[2]在三十年戰爭（一六一八～四八年）期間，德國大部分人口被殲滅。

二十世紀各種大屠殺事件有很多共通點，但也與個人暴力事件有很多共同之處。無論是集體或個人行動，人都有內建的分類來識別好與壞、對與錯。這些分類通常被錯誤記憶所修飾，當人們遭受嚴重傷害或威脅——無論是真實或想像——就會啟動心理分類，將「有害」個體轉變為**敵人**的形象。這種啟動也可以由他人或國家領導人來進行，人們被動員起來糾正情況：驅逐、懲罰或消除有害因素。

1 譯注：Sam Keen（一九三一～），美國作家及哲學家，成立個人神話工作坊（Personal Mythology Workshop），推行個人神話課程，為美國當代男性運動領導人物。

2 P. Du Preez, *Genocide: The Psychology of Mass Murder* (London and New York: Boyars/Bowerdean, 1994).

人類為暴力行為提供正當理由，透過這個寬鬆信念消除傷害或殺害他人的自然限制，進而使用手邊可用的工具——刀、槍、炸彈——來完成目的。

迫害和大屠殺的模式很相似。迫害者獲得**信念體系**，建立在原始的好與壞概念之上，將被汙名化的少數群體孤立起來，劃分為非我族類。他們深受文化影響，認定弱勢的少數群體成員曾犯下罪行，無論這是基於真實還是想像。儘管負面形象可能會以潛藏或輕度活躍的形式長期存在，但也有可能被外部影響完全激發。

各種外部情況——經濟困境、戰爭、政治宣傳——都可以**激發**這些信念，並將弱勢少數群體的形象轉變為**敵人**。政治領袖強加一種政治、社會或種族意識形態，強化了**敵人**的形象。

對**敵人**五花八門的聯想早已深植人心，此時再度被激起，**敵人**就是一群圖謀不軌、善於欺騙又愛耍手段的人。當被汙名化的少數群體在該國經濟和文化的表現引人注目，他們就會被指責為試圖篡奪傳統、政治權威或經濟權力。

政治領導人將經濟困境和社會動盪歸咎於這個孤立的少數群體背叛國家。隨著少數群體成員的負面形象愈演愈烈，他們愈來愈被視為危險、充滿惡意和邪惡。政治領導階層將被汙名化的少數群體描繪為叛徒、革命黨或反革命，利用其負面形象來推動自己的政治計畫。

到了某種程度，被汙名化的少數群體原本潛藏的負面形象浮上檯面，成員被視為怪物、惡魔或寄生蟲。優勢群體動員所有力量來隔離、驅逐或消滅有害實體，意識形態的正當性消除了對殺戮的心理和道德約束，包括：只要目的正當，便可不擇手段；有時為了挽救生命必須截肢；少數群體不配活下去。

儘管我們對於殺人有一種與生俱來的反射性恐懼，但人確實會變得麻木，也會因為殺人行為而得到所屬群體的獎勵。被汙名化的少數群體最後會淪落到行刑隊槍口下、致命的毒氣室或勞改營中。尤其是在戰時會利用高效官僚機構和武裝部隊來促進這種殺戮。

這整個程序可以套用在土耳其、納粹占領的歐洲、德國、蘇聯、柬埔寨、波士尼亞、中南半島和盧安達的意識形態或政治大屠殺。[3]土耳其人將亞美尼亞人視為叛徒並消滅他們（一九一五～一八年）。史達林將任何政治反對派視為與帝國主義列強結盟的反革命分子，並在一九三二至三三年間將他們餓死或直接殺死。希特勒利用反猶太主義獲得權力，大戰期間由於沒有地方流放猶太人，乾脆直接將他們殺死（一九四二～四五年）。

印尼政府指控華人與共產黨勾結，並在一九六六年屠殺數十萬人。一九七五和七六年，波布的紅色高棉（Khmer Rouge）指控柬埔寨的專業人士和知識精英是剝削農民者和美國武裝部隊的工具，並強迫他們進入農場勞改，最後導致大多數人死亡。

超乎常理的種族滅絕——為實現政治目標而對某些族群發動戰爭，例如清除某個區域的原住

3 如第十一章所述，在許多戰爭中都有類似情況。

民，為移民騰出空間[4]——是基於對國內被汙名化的群體之仇恨意識形態；土耳其、德國、俄羅斯和柬埔寨消滅弱勢群體，就是這種大屠殺的例證。[5]在土耳其、德國、蘇聯和柬埔寨，當權者進一步加劇優勢群體（圖蘭人〔Turanese〕、人民〔Volk〕、工人、農民）反對弱勢群體（亞美尼亞人、猶太人、富農〔Kulak〕、中產階級）。他們發起並操縱對於被汙名化群體的偏見，指責他們剝削優勢群體。當權者將少數群體指為**敵人**，提高理想群體的集體自尊。接下來，他們針對被鄙視群體所謂的虐待行為，以暴力行動滿足了報復的渴望。

據說土耳其人受到亞美尼亞少數民族可能「背叛」的威脅，於一九一五年以國家安全為由，展開計畫性滅絕行動。希特勒、史達林和波布不需要詳細且積極計畫來鞏固權力，僅僅透過描繪**敵人**的邪惡形象就夠了，每個人的手段都高度相似，**敵人**不外乎頹廢、腐敗、陰謀、剝削。德國猶太人被指控與外國勢力勾結，比如蘇聯、法國、英國、美國。在蘇聯，反對派被譴責為西方帝國主義的工具。柬埔寨的知識分子和中產階級被描繪成越南人和美國人的代理人。

在所有情況下，「天選之人」都受到熱烈讚揚，包括蘇聯的工人、德國的人民、柬埔寨的農民。他們被描繪成高貴、純潔及有德行。在這些國家，攻擊被汙名化群體比推動積極政治議程更具吸引力。對民眾來說，指責和攻擊外來群體，比理解複雜經濟和政治問題與艱深政治和經濟計畫更容易。階級鬥爭比階級和諧更有吸引力、更容易實現。比起找出真正解決方案，他們更熱中於肅清頑抗的農民、知識分子或少數民族。

南斯拉夫政府解體為塞爾維亞民族主義者和保守共產黨提供了擴展塞爾維亞領土的動力。塞爾維亞政府隨後捏造前幾代穆斯林不公正的記憶，彷彿現在的波士尼亞人是其祖先化身，因此應該受到懲罰。印尼政府面臨許多政治和經濟問題，於是認定華人是意欲推翻政府的共產革命分子，必須將其徹底滅絕。最後一個由國家支持的大屠殺案例是盧安達，政治精英嘗試將圖西人指為**敵人**，並煽動胡圖人消滅他們來鞏固其權力。

種族滅絕的必要條件是政府掌握了警察和軍隊的控制權。在戰爭緊急情況下全面動員資源，加上有明確的外部敵人，此時更容易執行種族滅絕手段。二戰期間，德國要消滅猶太人可以說輕而易舉，而越戰期間波布政權在柬埔寨的殺戮也是如此。

因果和陰謀

將不幸事件歸咎於外人，這種傾向源於古老的因果觀念，古人將洪水、乾旱、飢荒和傳染病等自然災害歸咎於超自然力量的惡意干預。早期的迷信觀念中充滿憤怒神靈、奸詐惡魔和邪靈，黑暗與光明互相爭鬥的預言被融入宗教信仰。最終，這些傳說中的壞分子影響人的行為，或假扮

4 為實現政治目標而對某些族群發動戰爭，例如清除某個區域的原住民，為移民騰出空間，除了超乎常理的種族滅絕，還有一種屬於權宜之計的種族滅絕（例如，一九〇四年德國清除烏干達的赫雷羅族〔Hereros〕）。

5 Du Preez, *Genocide.*

成人類，密謀摧毀最神聖的事物。

某些群體很容易被指為獲取邪惡祕密力量的人。例如，猶太人和一些異端分子被視為試圖推翻基督教世界的撒旦代表。還有一種普遍的觀念也類似這個想法，亦即猶太人是撒旦的代理人，專門在世間散播疾病和災難。

邪惡群體對無辜鄰居有不良企圖，這類信念往往被加工成上述的陰謀論。通常，優勢群體成員認為，被汙名化的少數群體一直在密謀陷害和控制他們。在現代，所謂的猶太人和亞美尼亞人的陰謀，成了優勢群體迫害他們的正當理由。

將可疑少數群體所有成員視為一丘之貉（**以偏概全**），可能會衍生出陰謀論。少數群體的某些成員因經濟或政治成功而出名，被懷疑與同胞合謀，為了促進自身利益而犧牲毫無戒心的大多數人。他們的成功削弱大眾的自尊心，大眾往往做出以下結論：少數群體以可疑手段和計畫獲取不正當利益。坊間開始盛傳成功的少數群體剝削多數大眾，據推測其成員正在暗中合作推行祕密計畫，以篡奪經濟和政治權力。

個人往往會提防受其他群體成員或外人欺騙，敏感心態使得他傾向於懷疑他們有陰謀而自己會受到潛在影響。這種敏感心態的另一面是人普遍傾向於欺騙他人，開玩笑、假裝或虛張聲勢算是當中比較良性的行為，更嚴重的則包括欺騙、撒謊和圖謀不軌。

由於少數群體成員已經被貼上壞又強大的標籤，可以為不幸的政治或經濟事件提供方便解釋。優勢群體沒有將經濟和政治失敗視為體制無能，而是歸咎於目標群體的破壞。隨著少數人的形象被扭曲，統治群體接管少數群體，將他們變成國家的人質。

當然，在妄想症患者中也會發現惡意群體試圖控制人心的想法。儘管我們不能將政治團體的敵對言論與精神病患的病態想像劃上等號，但它們的相似性表明，人類傾向於看到陰謀模式和詭計，即使它們根本不存在。此類觀察構成政治團體或國家「偏執型」概念[6]（或稱偏執視角）的基礎。

顯然，指控弱勢群體成員行使惡意行為，不會直接導致大屠殺。人不會參與有組織的殺戮，無論衝動多麼強烈，除非他們當下認為這樣做是正當的。通常，殺人行為受到下列因素控制：道德規範、對受害者的同情，以及對懲罰的恐懼。

研究街頭幫派的信念體系，可以釐清道德嚇阻為何對某些殺戮不管用。班杜拉等人對少年犯和恐怖分子的「脫離道德」進行廣泛研究，發現這個情況部分取決於犯罪者將破壞行為視為正當並將受害者視為歹徒的能力。[7]因此，他們將個人責任轉移到群體或領導者身上，藉以減輕自己的責任。最後，他們將受害者描繪為非人般的存在，消除可能感受到的任何同情心。同樣地，在恐怖主義和迫害行為中，意識形態主導、正當化、責任轉嫁和非人化受害者等等，表明一個人可以暫停或重新解釋道德準則，無論國家是否下令或禁止他從事那些行為。

---

6 R. Hofstadter, *The Paranoid Style in American Politics and Other Essays* (New York: Vintage Books, 1967).

7 A. Bandura, B. Underwood, and M. E. Fromson, "Disinhibition of Aggression Through Diffusion of Responsibility and Dehumanization of Victims," *Journal of Research in Personality* 9 (1975): 253-69.

大屠殺

大屠殺是最廣泛分析的超乎常理（或可稱意識形態）的種族滅絕。儘管這種災難的許多層面各不相同，但行凶者、旁觀者和領導者的心態大體上可以闡明大屠殺的基本特質。許多作者將大屠殺描述為「終極邪惡」，並思考什麼樣的人會投入這種危害人類的罪行。[8]用「邪惡」來解釋納粹及其擁護者的行為，對進一步理解其思想和行為沒有多大幫助。在行凶者和被動參與者的心目中，猶太人是邪惡的存在，必須消滅。

工作人員將受害者從家裡押去毒氣室時，並不認為自己是邪惡的，反而覺得自己在做正確的事。圍捕猶太人的警察、載運他們的火車司機，以及將他們趕進集中營的警衛，全都秉持著自以為是的正義。猶太人被視為道德敗壞、渴望統治世界並汙染文化。行凶者認為猶太人的「邪惡本性」無處不在，為保護自己和文明，有必要消滅所有猶太人，包括男人、女人和孩子。他們相信這個惡魔種族哪怕只有一位成員倖存，都會帶來危險。[9]

他們內心充滿**敵人**的形象，足以產生強大力量，促使他們屠殺別人，無論這樣做是否體驗得到虐待狂的快感。由於非理性假設威力十足，即使是妄想也可以遵循邏輯、理性的方式發展為破壞性行為。種族滅絕意識形態在德國受到肯定，因為它得到科學家、學者和專業人士認可。課堂上傳授種族滅絕意識形態，並由國家領導人帶頭宣傳。

惡魔形象的形成

可以從猶太人形象轉變和德國人的民族自我形象角度來分析反猶太主義的發展及演變為種族滅絕的歷程。猶太人邪惡形象的歷史背景可以追溯到早期基督教的教義，對於猶太人弒神（殺死基督）的咒罵一直持續到現在。在中世紀，猶太人被指控在水井中下毒，也有人聲稱他們舉行祭祀時獻祭基督徒兒童。在歐洲的宗教性戲劇、民謠和民間故事中，猶太人被描繪成惡人。由於馬丁．路德的教導影響深遠，猶太人的邪惡形象被編進德國民間傳說中。在最早的十字軍東征中，猶太人是最先被屠殺的族群，後來他們遭受西班牙、法國和英國的宗教審判與驅逐，再到馬丁．路德加以譴責，使得猶太人一再被描繪為凶手，敵人不得不先下手為強。

啟蒙運動和拿破崙時代強調人權，對猶太人的命運產生矛盾影響。拿破崙將猶太人從社會和經濟禁錮中解放出來，最終導致俾斯麥授予基本平等權利，使得猶太人積極參與德國和奧地利世俗生活的大多數層面，但仍被禁止加入公家機關、司法體系和武裝部隊軍官團。不久後，猶太人在商業、政治和新聞界的表現變得引人注目。

---

8 H. Arendt, *Eichmann in Jerusalem: A Report on the Banality of Evil* (New York: Viking Press, 1963); F. Alford, "The Political Psychology of Evil," *Political Psychology* 18, no. 1 (1997): 1-17.

9 D. Goldhagen, *Hitler's Willing Executioners: Ordinary Germans and the Holocaust* (New York: Alfred A. Knopf, 1996); J. Weiss, *Ideology of Death: Why the Holocaust Happened in Germany* (Chicago: I. R. Dee, 1996); G. Fleming, *Hitler and the Final Solution* (1984; reprint, Berkeley: University of California Press, 1994).

然而，猶太人的形象並沒有隨著社會、政治和經濟地位提升而改善。對德國某些地區來說，猶太人具數百年歷史的邪惡形象仍然是一種長期性刺激。在其他地方，它以一種潛在形式持續存在，直到被納粹完全激發。在古老故事中，猶太人密謀統治和顛覆基督教鄰居，如今他們的成功使得這個故事有了全新版本。在費希特、黑格爾和康德等哲學家的著作中，都有對於猶太人工於心計、貪婪和唯物主義的恐懼。儘管啟蒙運動帶來改變，但德國人民的心態就算不是非常守舊，基本上依然偏於保守，他們認為猶太人的進步侵犯和威脅德國體制。

對於猶太人突然崛起的反應，以及感覺到基本價值觀遭受威脅，爆發了反猶太主義。十九世紀下半葉，由德國保守派和奧地利神職人員領導的群眾政治運動，源於他們深恐社會、經濟和政治變革正在威脅既有秩序。猶太人不但積極參與自由化運動，也代表了迅速發展的資本主義，因而被認為威脅既有秩序。新出現的反猶太主義具政治意義，與宗教意義已經無關，卻添加了「猶太人是基督殺手和魔鬼代理人」的宗教傳說。反猶太人主張繼續在教會、學校、家庭以及耶穌受難的戲劇中傳播，直至希特勒時代。然而，這種政治意識形態破壞了傳統觀念，也就是猶太人必須生存下去，以便繼續「見證」基督的國度在地上建立。

猶太人對社會構成危害，這個概念的象徵是一份偽造卻廣為全民接受的文件，亦即《錫安長老會紀要》（*The Protocols of the Learned Elders of Zion*）。[10] 猶太組織陰謀控制世界的傳說可以追溯到一八〇六年，拿破崙召集一個無害顧問團，由知名法籍猶太人（主要是學者和拉比）組成。拿破崙以古代以色列高等法院為依據，將這個組織命名為「大公會」（great Sanhedrin）。這次召集引發民間揣測，人民開始認為，自古以來存在著這樣一個祕密的猶太長老團體，他們將在拿破崙的支持及共濟會的聯盟下致力於推翻基督教會。

一八六八年，在德國出版的一本小說中，猶太人陰謀接管世界的主題再次浮上檯面，以色列十二個部族的代表在小說中開會討論統治歐洲的策略。到了一八七二年，虛構的情節被編成小冊子，在聖彼得堡流傳，暗示這個故事具有事實基礎。這個傳說後來的版本被融入更誇大的偽造文件，也就是《錫安長老會紀要》。這本小說的出版是德國宣傳浪潮先驅。從一八八〇年代起，德國成為反猶太主義宣傳單的主要生產者，該國政黨的反猶太主義宣言加劇了人民對於猶太人的恐懼和仇恨，他們愈來愈覺得道德和健康會受到危害，於是非消滅敵人不可的想法逐漸形成。戈德哈根[11]將其描述為「消滅主義的意識形態」，韋斯（John Weiss）則將其描述為「死亡意識形態」，消滅猶太人的命令在希特勒之前幾十年便已發布。[12]教育體系、政治和經濟結構等聲稱猶太人相當腐敗，並宣傳他們陰謀掌管世界的迷思。據說由猶太人釋放的惡魔雙胞胎——布爾什維克主義

---

10 N. Cohn, *Warrant for Genocide: The Myth of the Jewish World-Conspiracy and the Protocols of the Elders of Zion* (Chicago: Scholars Press, 1980).

11 譯注：全名丹尼爾・戈德哈根（Daniel Goldhagen，一九五九～），美國作家，曾任教於哈佛大學，兩本探討大屠殺的著作——《樂於為希特勒效勞的劊子手》（*Hitler's Willing Executioners*）與《清算道德》（*A Moral Reckoning*）——引發廣泛爭議及國際關注。

12 Goldhagen, *Hitler's Willing Executioners*; Weiss, *Ideology of Death.*

（bolshevism）和資本主義，將導致德國文明徹底滅亡。

德國人民緬懷中世紀榮光，無法忘懷那些榮耀而神話般的經歷和傳奇英雄。他們認為自己一直在奮力對抗意圖征服或消滅德國、瓦解德國精神的敵人，因而造就了後來的觀點。德國不乏被入侵的歷史，加上慘痛的三十年戰爭和一戰的殘餘記憶，助長了他們形成和保持偏執的觀點。他們在一戰後被敵人包圍、被背叛打敗、被凡爾賽無情的和平條約羞辱，成了被迫害的人民，這種灰頭土臉的自我形象與昔日強大、美麗和純潔的理想化形象形成鮮明對比。

儘管惡意不斷發酵，猶太人在較為寬容的德國人中仍稍微獲得社會認可。許多人認為猶太人正在提升德國的文化、科學和醫學，這是一種由更寬大的政黨推動的仁慈信念，吸引了眾多猶太人。但這些政黨也因為提倡猶太人的平等權利而受到反對者抨擊。

人在情緒低落期間自然更容易受到陰謀論影響。對於猶太人的奸詐幻想原本潛藏在德國社會，一戰後便浮上檯面。在領導人和媒體的引導與強化下，這種信念在人民的對話中反覆出現，導致古老的反猶太主義愈演愈烈。猶太人的邪惡形象成為德國人訊息傳播的重要元素，為不利情況提供簡單、可接受的解釋。不利事件被認為是猶太人圖謀不軌的結果，英國或法國的不友好外交行動被視為猶太政客在背後搞鬼，經濟危機則是猶太銀行家的操弄，而蘇聯的抱怨則是被猶太布爾什維克激發。

德國人將不幸事件歸咎於猶太人圖謀不軌，為受屈辱的德國挽回面子找到滿意的說詞。猶太人被指控於戰爭期間在大後方破壞德國（「背後捅刀子」），與盟軍密謀，還拖垮了戰後經濟。

最重要的是，猶太人造成共產黨崛起和威瑪共和政權[13]積弱不振。共產黨出現和巴伐利亞短暫革命造成的紅色恐慌，進一步凸顯猶太人的危險形象，德國人民普遍認為他們危害了基本制度和價值觀。[14]

隨著納粹時代到來，德國開始從政策面扭曲猶太人，使得他們的負面形象更為惡化。一九三〇年代，德國中小學種族衛生和生物學課程試圖透過科學方法，證明猶太人和其他邊緣群體的缺陷。教科書把猶太人描繪成帶病的群體；納粹海報將猶太人與斑疹傷寒、疾病和死亡劃上等號。這種疾病成見可以追溯到中世紀，當時人們認為猶太人是黑死病的媒介。嚙齒動物、蛇和細菌的比喻被納粹具體化為令人厭惡、患病的猶太人形象。

羅伯特・傑伊・利夫頓[15]描述「疾病和純潔的形象」以及猶太人被想像為威脅德國文化的「致命毒藥」。[16]把猶太人描繪成受感染又有毒，不僅否認他們的人性，也強化消除他們的必要性。詹

---

13 譯注：Weimar Republic，指一九一八至一九三三年德國的共和憲政體制。

14 一戰後，以猶太革命人士羅莎・盧森堡（Rosa Luxemburg）為首的共產主義團體威脅要接管柏林政府，以及擁有大量猶太人的共產主義革命團體據說將接管巴伐利亞政府，使得德國人愈發恐懼。民間盛傳猶太人在許多城市的左翼政府中扮演重要角色，使得猶太人統治德國的惡兆變得更加真實。最後一個影響深遠的事件則是猶太人貝拉・昆恩（Bela Kun）領導的匈牙利革命。Weiss, *Ideology of Death*。

15 譯注：Robert Jay Lifton（一九二六～），美國心理學家及作家，其研究與著作主要針對戰爭、政治暴力和極權主義的心理原因與思想改造。

16 R. J. Lifton, *The Nazi Doctors: Medical Killing and the Psychology of Genocide* (New York: Basic Books, 1986), p. 16.

姆斯・格拉斯（James Glass）提出，在德國人心中，這種病態形象就算沒有造成妄想，也會產生恐懼反應。[17]這種對猶太人的描繪最終導致絕對邪惡的形象，解決方案必然是絕對的，也就是徹底消滅。正如希姆萊所說：「要消滅細菌，我們可不想到最後被細菌感染而死。」[18]

●塑造惡魔形象

被汙名化的群體其致命形象通常是在行凶者意識形態和國家自我形象的背景下產生的。學說、傳說和記憶與過去的不公正和現在的敵人交織在一起，通常會將內部和外部對手都一起納入。在現代，德國的民族主義意識形態已經演變為種族純正、具有權力和優越感的集體自我形象，以及將有能力的他人視為圖謀不軌。根據納粹的宣傳，雅利安「種族」將德國社會中的「外國人」視為必須燒掉的腐爛物。納粹意識形態明確認為猶太人、吉普賽人、同性戀者和精神異常者腐化了雅利安種族。猶太人被認為是特殊威脅，因為他們可能已經打造資本主義的武器，從上層壓榨國家，並且發動布爾什維克主義，從下層破壞國家。這時的德國人自我形象受損，使得他們決心要奪回失去的天堂。這就需要對內除敵，對外攻敵；一種廣泛的意識形態與遭到其他勢力背叛的恐懼緊密相連。

德國人在談話、演講、著作等社會環境中接觸到反猶太言論。他們在家中被灌輸反猶太觀念後，學校和教會進一步強化及渲染。教授也不遺餘力對大學生宣講，就算沒提及納粹，也都在提倡民族主義哲學。令人驚訝的是，這些教授很多都是納粹成員，他們擁護社會達爾文主義，種族至上觀念已達到極端扭曲的地步。這種論調在知識界風靡一時，他們的扭曲概念以「適者生存」為理論基礎，宣稱雅利安血統的優越性。遭到汙名化的除了猶太人還有斯拉夫語系的「蒙古部落」，他們也被禁止與德國人通婚。[19]種族至上主義賦予統治世界的正當理由（他們也把統治世界的幻想投射到猶太人身上），納粹透過恢復千年帝國（Thousand Year Reich）統治世界的理想化形象而獲取民眾支持。

猶太人的負面形象主要有兩個。隨著他們逐漸進入德國社會大部分領域，德國人愈來愈擔心他們會「接管」商業、專業領域和藝術。這種恐懼導致人民指責他們野心勃勃，就算目標不是全世界，至少是整個德國。在這個形象中，猶太人被視為超乎常人以及惡魔般的存在。在另一個相反的形象中，猶太人被視為低等人類，源自猶太人正在汙染德國人純正血統的觀念。據推測，透過同化和通婚，猶太人將劣等血統與基督徒血統混合。在漫畫和口頭描述中，猶太人都被描繪成怪物、老鼠或害蟲。[20]

過去的罪行、現在的錯誤和未來的災難所組成的傳說，令德國人感到焦慮和仇恨。那些指控被解釋為猶太人善於欺騙和掩蓋不法行為的證據，但根本站不住腳。歸咎於猶太人的事件愈令人痛心，其形象就愈邪惡。

---

17 J. Glass, "Against the Indifference Hypothesis: The Holocaust and the Enthusiasts for Murder," *Political Psychology* 18, no. 1 (1997): 142.

18 D. LaCapra, *Representing the Holocaust: History, Theory, Trauma* (Ithaca, N.Y.: Cornell University Press, 1994), p. 109.

19 D. Chirot, *Modern Tyrants: The Power and Prevalence of Evil in Our Age* (New York: Free Press, 1994).

20 S. Keen, *Faces of the Enemy: Reflections of the Hostile Imagination* (San Francisco: Harper & Row, 1986).

反猶太主義並不是一成不變。除了觀念的極端和有害程度經常變化，日子一久，強度也不一樣。在繁榮時期，普魯士地主可能會認為猶太人是一種威脅，但不會把他們放在眼裡。然而，在戰爭時期，軍事失敗和深恐遭到背叛會促使德國人做出猶太人是叛徒的結論。

德國人這種破壞性心態似乎受到人性和道德意識所抑制，但隨著納粹宣傳加劇了對猶太人的敵意，矛盾心理的負面變得更強烈，而保護性的人文主義層面則減弱。政府的反猶太口號加上新聞和海報宣傳，不斷引發負面信念。當某些全國性不幸事件可以歸咎於猶太人時，就會加深敵對態度。

猶太人在蘇聯政府中的突出地位使得他們與布爾什維克主義劃上等號。納粹宣傳引起的恐懼有助於將猶太人定型為敵人——即使大多數德國猶太人不是共產黨員——這些宣傳不僅鞏固猶太人的可恨形象，也提供消滅他們的補救措施。

起初，只有少數德國人堅持消滅猶太人，但隨著猶太人遭狂熱分子扭曲的形象進入非納粹的信念體系，對猶太人的恐懼奠定了種族滅絕的基調。一系列事件加劇扭曲引起的恐懼，就像有人在戲院裡大喊「失火了！」恐慌隨即蔓延開來，德國人對猶太人的仇恨也是如此。

●行凶者的心態

父親和孩子玩耍與集中營守衛冷靜射殺弱勢囚犯，這兩種畫面似乎不協調，也會令人起疑：一個人怎麼能夠既是無情殺手又是善良父母？還有更矛盾的兩種畫面：一個是醫生救治病人，另一個是醫生決定誰該存活、誰該被送進毒氣室。

精神病學家和作家羅伯特・傑伊・利夫頓對納粹醫生的描述，揭示了行凶者的心態。他研究五名納粹醫生，結論是由於區隔化（compartmentalization）的心理過程，雙重角色有可能存在。警衛和醫生可以在不同角色中扮演不同自我，利夫頓將這種現象稱為「雙重化」。明顯矛盾的行為有一個共同主題：他們做得很好，是有價值的社會成員。[21]

納粹醫生堅信並致力於生物醫學模式，它結合了科學的確定性與醫學的人性。這些醫生對生物醫學的應用被融入納粹種族理論中：人民是神聖的生命統一體，容易受到外人血液汙染。一位奧斯維辛集中營的醫生為自己的行為開脫，他辯稱滅絕猶太人是在實踐希波克拉底誓詞[22]，他說：「當然，我是致力於保全生命的醫生。出於尊重人類生命，我會切除病患身上腐爛的闌尾，而猶太人就是人類身體中腐爛的闌尾。」不同角色的共同主題是他為人類服務的信念。殺戮模式中融入生物醫學模式：「一種對集體疾病的覺察、對治癒的願景、一組對於發現及應用該療法的動機。」[23]納粹醫生根據情況，從治療模式切換到殺戮模式，從而將人格劃分出不同「隔間」。當醫生走進診間，治療模式及其信念、動機和程序便被啟動，而當他進入死亡集中營，則啟動了殺戮模式。

目前對行凶者人格的主流看法源於漢娜・鄂蘭的「平庸的邪惡」（the banality of evil）概念。

---

21 Lifton, *The Nazi Doctors*.
22 譯注：俗稱醫師誓詞，希波克拉底被譽為西方醫學之父，學生考取醫師資格或醫師就職時，通常會當眾宣誓。
23 Lifton, *The Nazi Doctors*, p. 16。

鄂蘭以阿道夫·艾克曼做為政治凶手的原型，認為參與種族滅絕過程的官員和專家都是普通人，是時代的產物。被推上這個位子的人都可能以相同模式服從命令。[24]然而，即使殺死猶太人（即消滅邪惡）的心理要求被激發，又怎麼能凌駕於一般道德約束、良心提醒，以及對無辜無助者的同情？

雖然這個問題可能永遠無法完全回答，但很明顯，許多因素促進他們實施殺人計畫。德國在一戰中戰敗、戰後該國和其他地方發生共產主義革命，以及後續的經濟大蕭條，這些災難的罪魁禍首都指向猶太人，導致德國人強烈的報復欲望。猶太人與外國人共謀腐化德國社會，這個普及的刻板印象為納粹宣傳大開方便之門。只要消滅猶太人，納粹可以凝聚並展現力量。二戰中生死攸關的局勢，為種族滅絕提供正當理由。[25]

當我們試圖了解行凶者的心態，要特別強調一點：並非所有德國人或奧地利人都對猶太人有刻板印象，或者對於解決「猶太人問題」有相同計畫。[26]儘管人們覺得將德國人（或者美國人、英國人）全部混為一談很方便，彷彿每個國家的民眾都有一套共同信念。然而，即使在獨裁統治下，大眾的觀點也往往存在極大差異。在希特勒之前的德國，輿論從民族主義右派的極端反猶太到自由左派的愛猶主義（philo-Semitism），可謂應有盡有。

公眾心態的統計數據分布可以用知名鐘形曲線的相似圖形來表示。主流意見由曲線中心和峰值附近的最高密度表示，意見的分布向兩端（或稱「尾巴」）傾斜，代表不太受歡迎的觀點，一端可能是狂熱的殺人，另一端則較為溫和或仁慈。儘管沒有二戰期間德奧對猶太人看法的分布統計資料，但公眾輿論似乎發生相當大的轉變，朝著更負面的方向發展。從很大一部分德國人積極參與種族滅絕活動來看，可以推斷出反猶太信念變得更加極端和強烈。儘管如此，從至少有五萬名救援人員參與的事實可以明顯看出，很多德國人不是不支持，就是強烈反對種族滅絕政策。[27]

---

24 Arendt, *Eichmann in Jerusalem*.

25 這個論點是「情境主義」（situationism）社會心理學的一種表達，由耶魯大學心理學家史丹利・米爾格蘭設計的「服從實驗」給予明確支持。在這些研究中，大多數志願者遵照指示，對實驗對象施加愈來愈痛苦的（實際上是假的）電擊。儘管實驗情況和種族滅絕的實際背景存在重大差異，但學者從中推斷出明確訊息：任何人都可能在權威人物的誘使下做出不人道行為，哪怕是善良的美國人也不例外。最近許多科學家對這些實驗方法進行評估，並質疑其有效性。例如，研究表明，實驗對象不會被實驗的虛假性質所欺騙，即使他們後來聲稱自己上了當。他們對於實驗目標的真正了解，往往比實驗者查明的還要「明智」。K. M. Taylor and J. A. Shepperd, "Probing Suspicion Among Participants in Deception Research," *American Psychologist* 51, no. 8 (1996): 886-87。

26 Goldhagen, *Hitler's Willing Executioners*; C. Browning, The Path to Genocide (Cambridge: Cambridge University Press, 1992), p. 142.

在反駁情境主義論點時，丹尼爾・戈德哈根提供一個認知解釋。沒錯，行凶者確實是一般德國人，但他們這麼做不一定是出於服從命令，而是這些命令符合其種族滅絕意識形態。他們相信消滅邪惡猶太人是正確的做法。大屠殺的機制是由存在幾十年的消滅主義意識形態所推動，並被塑造成殺人命令。行凶者的認知被其意識形態滲透並融合，所作所為是他們所見的合理結果。如果他們看到邪惡，那麼非消除它不可。Goldhagen, *Hitler's Willing Executioners*.

27 中階主管、官員和基層工作人員並非全都憎恨猶太人，也不會親手推動種族滅絕。他們似乎在執行任務時維持低階思考模式，而沒有審視它對全國人民的後果。正如布朗寧所說，他們等待決策者的信號來分配行動：「他們對這些信號全盤接受，並且迅速配合新政策，使得對於猶太人的『最終解決方案』能夠在幾乎沒有內部摩擦及正式協調下就浮上檯面。」Browning, *The Path to Genocide*, p. 143。

◎元首的形象

不管是憤憤不平的多數人或陷入困境的少數人，其領導者通常具有超凡魅力，可以透過言語甚至單憑存在就能激勵和塑造擁護者。擁護者不僅認為自身所屬的群體優於其他群體，也認為領導者至高無上。這些理想化形象提升他們的個人自尊和權力感。國家或領導人的光榮形象——群體受到威脅或攻擊時尤為強烈——往往會導致擁護者做出其他時候無法想像的事。

早在希特勒現身於政治舞臺之前，德國便已塑造救國英雄的概念。人民元首的願景早在十九世紀就已問世，日耳曼領袖的神話形象體現在對民族的崇拜中。民間思想的浪漫色彩圍繞著勇敢、勝利和英雄主義而展開，在十九世紀早期的勝利慶祝活動中表達出來。充滿著火與光的節日伴隨著日耳曼異教徒和基督教的象徵意義與儀式，幻想中的領袖就是這種神話象徵的表達。未來的領導者亦即「持有神力和恩典的人」，將是強悍、直率和無情的。[28]

這個英雄形象已經形成，準備投射到一個人身上，此人的信念與產生英雄形象的意識形態相稱。雖然希特勒最初只被一小群忠實擁護者接受，但逐漸受到全國認同。他的超凡魅力和簡單計畫代表他是強悍人物，有能力帶領國家走向它所期望的偉大，粉碎內外敵人並擴張德意志帝國。為了讓希特勒的英雄形象發揚光大，需要提供持續的諂媚。戈培爾[29]是提供適當宣傳的天才，負責提升希特勒的美好形象。納粹上臺後，他們一手掌控媒體，確保民眾接觸到的全是符合希特勒英雄形象的諂媚文宣。

正如斯特恩[30]所說，希特勒的演講涉及「層層疊疊的謾罵，他提到的全盤指控、不公正陳述、威脅、真實和想像的恐懼等等，都被他定調為攻擊德意志元首，也就形同攻擊該民族每個成員。」[31]希特勒的論證方式都有遵循合乎邏輯的過程，激發並強化擁護者的偏執觀點。他的演講通常持續幾個小時，首先利用德國人對猶太人、共產黨和其他不友好國家的恐懼。這一連串錯誤不僅要喚起人們對過去屈辱的痛苦記憶，還要引發他們對未來遭受虐待的恐懼。他利用過去的迫害故事和敵人的惡魔形象激怒聽眾後，接下來提供解決方案來賦予他們權力，所謂的方案就是鼓動人民報復這些可惡的傢伙。德國人從無辜受害者轉變為復仇者，這種形象轉換讓擁護者覺得自己無所不能，因而感到欣喜若狂。他們會找回民族自豪和榮光，敵人也將被消滅。就這樣，他成功將戈德哈根所描述的「消滅主義」推銷出去。[32]

希特勒將所有複雜問題化為幾個簡單公式，除了謾罵，幾乎沒有為聽眾提供任何真實訊息。他為他的指控提供最低限度的理由，也沒有解釋陰謀破壞德國文化的猶太人，為什麼既是布爾什維克

---

28 I. Kershaw, The *"Hitler Myth": Image and Reality in the Third Reich* (Oxford: Clarendon Press, 1987).

29 譯注：全名保羅・約瑟夫・戈培爾（Paul Joseph Goebbels，一八九七～一九四五），擔任納粹德國時期的國民教育與宣傳部部長，非常善於演講，在希特勒自殺後接任總理，但才上任一天便自殺身亡。

30 譯注：全名喬瑟夫・彼得・馬利亞・斯特恩（Joseph Peter Maria Stern，一九二〇～一九九一），猶太裔德國人，以研究希特勒聞名於世，曾出版近二十本著作。

31 J. P. Stern, *Hitler: The Führer and the People* (London: Fontana, 1975), p. 36.

32 Goldhagen, *Hitler's Willing Executioners*.

共產黨又是資本家，兩種相互矛盾的身分。此外，他沒有說明極少數人如何掌握如此巨大的權力。他僅僅以話術產生影響，贏得人民敬畏，塑造他們的思想以符合他的要求。他有一種不可思議的天賦，可以解讀各種聽眾的思路，並根據他們的特定觀點和偏見來調整訊息內容。他的「催眠」功力顯然源於他在聽眾心目中編織強大的救國幻想和恢復榮耀的美夢，他成為人民嚮往的德國之化身。

希特勒早期的國際和國內勝利奠定了「民族優越」的國家形象。這些事件也強化猶太人被鄙視的形象，他們被汙名化為腐敗的群體，在政治上顛覆或毒害純雅利安人。這種對立似乎是國家領導人及其擁護者展現自己的一貫方式：他們的光榮形象多麼純潔，相較之下，對立者的形象多麼邪惡。希特勒在媒體公開露面並宣傳，代表人民珍視的理想。根據克肖（Kershaw）的說法，他展示權威、權力和果斷的形象，這些特質證明他有能力帶領人民實現目標。[33]他也被視為理性、溫和、善良、真誠、甚至聖潔，這些特質有助於塑造人民對他的信任。德國人將他視為道德和種族純淨的捍衛者，認為他對他們的目標有強烈的奉獻精神。

希特勒的形象明顯比他宣揚的意識形態更有助於凝聚人心。[34]不過，顯然兩者都很重要。他包裝的意識形態鼓舞人心，演講內容與人民的目標、幻想和偏見互相協調。戰爭初期，不流血的征服和輕鬆獲勝，使他在外交關係中獲得非凡成功，也鞏固了個人形象。他普遍被德國人視為卓越的政治家和傑出的軍事指揮官。他的個人特質、話術和計畫帶來重大影響，使得人民感到更為強大。此外，他成功打造抵禦布爾什維克危險分子的堡壘，並首先創造猶太人很危險的形象，然後將他們消滅。

希特勒對於消滅猶太人顯然非常執著。[35]在他自殺前的最後遺囑中，他呼籲——並預測——猶太人遲早要滅亡，並重申他的主張：這場戰爭是猶太人引起的。[36]這種執著近似於強迫症患者的執念，他認為手或身體上有致命細菌，必須不斷洗手以確保清除所有微生物。即使只有一個細菌存活下來，它也可能繁殖並摧毀宿主。以此類推，猶太人必須被**徹底**消滅。

希特勒在最後遺囑中對猶太人的強烈和極端看法近乎妄想。[37]事實上，有一些證據表明，希特勒在最後一兩年裡變得愈來愈不正常。然而，將納粹的種族滅絕心態歸咎於精神疾病是錯誤的。事實上，艾瑞克・齊爾默（Eric Zillmer）和合著者所做的心理紀錄研究，無法將紐倫堡被告的暴力行為歸咎於嚴重的心理變態。他們也沒有發現一致的人格特質。[38]布朗寧和戈德哈根也發現，積極

---

33 Kershaw, *The "Hitler Myth"*.

34 同上。

35 若要解釋希特勒為什麼如此痛恨猶太人，這是一個艱鉅的挑戰，也許不可能辦到。奧地利村莊多勒斯海姆（Dollersheim）是希特勒「祖籍」所在地，這個地區以及可能可以解釋緣由的文件都已在二戰期間被摧毀。羅恩・羅森鮑姆（Ron Rosenbaum）在《解釋希特勒》（*Explaining Hitler*，紐約：蘭登書屋，一九九八年）中巧妙地總結關於其人格起源的各種猜測。無論原因是什麼，希特勒對猶太人的仇恨以及謀殺他們的責任，其證據似乎不言而喻。

36 一九四五年四月二十九日，希特勒開槍自殺前一天，在官方遺囑中的最後聲明寫道：「最重要的是，我要求國家領導人及其擁護者嚴格遵守種族律法，並堅決抵抗毒害人民的全球猶太人。」Fleming, *Hitler and the Final Solution*, p. 188。

37 同上。

38 E. A. Zillmer, M. Harrower, B. A. Ritzier, and R. P. Archer, "The Quest for the Nazi Personality," *Psychological Record* 46, no. 2 (1996): 399-402.

殺害猶太人的行凶者沒有特別的異常之處。39

希特勒在演講和媒體宣傳中表達的意識形態與其他暴君表達的意識形態相似。例如，史達林向資本主義宣戰——更具體地說是向資產階級宣戰——同時頌揚無產階級的卓越美德。他還能夠將反對他本人或其計畫的反對派指為初期的反革命。在二戰前，他無情地消滅農場主人、烏克蘭農民、黨內知識分子和軍官。同樣地，中國的毛澤東和柬埔寨的波布將農民神化，迫害知識分子、專業人士和城市居民。

●進展到大屠殺

信念的激進化和被汙名化群體的惡毒形象，再加上消除該群體的願望，都不足以動員行刑隊朝別人開槍，或者訓練某些人將他人關進毒氣室。即使是殺戮一群人的強烈願望，也可以被反對謀殺的道德準則阻止。無情的敵人形象可以用無助的受害者形象來平衡。從事不人道行為需要允許自己殺人，當一個人處於憤怒中，認為冒犯者十惡不赦，或者對「邪惡」群體感到長期仇恨，往往便不再抑制殺戮。

當這種惡意信念勃發，可能會取代更人道的信念並迫使行凶者採取行動。一個意圖消滅人質團體的國家不僅提供工具，而且允許殺人活動。它引入一種道德、忠誠和愛國形式，取代深植於社會秩序和宗教教規中的傳統道德。

國家捲入戰爭時，往往會更堅決認定敵人很邪惡。在真正的生死搏鬥中，以絕對而扭曲的方式看待敵人或許可以保命。當注意力轉移到被汙名化的群體，亦即大家的敵人身上時，同樣的「不是殺人就是被殺」信念便會加劇。執行信念時也充滿動力：「有疑問，便清除。」此外，將敵人描繪成害蟲不僅促使行凶者消滅他們，被害者也不再被當做人類看待，行凶者對於消滅低等人幾乎不會後悔或愧疚。

在大屠殺的連續階段，猶太人首先被認為不配享有純德國人擁有的社會、政治和經濟權利；既然他們要為德國所有弊病負責，就應該受到懲罰；最後，他們被視為對人類的威脅，就像傳染病一樣非消滅不可。這些主題在整個一九二〇年代和三〇年代初期以及二戰期間，在希特勒的著作和演講中反覆出現。

大屠殺始於社會、政治和經濟限制，國家政策的社會化一直發展到消滅身心障礙者、迫害同性戀以及殺害政敵。二戰開始後，猶太人被迫從事奴隸勞動，被關押在集中營，因為當局準備執行「最終解決方案」。

戰時敵與友、忠誠者與叛徒的二分法，加快了解除殺害平民禁令的進程。專家研究參與殺戮的人，發現實施殺戮的不僅是納粹分子及擁護者，也包括「一般德國人」以及波蘭和蘇聯占領區的公民。

---

39 Browning, *The Path to Genocide*; Goldhagen, *Hitler's Willing Executioners*.

在一九四一年入侵蘇聯期間，希特勒命令敢死隊和警察營（通常由當地民族團體的新兵組成）射殺共產黨和猶太人。最終，德國和占領區的猶太人被送到死亡集中營，這些地方都配備致命毒氣。在對德國警察營的研究中，布朗寧證明大部分刑求和系統性屠殺是由並不特別效忠納粹的個人實施的。戈德哈根對大屠殺活動行凶者進行更廣泛調查，也得出相同結論。[40]

隨著猶太人邪惡形象傳播開來、德國人對殺戮採取放任態度、道德規範寬鬆，以及不再同情受害者，種種現象使得反猶太措施愈演愈烈。公眾接受愈來愈嚴重的反猶太措施，遵循了社會心理學一個既定原則：當人克服對有害政策的內部阻力（例如，剝奪公民權），對於傷害被汙名化群體，其心態往往會轉變。限制傷害或殺害他人的傳統規則被「在某些情況下允許傷害或殺害他人」的信念所取代。一旦這種心態被群體廣泛採納，人可能會逐漸接受更具破壞性的活動，並走向終極的種族滅絕。他們不再把潛在受害者當人看待，於是更有可能支持不人道的政策。

其他種族滅絕：柬埔寨、土耳其和蘇聯

一九七五年至一九七九年間，柬埔寨大約有三百萬人遭到殺害，這是意識形態種族滅絕的另一個例子。柬埔寨革命由一群共產主義知識分子策劃，他們在巴黎留學期間學會革命戰略。紅色高棉是在柬埔寨興起並以波布為首的共產主義團體，在越戰期間密謀奪取政權。這個團體能夠利用一系列事件激起人民對政府和美國的仇恨，此時的柬埔寨政府普遍被視為美國的傀儡。

美國援助湧入當時的柬埔寨，衍生出由餐館老闆、女服務生、女傭、計程車司機和公務員組成的服務業。此外，隨著美元湧入，柬埔寨軍隊愈來愈腐敗。軍隊和中央情報局策劃的政變取代西哈努克（Sihanouk）親王擔任總統，使得美國形象更為負面。新政府隨後受到美國和南越入侵，這兩方勢力意欲封鎖北越透過柬埔寨運送物資的路線。美國在一九七三年祕密轟炸柬埔寨，又一次試圖摧毀北越基地但徒勞無功，這加劇民眾對美國及柬埔寨政府中的「走狗」日益增長的敵意。無情的轟炸被解釋為帝國主義、種族主義、資本主義超級大國對無辜、無助民眾進行的不正當破壞。波布趁機借題發揮，隨後獲得民眾支持，成功推翻政府。

波布政權的革命戰略遵循蘇聯和納粹德國制定的大綱。**敵人**被指為腐敗政權的軍隊和城市中的知識分子、商業及專業階層。這些人的形象是美國的走狗和寄生蟲，與紅色高棉的純潔、真誠和合作形象形成對比。掠奪者、城市居民和他們的獵物（農民）發生階級戰爭。為了安撫農民，波布政府將城市居民下放到農場工作。**敵人**還包括少數民族，如占族（Chan）穆斯林、佛教徒、華人和越南人。

紅色高棉的意識形態呼籲徹底改造社會，消除任何西方影響，將國家轉變為最純粹的社會主義，將個人自由意志交給集體。革命人士主張徹底消滅現代價值觀、實踐和習俗。他們清空城市，

---

40 同上。

逼迫腐化墮落的父母聽從未腐化墮落的孩子，將教育交給未腐化墮落的農民和工人，以復興古代榮光並淨化現今社會。一切與目標不一致的東西都將被消滅，包括個人主義、個人財產和家庭。

紅色高棉與其他革命一樣，陰謀論大行其道。革命人士消滅可恨的資產階級後，將矛頭轉向組織成員，這些成員被指控為越南的地下特務。城市移民被強迫勞動，可能有多達一百萬死於飢餓或直接被殺。「淨化」一直持續到一九七九年越南入侵，他們趕走紅色高棉，恢復秩序和一些表面上的理智。

一九一五至一八年，土耳其種族滅絕的起源可以追溯到俄土戰爭（Russian-Turkish War，一八七七～七八年）的餘波，當時亞美尼亞被俄羅斯和土耳其瓜分。俄羅斯戰勝後，亞美尼亞人請求俄羅斯指揮官根據和平條約給予保護。儘管一個不受保護的少數民族尋求戰勝國幫助似乎很合理，但他們的請求大大激怒了土耳其人。亞美尼亞人從單純不受歡迎的臣民變成土耳其的叛徒。後來，亞美尼亞人要求與鄂圖曼帝國其他民族享有同等待遇，原先的惡毒形象更加惡化。一八九四至九五年間發生一系列大屠殺，十萬至二十萬亞美尼亞人遇害。

鄂圖曼帝國後來逐漸衰落，加上連續軍事失敗，導致一九〇八年由年輕軍官組成的極端民族主義團體「土耳其青年」（Young Turks）發動政變。接下來的屠殺是他們實施政策的結果，大屠殺背後的泛土耳其意識形態是「神聖目標」，本質是消滅叛徒以淨化國家。「土耳其青年」追求一種極其惡毒的民族主義，這種形式通常在帝國失敗和解體後出現。（奧匈帝國垮臺後，奧地利人表現出同樣的不寬容民族主義和反猶太主義。）

「土耳其青年」宣告土耳其人民神祕地統一起來。他們有一個統一土耳其的願景，這個國家將延伸到東歐，包括俄羅斯和中亞的土耳其人。他們對誰屬於土耳其進行嚴格定義，唯有說土耳其語才配稱為土耳其人，國內任何外來者都被貼上非我族類的標籤並遭到懷疑。「土耳其青年」隨後否定少數人的權利以及多民族主義和多元化學說。

土耳其的亞美尼亞人拒絕按照土耳其政府要求，他們不願意煽動住在俄羅斯（一戰期間土耳其的敵人）的同胞支持土耳其軍隊，使得反亞美尼亞行動進一步升高。事實上，許多亞美尼亞人加入俄羅斯軍隊並自願與土耳其作戰。一九一四年冬天，土耳其軍隊被俄國人狠狠擊敗，隨後在土耳其發生的種族滅絕包括處決亞美尼亞家庭中健壯的男性，強迫婦女和兒童前往拘留營，人一旦進入那種地方則必死無疑。據估計，當時多達一百萬亞美尼亞人死亡。[41]

蘇聯強制將農業集體化導致無數農民（富農）死亡。富農這個群體被妖魔化，據說他們反對善良的工人階級和整個國家。蘇聯的政治殺戮也受到意識形態驅動；受害者被貶低為所謂的反革命分子、人民公敵、外國勢力的代理人等等。從上至下的行凶者認為自己使用的雖是「壞手段」，卻是為了實現「有價值的目的」。保羅・洪倫德引用喬治・盧卡奇[42]的話：共產主義倫理的最高職

---

41 Du Preez, *Genocide*.

42 譯注：George Lukacs（一八八五～一九七一），猶太裔匈牙利人，他是馬克思主義哲學家，也是在西方開展馬克思主義的核心人物。

責是接受不道德行為的必要性，這是革命要求我們做出的最大犧牲。真正的共產主義信念是，透過歷史演變的辯證法，邪惡會自己變成幸福。[43]

共產主義精英願意承認他們正在作惡，但他們仍遵循「目的正當便可不擇手段」的原則。他們重新定義道德是基於這樣一種信念：邪惡的現在和光榮的未來之間存在明顯區別，據推測，這種區別不會被現在的惡劣做法汙染。是什麼驅使行凶者對自己人採取一系列殺人或種族滅絕行動？黨制定的不斷變化的革命需求，推動了毀滅的引擎。黨是燈塔，依次照亮需要淨化的各個群體——資本家、農民、紅軍軍官、可疑的共產黨員和失寵的普通黨員等等。

蘇聯各民族也遭受恐怖襲擊。幾個世代以來，革命分子和後來的蘇聯暴力專家參與恐怖活動來展現對黨的奉獻精神，連他們自己都承認這些活動不道德，但所有道德責任都轉移到黨身上。政治暴力被當做一種防禦策略，可以保護體制，避免它受到內部敵人的傷害。

黨的榮光是一種抽象概念，正如**敵人**是抽象的一樣。在實際操作時，黨是領導階層的同義詞，由不停替換的黨員組成，得寵的人上位，失寵的人退位。黨的領導很容易犯錯，尤其是史達林，受到人類所有弱點影響，包括偏執的觀點。行凶者將被拒絕的個人歸入**敵人**類別，藉以否定受害者的人性，這些受害者被判有罪，但他們通常是無辜的。

許多恐怖和暴力專家顯然是被權力的魅力所驅使。保羅．洪倫德認為，對一大群人施加暴力所產生的權力感，與施暴者的力量之間存在著連續性。許多實施暴力的人「認為這是一種符合志趣的行為，而不是痛苦的職責」。[44]

宣傳和敵人的形象

極權主義政治精英的宣傳旨在利用人民的關切並激發宏大的夢想。希特勒宣稱一戰期間猶太人從背後捅了德國一刀，人民備覺受傷並怒火中燒。他向他們承諾打造千年帝國，他們興奮得大聲歡呼。他所選用的辭彙和句子，他所打造的願景，不是激發他們的原始恐懼，就是他們對於宏大未來的渴望。

當人以這種方式被激勵，他們就會從更開放、相對而務實的理性路線轉向封閉、極端的分類思維。他們的信念被壓縮成絕對，例如，「猶太人（或是富農、資本家或知識分子）是我們的敵人。」這種原始思維會自動將別人分類：友好或不友好，好或壞，純潔或邪惡。當史達林提出反對富農，或波布將城市居民定義為寄生蟲時，這些人自然而然地落入邪惡的範疇，而黨當然繼續占據正義的範疇。

史達林和其他共產黨領導人利用二元對立詞彙來指稱擁護者和反對者。人們（或國家）不是合作就是阻撓；不是愛好和平就是報復心重；不是支持改革就是反對改革。黨的路線試圖透過區分真正民主（共產主義）和形式（表面上）民主、真正人文主義和虛假人文主義，來表明民主資

---

43 P. Hollander, "Revisiting the Banality of Evil: Political Violence in Communist Systems," *Partisan Review* 64, no. 1 (1997): 56.

44 同上，p. 62。

本主義國家「自命不凡」的虛假性。[45]歐威爾在小說《一九八四》中所描述的「新語」便是在諷刺極權主義言論。[46]這種思想控制最大的特點是否認事實和邏輯並廢除獨立思考。漢娜・鄂蘭認為，人民的思想若是受到現實真相入侵，便會影響黨的宣傳功效，也會破壞神話和謊言。[47]共產黨意識到這一點，便干擾從「自由世界」傳來的廣播，查禁書籍，並壓制不同意見。

據說，在共產國家偷偷販售走私的《一九八四》，這是對共產主義的謊言和欺騙最有效的解藥，這本書諷刺極權國家控制思想並凍結邏輯和理性思維。當地人告訴我，《一九八四》在冷戰期間改變他們對本國政府的看法。他們開始審視自己的假設和信念，思考對資本主義國家的所作所為賦予另一種解釋，對於所讀到和聽到的一切，就算沒有全盤推翻，至少也以懷疑態度看待。

共產黨的宣傳若成功，便可將人民團結在領導人身後，將他們的精力集中用來擊敗敵人。強取豪奪和行使權力對領導人和其核心幹部有著特殊吸引力，從革命開始到最終接管政府，每次擴大革命的規模和影響力，都會帶來快樂和鼓勵，成了他們前進的動力。成功所引發的激情在黨內迴盪，基於群體的性質，熱情和增長的自尊心在群體中不斷循環。

領導人和大批擁護者相信其意識形態優於其他群體，這種信念增強了權力感和團結感。他們誣陷和貶低被汙名化群體，進一步增強集體形象和權力。傳統上，要獲取權力須透過宗教運動，以信仰和神的啟示向信徒傳達訊息；現代的政治運動則在科學基礎上推廣理論，比如馬克思主義或種族主義的科學，得到國內傑出知識分子和科學家的認可。[48]

隨著國家在對外關係中愈來愈成功，革命運動的力量也在增強。希特勒一連串的迅速成功帶來了更多成功，最終導致他冒著戰爭的風險來實現全面統治歐洲的目標。他對德國人民行使絕對權威，以及他們明顯熱情地服從組織，進一步加強希特勒及其統治精英的權力意識。

一些作者認為，人具有促進人際關係調整的特定先天心理模組，包括查驗欺騙行為。[49]我們從小就學會解讀他人的表情、語調和行為，以判斷對方是否在開玩笑、嘲弄或耍詭計。這種對欺騙的敏感性在動物界以及群體和物種之間普遍存在。由於他人隱瞞敵對意圖可能有害或危及生命，因此人會衍生出「反情報」策略，例如懷疑和高度警惕，以應付此類問題。當一個人察覺到這種潛在危險時，便會在他人的行為中尋找偽裝模式和隱藏意義。

正如其他生存策略，對欺騙的敏感性可能會誇大。我們寧可將良性行為誤判為欺騙，也不願錯過實際的欺騙。我們有可能糾正對隱蔽敵意的錯誤判斷，但如果對實際陰謀視而不見，可能就沒有第二次機會了。

---

45 J. W. Young, *Totalitarian Language: Orwell's Newspeak and Its Nazi and Communist Antecedents* (Charlottesville: University Press of Virginia, 1991).

46 G. Orwell, *Nineteen Eighty-four* (New York: Harcourt, Brace & World, 1949).

47 H. Arendt, *The Origins of Totalitarianism* (New York: Harcourt Brace Jovanovich, 1973).

48 Chirot, *Modern Tyrants.*

49 J. H. Barkow, L. Cosmides, J. Tooby, *The Adapted Mind: Evolutionary Psychology and the Generation of Culture* (Oxford: Oxford University Press, 1995).

認出他人陰謀操縱與區分敵友的生存策略有關。國家領導人採用類似策略來確認其他國家領導人的意圖：他們的友誼是否真實，協議是否真誠，是否誠實告知訊息。多個國家祕密結盟，這是特別危險的情況，政府必須警惕外國陰謀勢力的可能性，因為祕密結盟和背叛可能導致戰爭。

當受到附近其他民族的威脅時，國家傾向於對內部敵人保持嚴格警惕，這種敵人俗稱為「第五縱隊」（the fifth column）[50]。在國家危難之際，警惕化為執念，國內的「外來」群體受到嚴格監管。二戰期間，儘管沒有證據表明在美國的日本人和日裔美國公民與敵人合作，他們仍受到嚴格限制，除了被送去集中營，財產也被剝奪。

儘管一般來說，大屠殺（特別是種族滅絕）的途徑不同，但隨著統治精英的態度從偏見發展到群體滅絕，可以看出其中有一些連續的階段。在最初階段，弱勢少數群體被汙衊為與國家政治體制格格不入，並獲得骯髒、無恥和法理不容的形象。猶太區的猶太人在歐洲大部分歷史中都背負著這種汙名，政府政策旨在盡可能打壓他們。到了下一個階段，被汙名化群體獲得部分解放，更多人投入政治、文化和經濟生活主流。這種日益突出的地位和成功，激起更惡毒的形象，他們成了汙染文化、篡奪政治權力和主宰國家經濟的人。

統治階級將被汙名化的群體描繪成剝削、陰謀和背信棄義。受寵群體（人民、工人、農民）被理想化並賦予美德、純潔和正義。在困難時期，大眾認為被汙名化的少數群體是問題根源。國家取消對弱勢群體的保護並積極迫害。

在戰爭時期，弱勢少數群體的形象變成國家**敵人**。隨著外部軍事攻擊對國家生存的威脅愈來愈真實，這個形象也愈來愈邪惡。儘管大部分關於種族滅絕的文獻都集中在行凶者的動機、性格和行為上，但行凶背後的驅動力是他們對受害者抱持負面形象。

邪惡形象的發展可以從察覺到的威脅中看出來。起初，外人的威脅引起蔑視和厭惡。接下來，害怕遭到控制和支配，害怕所重視的價值觀遭到破壞，種種恐懼占上主導地位。最後，對生存的威脅和對內部背叛的恐懼滲透到思想中。[51]

隨著各階段進展，弱勢群體的形象變得更加心懷不軌且更為惡化，可以說到了惡毒的地步。希特勒執意消滅猶太人就是一個例子。在每個階段，形象和相關的負面信念都會導致政府採取敵對行動。在第一階段，少數人被隔絕，禁止與他人接觸。在第二階段，少數人獲得解放後，政府採取措施打壓他們。在最後階段，意識形態不僅鼓吹而且要求消滅他們。

---

50 譯注：這個比喻源自一九三六至三九年間的西班牙內戰時期。叛軍首領佛朗哥將軍（Francisco Franco）派遣四個縱隊進攻馬德里，他的手下對記者謊稱第五縱隊暗中在城裡接應。政府誤以為他說的是監獄裡的政治犯，便將一千多名政治犯全數處決。

51 T. C. Brock and A. H. Buss, "Effects of Justification for Aggression and Communication with the Victim of Postaggression Dissonance," *Journal of Abnormal and Social Psychology* 68, no. 4 (1964): 403-12。犯罪者進行有害行為後，想到的通常是行為帶來的好處，而不是有害影響。

CHAPTER 11

戰爭中的形象和誤解

敵人的致命結構

戰爭是不可避免的嗎？海因德（Hinde）和華生（Watson）在一九九五年的著作中，提出了這個對政府及其公民至關重要的問題。[1]大眾刻板印象和歷史上戰爭的持續性，似乎表明答案是肯定的。身著帥氣軍裝的士兵大步行進，軍旗在微風中飛揚，軍號響徹雲霄，鼓聲震耳欲聾，誰能抗拒閱兵的魅力？誰看到國旗和歡呼的人群不會激動？

戰爭鼓勵人民以國家興亡為己任，因此他們願意為更高目標做出極大犧牲，秉持無私精神與他人合作。他們的團隊精神可能超越以前的任何集體心態，自豪的公民樂意接受軍事號召，並準備服從指揮官的命令。士兵為其所屬部隊在砲火下的勇氣而驕傲。人民所有精力、技能和動力都投入戰爭當中。

與任何機構一樣，所有參與者在各部門尋找適合自己的職責，包括工廠、運輸和戰區。人民加班生產設備和用品，往往表現得非常勤奮。勝利時他們會欣喜若狂，指揮官、戰爭英雄和受傷的退伍軍人會獲得勳章，並可能在戰爭結束後成為政府高層的主要候選人。[2]

當人們因期待戰爭而激動不已，紛紛湧上街頭時，想到將來戰勝敵人便感到雀躍。對光榮勝利的期待是一種強力興奮劑，它激起的愉悅感就和世界級運動競賽中，各隊支持者所經歷的心情一樣。民眾大規模支持一場迫在眉睫的戰爭，可能會促使軍事和政治高層採取決定性步驟，跨出那條界線。[3]孩子們陶醉在戰爭遊戲中，忙著消滅塑膠士兵組成的軍隊。戰爭電影上演部隊突破敵軍防線，炸毀橋梁，擊落敵機等等畫面，激起人民對他們的熱烈認同。[4]

幾乎每個社會都認可戰爭，只有在成員稀少的群體中，戰爭才會被認為不切實際。[5]大眾普遍認為，人類自史前時代便投入戰爭。然而，有組織的戰鬥形式後來才出現，可能是在一萬三千年

---

1 R. A. Hinde and H. E. Watson, *War. a Cruel Necessity?: The Bases of Institutionalized Violence* (New York: St. Martin’s Press, 1995).

2 與以往的戰爭相比，越南戰爭中的軍事領導人沒有獲選為政府高層——這可能證明那場戰爭比較不受歡迎。

3 M. Eksteins, *Rites of Spring: The Great War and the Birth of the Modern Age* (Boston: Houghton Mifflin, 1989).

4 當然，一旦戰爭的現實面降臨，包括前線的破壞、疾病和骯髒、步兵的叛亂（一戰）和反徵兵暴動（南北戰爭），這幅迷人的畫面便會逐漸消失。

5 有人指出，儘管其他部落幾乎都好戰，菲律賓的布伊德族（Buid）仍持守一種強調寬容和避免衝突的價值體系。同樣地，儘管馬來西亞的閃邁族（Semai）飽受嫉妒、盜竊和婚姻不忠之苦，但這些衝突從未導致暴力。N. Saunders, “Children of Mars” [review of *The Anthropology of War*], *New Scientist* 18 (1991): 51。

前。[6]以征服為目的的戰爭可以追溯到六、七千年前，當時農業的發展與存糧數量吸引強盜入侵並打劫。[7]然而，近代戰爭在很大程度上並不是由經濟因素引發。路易斯．理察森[8]的一項研究表明，從一八五〇年到一九五〇年，大多數戰爭都與宗教意識形態或民族尊嚴有關，而不是與經濟或安全問題有關。[9]

戰爭似乎是果斷解決爭端、確定邊界和獲取資源、阻止鄰近部落或國家侵略、收復失地或重建國家榮譽的有效方式。戰爭有可能是基於廢除奴隸、推翻暴君或「讓世界安全發展民主」等崇高理想而進行，也經常為一個國家的特定政治利益及政治精英的個人利益服務。

最重要的是，戰爭似乎是達到目的的終極手段。對過去錯誤進行報復、提高民族自尊，或鞏固政治精英的權力等心理方面的因素，經常影響開戰的決定。當然，受到攻擊的國家為了生存，不得不挺身自衛。有時，一個擔心自身安全的國家會對假想敵採取先發制人的攻擊。一些作者認為，這促使德國在一戰中發動兩條戰線，以及日本在二戰中轟炸珍珠港。當然，這兩國的突襲最終都未能贏得戰爭。

儘管用克勞塞維茨[10]的話來說，發動戰爭似乎「只是透過其他方式延續政治」，但對利弊、收益和損失的計算經常被扭曲。[11]無論假定的利益是什麼，生命的代價又是什麼，苦難已經變得如此嚴重，以至於大多數戰爭甚至對勝利者來說都是一場災難。在二十世紀，已有超過一億人喪生。說來奇怪，這段時間裡，發起戰爭的國家普遍都會戰敗。[12]

一些作者提出，發動戰爭是一種自然的欲望，源於人類心理的深層缺陷，大概是從遠古祖先傳下來的基因。[13]一九六〇年代和七〇年代，大眾普遍認為人類是掠食者，而戰爭便是這群掠食者的表現。[14]而作者們認為，在戰爭中，人類只是在執行一項基因決定的程序，它有助於在史前環境中進行狩獵。最近的主流觀念指出，人類是獵殺者，戰爭與我們的原始人祖先在面臨大型肉食動

---

6 S. Kull, *Minds at War: Nuclear Reality and the Inner Conflict of Defense Policymakers* (New York: Basic Books, 1988), p. 307.

7 一些作者將更原始的戰爭視為文化選擇的結果，強調群體獲得的收益：土地、水和食物。據推測，一個特定社會在投入戰爭之前會比較收益與成本。然而，領導人可以操縱整個侵略過程以獲取權力和聲望。Saunders, "Children of Mars," p. 51。

8 譯注：Lewis F. Richardson（一八八一～一九五三），英國心理學家、物理學家、氣象學家及數學家，以現代數學方法預報天氣，並以相同模式研究戰爭起因與解決之道，曾獲頒英國皇家學會院士頭銜。

9 S. Kull, M. Small, and J. D. Singer, *Resort to Arms: International and Civil Wars, 1816-1980* (Beverly Hills, Calif.: Sage Publications, 1982); L. F. Richardson, *Arms and Insecurity: A Mathematical Study of the Causes and Origins of War* (Pittsburgh: Boxwood Press, 1960).

10 譯注：Clausewitz（一七八〇～一八三一），普魯士名將及軍事理論家，十三歲便參戰，遺著《戰爭論》（*Vom Kriege*）中的觀點，成為西方軍事理論的基本原則，被後世譽為西方軍神。

11 P. Paret, *Clausewitz and the State: The Man, His Theories, and His Times* (Princeton, N.J.: Princeton University Press, 1985), p. 398.

12 R. K. White, "Why Aggressors Lose," *Political Psychology* 11 (1990): 227-42.

13 S. Freud, "Mourning and Melancholia," *Essential Papers on Object Loss, Essential Papers in Psychoanalysis,* ed. Rita V. Frankiel (New York: New York University Press, 1994), pp. 38- 51; K. Lorenz, *On Aggression* (New York: Routledge, 1966); D. Morris, *The Naked Ape:A Zoologist's Study of the Human Animal* (New York: McGraw-Hill, 1967).

14 R. Ardrey, *The Territorial Imperative: A Personal Inquiry into the Animal Origins of Property and Nations* (New York: Atheneum, 1966); Lorenz, On Aggression.

物時的脆弱性有關。[15]作者們引用兒童對動物和怪物的恐懼，以及夢境和神話中出現的動物，做為這種原始恐懼的證據。據推測，我們的祖先制定生存策略，以彌補他們面對獅子、豹和其他陸生動物的脆弱性。此外，他們也制定獵殺動物的策略。

不同的戰爭觀

鑑於在某些條件下戰鬥甚至殺戮的欲望很普遍，是否意味著戰爭有特定動機？正如許多作者所指出，與其說是敵對侵略導致戰爭，不如說是戰爭導致敵對侵略——殺戮、折磨、摧毀家園、工廠和農場。[16]一旦領導人宣布戰爭迫在眉睫，民眾的戰鬥欲望便被喚醒。對於戰爭的狂熱在民間迅速蔓延開來，儘管政治領導人本身可能很客觀又善於計畫，甚至因擔心後果而不敢輕舉妄動。[17]在十九和二十世紀歐洲戰爭開始時，大量暴民衝上街高喊「殺進柏林」（或巴黎，或任何可以找到對手的首都）。[18]沒有必要將殺戮和戰爭視為取決於一種承襲模式，現代對於戰爭為何被煽動，已經排除了戰爭本能是透過承襲而來的概念。自然選擇為敵對侵略提供「硬體」——身體和大腦——而文化選擇則提供了群體之間的暴力模式。[19]在一個脫序的世界中，殺死或加入其他群體有非常實際的好處。在一個無法無天的社會裡，例如十九世紀美國的狂野西部，人們會組織民兵來抓捕銀行劫匪。牛仔會透過槍戰解決爭端，牧場主人會追捕並殺死竊賊。這些殺人行為是達到獲取財物、報復或懲罰等目的的一種手段。引入法律和秩序則是為了遏制這種行為。

在聯合國成立之前，國與國的武裝衝突沒有更高的實質制衡力量。各國只能殺死足夠數量的敵人並耗盡其資源，阻止他們採取進一步軍事行動，如此方能解決衝突。如果只有一個部落或國家在軍備競賽中處於領先地位，鄰國必須努力追趕以保護自己。「安全困境」使國家領導人將鄰國的軍備重整行為過度解釋為惡意，並開始準備保護自己。否則，他們將面臨措手不及的局面。如果以不侵略的方式應對威脅或實際侵略，國家很快就會滅亡。另一方面，對鄰國行為的過度反應可能會引發武裝衝突。

相鄰兩國之間的歷史關係影響其中一國先發制人的可能性（就像二戰的德國）。然而，曾對鄰國發動戰爭的國家也可能制定和平政策。北歐國家就是這種態度轉變的例證。一個多世紀以前，他們放棄以戰爭做為對外政策的工具。鑑於這些文化和社會變遷以及靠調解來預防戰爭偶爾能取得成功，看來要避免戰爭並非完全不可能。

---

15 B. Ehrenreich, *Blood Rites: Origins and History of the Passions of War* (New York: Henry Holt & Co., 1997).
16 Hinde and Watson, *War, a Cruel Necessity?*
17 O. R. Holsti, *Crisis, Escalation, War* (Montreal: McGill-Queen’s University Press, 1972).
18 B. Tuchman, *Guns of August* (New York: Macmillan, 1962).
19 J. Haas, ed., *The Anthropology of War* (Cambridge: Cambridge University Press, 1990).

認知層面

戰爭起因有多個層面，包括系統性因素、「脫序的體制」（國家之間的關係缺乏管控）等抽象概念，以及王室成員遇刺等具體事件。歷史學家、政治學家、經濟學家和人類學家已探討這些因果關係。單從系統層面來分析，可知工業進步、民族主義和經濟競爭等因素的相互影響，超越了主要參與者的特定動機。這種分析通常會得出一個結論：戰爭是基於理性的決策而發動。

更全面的分析涉及各層面的相互作用。[20]心理層面的分析側重於個人領導人及其擁護者的思維、感受和動機。外部因素——軍備競賽、昔日衝突、結盟——對參與者的心理功能有直接影響。此外，因果關係因素可能是雙向的。我們可能無法確定哪一個先出現——是敵人的負面表現還是國際衝突。顯然，這些因素會互相影響。例如，有證據表明，不僅政治和軍事領導人做出讓國家更接近第一次世界大戰的決定，他們還受到柏林、維也納、聖彼得堡、巴黎、和倫敦「群眾強硬主張參戰」的影響。[21]

區分戰爭的誘因和爆發也有幫助。諸如軍備競賽、不友好國家的威脅行動、奧匈帝國解體帶來的威脅，以及德國的新興力量等誘因，有助於塑造涉及一戰的各個大國其態度和信念。當中某些國家試圖透過結盟來恢復權力平衡，進一步破壞了原本穩定的關係。備戰如火如荼地展開，眼看戰爭一觸即發。奧地利對塞爾維亞的舉動引發俄軍動員，為德軍全面動員和宣戰提供最後動力。

這方面與個人和群體之間敵意的起源有相似之處。這些國家之間的衝突會激發原始思維和想像，反過來又使得衝突加劇。戰爭的發動從國家之間的互動轉向領導人及擁護者對本國和敵國的看法，這些認知的展現和因此產生的二分法思維激發戰鬥和殺戮動機。如果沒有這種動機，很難展開必要的動員與激發冒險意願。

連續侮辱一個國家的尊嚴，可能會將侮辱者的可恨形象惡化為**敵人**的形象，這種形象可能會扭曲其行為的含義並決定後續行動。因此，被侮辱者集體的脆弱感、受傷的自尊心或宏大的夢想可能會導致敵對侵略。這種攻擊性行為反過來會在侮辱者心目中產生更具敵意的形象，並可能會採取報復行動，從而加劇導致戰爭的惡性循環。

例如，一九一四年奧地利斐迪南大公遇刺，引發一連串心理、政治和軍事行動，這些行動相

---

20 政治學家提出，戰爭的起因涉及至少三個層面的分析：國際系統、國家次系統和個人。肯尼思・沃爾茲（譯注：Kenneth Waltz〔一九二四～二〇一三〕，美國政治學家，創立國際關係理論結構現實主義學派，是近代最具影響力的國際關係學者）指出，整個國際系統，包括國家之間的關係（例如，權力平衡），遠比相關個人的心理（最接近的層面）對於戰爭起因的影響大得多。國家內部運作涉及自身特定利益以及經濟和政治緊張局勢，處於中等層面。但正如大衛・辛格（譯注：David Singer〔一九二五～二〇〇九〕，率先將量化技術應用於分析國際關係難題，一九六四年提出「戰爭相關計畫」，大量蒐集自十九世紀以來所有戰爭細節，打造最完整的量化資料庫，供學者分析各種國際關係議題）所指出，沃爾茲和許多其他政治學家低估個人心理的重要性。也許對個人採取不同心理分析，可以證明個人具有更重要的作用。至少在理論上，在變幻莫測的國際關係中，個人參與者的看法會影響他們做出何種決定——而他們的決定又會反過來影響他們的心理。K. Waltz, *Man, the State, and War: A Theoretical Analysis* (1959; reprint, New York: Columbia University Press, 1969); J. D. Singer, "International Conflict: Three Levels of Analysis," *World Politics* 12, no. 3 (1960): 453-61。在美西戰爭之前，民眾和國會的參戰熱潮（部分由媒體煽動）使得麥金萊總統（President McKinley）面臨對西班牙宣戰的巨大壓力。在第一次世界大戰中，人民對戰爭的狂熱幫助國家領導人表明意圖。對戰爭或任何軍事攻擊提出令人滿意的解釋時，需要考慮個別情況，例如國家的形象、敵人的形象等等。此外，群體同理心和「我們對抗他們」等人際因素，顯然也有重大影響。M. Eksteins, *Rites of Spring: The Great War and the Birth of the Modern Age* (Boston: Houghton Mifflin, 1989)。

21 Eksteins, *Rites of Spring*.

互影響，最終導致第一次世界大戰。外交照會、部隊調動和全國動員等等，加劇了國家集體的脆弱形象和對手的惡意形象，反過來又助長戰爭的致命進展。

區分上戰場打仗的人和發動戰爭的領導人在思維、情感和動機上的差異，這是相當重要的。宣戰後人民紛紛衝上街歡欣鼓舞，表明了戰爭引發內部成員的愛國心和動機，那是一種團結、大度及利他的心情。然而，對於發動戰爭，領導人不一定滿腔熱血。事實上，當年歐洲處於一次世界大戰爆發邊緣，德、俄、法、英各國領導人都非常擔心歐洲全面大戰會引發何種後果。[22]

領導人通常基於他們認為符合國家利益的決定來發動戰爭，這些利益包括拓展邊界，獲取自然資源，或試圖遏制另一個激進的擴張主義國家。當然，國家利益就算沒有遭到扭曲，也會因為領導人渴望顯達、權力和聲望而被渲染。有時，復仇的欲望也滲透到決策中。[23]十九世紀中葉的普魯士領導人、一戰中的塞爾維亞和奧匈帝國、二戰中的希特勒，以及襲擊伊朗和科威特的海珊，顯然都受到報復的強烈驅使。

回顧這些歷史，可能可以看出一些漸進事件或一個重大事件，它們充當催化劑，激發需要被攻擊的**敵人**形象。有太多因素互相作用，其中一些不可估量或未知，以致很難判斷任何特定挑釁事件的結果。在一戰前的十年中，有幾次軍事衝突似乎比奧地利大公遇刺這個實際誘發事件更容易引發戰爭。

然而，一些軍事行動是可以合理預測的，例如當一個大國判斷其重要利益受到威脅而發動攻擊。美國在本世紀的干預旨在阻撓入侵南韓、南越和科威特的勢力。英國派兵前往福克蘭／馬爾維納斯群島以擊退來自阿根廷的襲擊。同樣地，蘇聯干預阿富汗以支持其傀儡政府，俄羅斯則出兵鎮壓車臣獨立。

儘管領導人可能會擔心他們投入戰爭的決定，但戰爭狀態可以牢牢抓住民心，因為國家和敵人的形象已深植人心。當愛國主義、忠誠和服從精神被激發時，他們會被這部戰爭機器吸引過去，找到適當位置。對於那些正在戰場上打仗的人來說，非殺戮不可的信念加強他們的殺戮欲望。他們的破壞性形象、信念和願望的力量，被其他群體成員以及他們的領導人強化和放大。

敵人的形象

戰爭既是心理狀態也是政治狀態，深植在每位參戰者思想中。敵人的存在在他們的心理活動

---

22 Tuchman, *Guns of August*; Holsti, *Crisis, Escalation, War.*

23 區分上戰場打仗的人和發動戰爭的領導人在思維、情感和動機上的差異，這是相當重要的。羅伯特．傑維斯利用認知心理學和訊息處理原理來分析外交決策。他提出一些假設：

1. 當存在歧義時，領導人的信念體系對訊息的解釋影響更大。
2. 對信念的明顯信心也會對決策產生更大影響。
3. 一模一樣的訊息對於對方來說是一回事，但對訊息的接收者卻是另一回事。
4. 來自對方的訊息被塑造成符合預期。「訊息」愈接近一個人的信念體系，就愈容易被接受。更重要的是，即使它不符合預期，也可能被扭曲以產生虛假的符合。決策者使用歷史事件來比喻，或重提過去的經驗，好像它們是確定當前事件意義的可靠方法。

R. Jervis, *Perception and Misperception in International Politics* (Princeton, N.J.: Princeton University Press, 1976), p. 300。

中占據主要位置。惡毒的、非人的形象反映在諸如野蠻人、德國佬和亞洲佬（北韓、日本、中國、北越）等貶義詞中。當然，這裡必須說明一個重點：這些都是領導人動用所有宣傳資源來創造和強化的形象。[24]

先天因素可能支持將外人視為敵人的看法，兒時對陌生人的恐懼可能是後來仇外心理的初步基礎。然而，許多兒童並沒有仇外心理，也沒有直接證據足以表明，陌生人或外來者一開始被視為危險的這種形象，日後將惡化為需要消除的威脅形象。近年來對我們的靈長類表親黑猩猩的觀察表明，包括以前成員在內的外來者，僅僅因為不同群體就被視為攻擊目標。[25]

一個國家民眾的集體自我形象和投射到敵人身上的形象，體現在涉及人民切身利益時占據主導地位的二分法思維。一般判斷他人時，我們的標準範圍從好到壞相當廣泛，但陷入二分法思維的人會根據「我們全都極好」與「他們全都極壞」的概念做出極端分類判斷。

- 「我們的目標是神聖的；他們的目標是邪惡的。」
- 「我們是正義的；他們是邪惡的。」
- 「我們是無辜的；他們有罪。」
- 「我們是受害者；他們是加害者。」

將敵人冠上邪惡特質，一如我們往往將他人的危害行為歸因於他們的「壞性格」，而不是一種特定情況或一系列事件。[26]因此，我們必須殺死敵方士兵，因為他們很壞，而不是因為他們碰巧和我們一樣被徵召入伍。**敵人**應該被消滅，因為他是惡毒的殺手，而不是因為軍事形勢要求他殺人或被殺。越南、波士尼亞和盧安達的平民屠殺事件，說明士兵往往將對方的每個人視為邪惡化身。對手必須受到懲罰，因為他們威脅到我們的國家安全、政治制度或意識形態。

偏見思維的一個顯著特徵是不僅相信「我們是對的」，而且相信我們的善良和正義將戰勝黑暗勢力。這種分類、二分法思維在日常衝突中造成大量問題，當士兵與真正敵人進行生死搏鬥時，通常也會陷入這種思維模式。

敵人的惡毒形象與對女巫、惡魔和邪靈的幻想一樣，都是一種想像的產物。對方的個性和人性被抹煞；被視為世界上所有不好事物的代表。宣傳機器強化**敵人**在大眾心中的邪惡形象，舉凡海報、漫畫和雜誌插圖都看得到這些圖像：瘋狂殺手、虐待狂、性侵犯、野蠻人、大猩猩、獠牙怪、爬行動物、老鼠或魔鬼。[27]

---

24 S. Keen, *Faces of the Enemy: Reflections of the Hostile Imagination* (San Francisco: Harper & Row, 1986), is a thorough review, including propaganda posters of twentieth century war. See also R. Rieber, *The Psychology of War and Peace: The Image of the Enemy* (New York: Plenum Press, 1991).

25 R. Wrangham and D. Peterson, *Demonic Males: Apes and the Origins of Human Violence* (Boston: Houghton Mifflin, 1996); J. Goodall, *Through a Window: Thirty Years with the Chimpanzees of Gombe* (Boston: Houghton Mifflin, 1992).

26 D. T. Gilbert and P. S. Malone, "The Correspondence Bias," *Psychological Bulletin* 117, no. 1 (1995): 21-38.

27 Keen, *Faces of the Enemy*.

當然，士兵不一定熱衷於摧毀對手。在實戰中，步兵往往會失去殺戮的樂趣。各種研究表明，在許多交戰中，只有一小部分士兵開槍。[28]傭兵或職業軍人可能將殺人視為工作一部分，並且可能不會比獵人追捕獵物更具敵意。他們對受害者沒有同情心，在他們看來，受害者不是記號，而是目標。同樣地，那些仔細研究戰爭地圖、指揮部隊調動和計算傷亡的將軍們，很可能會機械化地看待戰鬥，並將敵軍簡化為單純的數字，而不是將他們視為邪惡的象徵。

集體自我形象

敵人的形象與社群或國家的自我形象連結在一起，是國家優勢和劣勢、目標和弱點、歷史和政治的綜合形象。人民將自己視為無辜受害者，與外部群體或國家的惡毒形象相反。只要人們認同所屬群體或國家，他們對這個龐大實體的想法就會塑造個人的自我形象。因此，他們將國家的失敗和勝利視為自身的失敗和勝利。[29]

自我形象混合了許多個人特質，包括魅力、效率、智力等等，人們認為這些特質有助於實現人生目標。個人特質對於達成設定目標有多大幫助，以及成就與理想多麼接近，這些都是他們用來判斷自我價值的依據。他們對成就的評價反映在對自己的感覺上。根據他們對自身經歷的解釋以及目標完成度，他們會判定自己成功或不成功、受歡迎或不受歡迎、勝利或失敗。

平時，國家在人民心目中的形象通常與人民的自尊無關。儘管具有公民意識或熱中政治的人民會擔心國家現狀與自己對它的期望有落差，但大多數人都將自己的問題和願望融入對國家的期望中。然而，一旦國家陷入危機，每個人都會熱烈參與解決問題的行列。當事件開始對國家形象產生影響，當國家受到威脅或捲入衝突時，形象就會活絡起來，開始控制人民的想法和感受。

戰時，國家形象成為每位公民的世界觀中心；當他們圍繞著國旗團結起來，原本的自我中心模式就會轉變為以群體為中心的模式。每個人的自我形象都依附於國家形象。國家政策成為他們的主張；國家的脆弱性成為個人的脆弱性；對國家的攻擊成為對自己的攻擊。可怕的惡敵喚醒他們的愛國意識，使得他們準備為祖國、宗教或政治運動粉身碎骨。

美國人普遍認為美國是一個仁慈、熱愛自由且民主的國家，幫助他國脫離暴政和不公正，並為陷入絕境的人民提供救助，這種樂意犧牲奉獻的精神使美國獲得讚賞。此外，美國是個容納各種移民的大熔爐，強化了它的平等主義形象。一八九八年，美國干預古巴內政，驅逐「暴虐」的西班牙統治者，其部分動機便是出於這種對弱勢群體的關注。對古巴人民困境深表同情所展現的

---

28 D. Grossman, *On Killing: The Psychological Cost of Learning to Kill in War and Society* (Boston: Little, Brown, 1995).

29 R. N. Lebow, *Between Peace and War* (Baltimore: Johns Hopkins University Press, 1981); M. S. Hirshberg, "The Selfperpetuating National Self-image: Cognitive Biases in Perceptions of International Interventions," *Political Psychology* 14 (1993): 77-98; N. Kaplowitz, "National Self-images, Perception of Enemies, and Conflict Strategies," *Political Psychology* 11 (1990): 39-82.

道德形象，迫使美國政府試圖調解西班牙統治者與殖民地的衝突。西班牙政府的強硬態度主要來自西班牙人的驕傲及深怕對內對外都呈現一種弱勢的形象。[30]

與此同時，各種利益團體及赫斯特（William Hearst）和普立茲（Joseph Pulitzer）兩家報紙[31]，在美國民間激起干涉他國內政的動機。緬因號戰艦前往哈瓦那港進行「禮貌性訪問」時沉沒，進一步激怒美國人和國會，他們試圖羞辱麥金萊總統，以迫使他向西班牙宣戰。事實上，狄奧多・羅斯福[32]曾為了總統沒有及早干預而指責他缺乏骨氣。流行的愛國主義形象被強化到足以迫使總統發動美西戰爭。美國曾經參與的其他幾場戰爭，好比越戰，最初被描繪為展現了美國遏止共產主義的崇高目標，後來卻演變為捍衛美國榮譽和威望的戰鬥。

在兩次世界大戰之後，美國慷慨的道德形象展現在對昔日敵人和盟國捐贈食物及物資，並給予財政援助。冷戰期間，蘇聯被視為世界自由的主要威脅，美國的政策為遭到壓迫的受害者提供避風港。後來，索馬利亞、波士尼亞和薩伊（Zaire）難民的困境激起美國的正義感，促使它進行干預以減輕痛苦。仁慈守護全世界自由和民主的道德形象，也影響了美國對其他國家的政策。

政治精英可能會利用國家形象來為自己的目標辯護。例如，南斯拉夫的塞爾維亞領導人打造塞爾維亞人受迫害的形象，以推動他們的大塞爾維亞目標。美國在世界各國心目中都是抵禦外國暴政的堡壘，這個正義的形象與共產主義危害世界的形象並列，以證明對南北韓及越南的干預是正當的。在整個冷戰期間，擁護帝國主義和陰謀顛覆的蘇聯可能會席捲西歐和全球各地（在史達林主義時期，這種對蘇聯及其外交政策的看法可能具有一定真實性。），這個觀點塑造了美國的國家政策。蘇聯公民對美國及其國際目標也有類似看法，他們認為美國擁護帝國主義、敵對而危險。[33]雙方帶有威脅意味的形象交互作用，往往會使得形象更為惡化。由於美國人厭惡共產主義及深怕蘇聯統治世界，使得他們與越南和北韓的「壞」共產黨交戰。有趣的是，蘇聯的「邪惡帝國」（用雷根總統的話來說）形象隨著冷戰解凍而漸漸消失。[34]

國家的自我形象和對手的形象被政策制定者操縱，但也成為解釋對手訊息的樣板。國家對於對手的行為給予最惡毒的解釋，而對國家自身行為的解釋則帶有正面偏見。一九八二年，一架韓國客機在蘇聯上空被擊落，美國普遍認為這是蓄意的不人道行為，而不是像蘇聯聲稱的只是誤判。[35]符合國家自我形象的事件被認定和接受為國家美德的證明；可能有損國家形象的事件則遭到忽視或輕描淡寫帶過。

---

30 Lebow, *Between Peace and War.*

31 編注：十九世紀末，威廉・赫斯特（《紐約日報》）與約瑟夫・普立茲（《紐約世界報》）兩位報業大亨展開了「黃色新聞大戰」，雙方大量刊登聳人聽聞、具煽動性的內幕與暴力相關報導，也常指責特定族群為某些事件或社會問題根源，進而掀起群眾恐慌。

32 譯注：Theodore Roosevelt（一八五八～一九一九），時任美國副總統，一九〇一年麥金萊總統遭刺殺身亡後，繼任為第二十六任總統，中文俗稱老羅斯福。

33 Lebow, *Between Peace and War.*

34 R. K. White, *Fearful Warriors: A Psychological Profile of U.S.- Soviet Relations* (New York: Free Press, 1984).

35 同上。

在激烈的交戰中，象徵自由和民主的美國形象因正義與道德的光芒而得到增強，秉持愛國主義的媒體所作的報導、愛國民謠和領導人激勵人心的演講，在在強化了這種刻板印象。國家的基本良善是人民意識形態的終極目標，讚頌這種良善就能鼓舞人心。這種意識形態結構為美國參與一戰提供正當理由，當時美國派遣軍隊前往法國，目的是「讓民主在這個世界安全發展」。在二戰中，美國人民不僅要保衛國家，還要保護文明，以免受納粹、法西斯和日本帝國主義的侵害。然而，美國的其他戰爭，例如征服菲律賓和入侵格瑞那達（Grenada），卻給人一種行事低調的印象。

到了越戰期間，出現與其他戰爭不一樣的情況，美國的國家自我形象分裂，有好也有壞，一些美國人堅信國家在主持正義，其他人則認為攻擊小國背叛了國家基本原則。起初由意識形態激發的動力——阻止共產主義在亞洲蔓延（「骨牌效應」）——最終變成一場絕望的愛國冒險，以維護美國的榮譽和自尊。對於戰敗的預期使得拯救南越軟弱政府的最初目標蒙上一層陰影。美國領導人及其擁護者認為，國家的聲望、榮譽和國際信譽受到威脅，不同意這種觀點的人則被視為懦夫或叛徒。然而，異議團體認為，他們的抗議是為了讓美國恢復基本價值觀，尊重小國的自由和自主權。

愛國主義和**民族主義**是主要意識形態，它們將民眾團結在一起，集體服從領導人的決定。正如費什巴赫[36]所指出的，儘管二者相似且重疊，但可以被視為各自獨立。[37]民族主義以國家的權力、聲望和領土等榮耀形象為中心，個人的形象符合國家形象時，自尊心就會提升；他們沉浸在昔日的榮光與對未來的展望之中。當然，失敗會導致自尊心下降，最終可能引發憂鬱情緒。民族主義自戀甚至浮誇，聲稱比其他國家優越，可能會上升到極端種族主義信念，認為自己是「優越民族」，而「外來者」都很卑賤。

愛國主義的動力來自渴望歸屬一個更大的社群。對國家有一種認同感和依戀感，願意為了確保國家長治久安而犧牲自己。政府的仁慈、愛國形象與民族主義者的好戰、爭權形象形成鮮明對比。民族主義擁護者對他國抱持強硬、侵略主義的態度，並認為國家應該樂意發動戰爭以促進其切身利益。然而，他們比較沒有愛國主義者那種願意為國家犧牲生命的情操。[38]

當國家的生存受到威脅，一種團結的感覺會在人民當中蔓延。歷史上不乏這樣的例子：以國家自我形象所產生的力量團結各黨各派，維護國家安全和榮譽。一戰期間，德國和英國的社會主義領導人最初僅將衝突視為帝國主義元首間的爭鬥，後來團結起來互相支持。同樣地，一九一四年，一群德國菁英發表一份宣言，指出德國在發動戰爭方面完全無辜。他們將德國入侵法、俄描述為確保國家生存的防禦行為。[39]這一宣言說明了國家形象的力量，甚至可以影響精

---

36 編注：全名西摩・費什巴赫（Seymour Feshbach，一九二五～二〇二〇），美國心理學家，加州大學洛杉磯分校心理學榮譽教授，是攻擊行為理論的研究先驅，曾獲卡普夫和平獎（Karpf Peace Prize）。
37 S. Feshbach, "Individual Aggression, National Attachment, and the Search for Peace," *Aggressive Behavior* 13 (1986): 315- 25.
38 同上。
39 O Nathan and H. Norden, *Einstein on Peace* (New York: Schocken Books, 1968).

英的思想。

就在美國加入二戰之前，黑人社區和工會針對美國參戰後的支持問題進行激烈辯論。但等到美國真的參戰，他們立刻全力支持戰爭。[40]同樣地，一些知名的孤立主義者曾嚴厲反對戰前的美國政策，後來卻成為第一批參戰志願軍。

正如政治心理學家拉爾夫・懷特（Ralph White）所說，許多戰爭的推動力可能源自男子氣概或對於敵對國家的恐懼，或兩者兼而有之。[41]男子氣概是基於優越、強悍與勇氣的國家自我形象，以及國家對他國強行施加霸權的隱含權利。這種信念一直是建立帝國、收復失地和保護附庸國或弱國的動力。從古代波斯、希臘和羅馬等帝國興起，一直到十九世紀英、法、德、俄的擴張和殖民主義，例子比比皆是。一八九八年美國入侵菲律賓，以及二十世紀初日本占領滿洲和朝鮮，也都看得到類似的男子氣概形象。從成吉思汗到拿破崙，征服者們都被擴張領土的宏大幻想所驅使。

除了蓄意的侵略戰爭，當結合男子氣概與脆弱形象的國家互相發生衝突時，可能會導致敵對侵略。宏大但過度敏感的自尊與搖搖欲墜的國家形象相結合，可能會導致做出冒險的決定。在國內情勢非常不穩定的情況下，拿破崙三世於一八七〇年對普魯士宣戰，因為他和法國民眾都認為普魯士發布的外交照會冒犯了法國的榮譽和尊嚴。

意識形態——集體形象的基礎結構——促成二十世紀的戰爭，包括兩次世界大戰。希特勒將德國從戰敗民族、在一戰中遭背叛而投降並被戰勝國虐待的形象，塑造成一個優越的民族，強大到足以懲罰那些陰謀反對它的人，並且註定要統治世界。[42] 印度和巴基斯坦的宗教衝突，以及沙皇時期俄國、中國和中南半島的革命，顯示出宗教和政治信仰的龐大力量，可以煽動人們屠殺無數不同國籍或種族的人。[43]

國家形象的衝突：戰爭前奏

分析導致一戰的事件，揭示了國家自我形象和對手形象互相衝突的重要性。這就像兩個人之間的衝突，雙方都認為自己很容易受到對方的惡意所影響。導致局勢緊張的不僅僅是個人或國家的行為，而是侵略行為被賦予的意義。對攻擊行動的解釋——無論是虛張聲勢、試探性佯攻，還是致命的嚴重威脅——都會受到這些形象影響，並反過來強化它們。根據行動附帶的含義，一個國家在採取行動前，可以先評估自己和對手的優勢和弱點。

經濟和軍事實力提升，再加上崇拜民族主義，可能會誘使一個自我形象膨脹的國家向外尋找

40 P. C. Stern, "Nationalism as Reconstructed Altruism," *Political Psychology* 17, no. 3 (1996): 569-72.
41 White, *Fearful Warriors*.
42 J. P. Stern, *Hitler: The Führer and the People* (London: Fontana, 1975).
43 E. Staub, *The Roots of Evil: The Origins of Genocide and Other Group Violence* (New York: Cambridge University Press, 1989).

更多領土和資源。這種心態將被鄰國視為威脅，並導致緊張局勢升級。受到威脅的鄰國會尋找盟友來彌補自己的脆弱性，每個國家都會陷入軍備競賽，以免措手不及。男子氣概興盛的國家察覺到權力平衡出現變化時，會在其他國家群起反抗時體驗到一種脆弱感。如果這個國家認為戰爭無可避免，可能會先發制人。[44]

這樣的一系列情況為一戰提供背景。秉持擴張主義的德國，對長期的包圍和入侵歷史非常敏感，意識到自己的脆弱性持續增加。它的主要盟友奧匈帝國每況愈下，不友好的法國、俄羅斯和英國結盟，對德國構成威脅。[45]塞爾維亞民族主義者暗殺奧匈帝國繼承人斐迪南大公，造成災難性後果，威脅塞爾維亞和奧匈帝國的安全，進而威脅到德國、法國、俄羅斯和英國的安全。

在一戰之前，塞爾維亞的國家形象是一個獨立的王國，即使沒有受到依然強大的奧匈帝國統治，也很容易被它消滅。儘管塞爾維亞獨立後並不安全，卻將自己定位為由奧匈帝國周邊省分組成的大南斯拉夫王國中雄赳赳的領袖。隨著泛斯拉夫民族主義浪潮席捲全國，像塞爾維亞黑手黨（Serbian Black Hand）這樣致力於破壞奧地利帝國的分裂群體如雨後春筍般湧現。最終，這個恐怖組織實現它的最小目標：刺殺斐迪南大公。[46]

奧匈帝國領導人在國內少數民族的壓力下，一心想要保住帝國，這些壓力有可能進一步徹底粉碎已經破裂的國家形象。各個民族——塞爾維亞人、捷克人、斯洛維尼亞人、克羅埃西亞、波蘭人——持續要求獨立。為防止奧匈帝國像土耳其帝國一樣瓦解，政府試圖鎮壓異議省分，據稱是塞爾維亞在這些省分煽動分裂主義。奧地利為了阻止鄰國繼續施展顛覆手段，便將刺殺大公一事歸咎於塞爾維亞政府。

一九一四年六月，奧地利政府經過短暫猶豫後決定進攻塞爾維亞，這個行動顯然得到德皇威廉二世（Kaiser Wilhelm）的支持。[47]由於侵略斯拉夫族的塞爾維亞有可能招致同是斯拉夫族的俄羅斯帝國干預，奧地利便向德國尋求保證：如果俄羅斯出手干預，德國將提供協助。德皇對奧地利發出外交照會表示支持，這是所謂的空白支票，表面看來會支持奧地利的行動。為了嚇阻奧地利，俄國動員軍隊展現武力，這被德國視為主要威脅，它深怕盟友奧地利將遭到俄國摧毀，更怕德國因此而變得脆弱。奧地利軍隊入侵塞爾維亞後引發連鎖反應，最終導致德國對俄羅斯及其盟友法國宣戰。

德國的歷史背景為其發動「防禦性」戰爭的傾向提供了一些線索。德國在歷史上形成易受外來攻擊的普遍形象，[48]它缺乏抵禦外來入侵的自然邊界，成為眾多歐洲戰爭的殺戮戰場。三十年戰爭的大屠殺在德國的世界觀中留下多方印記，特別是一種對於敵對和危險鄰國的幽閉恐懼症。

---

44 R. Smoke, *War: Controlling Escalation* (Cambridge, Mass.: Harvard University Press, 1977).
45 Lebow, *Between Peace and War.*
46 V. Dedijer, *The Road to Sarajevo* (New York: Simon & Schuster, 1966).
47 White, *Fearful Warriors.*
48 G. Craig, "Making Way for Hitler" [review of *How War Came: The Immediate Origins of the Second World War, 1929-1939*], *New York Review of Books*, October 12, 1989, pp. 11-12.

在威廉二世的領導下，德國試圖建立強大軍事力量形象，獲取殖民地，並在權力、領土和聲望上超越法國和英國。一九〇七年，法、俄、英為了維持歐洲權力平衡而結盟，但德國深怕遭到包圍，對此事反應過度。早在一九一四年八月對法國和俄羅斯宣戰之前，德國便預測俄羅斯不斷強化的武裝部隊將在一九一七年構成最大威脅。另一方面，一九〇五年俄羅斯被日本擊敗，一九〇八年含恨默許奧地利併吞波士尼亞與赫塞哥維納（Bosnia-Herzegovina），接連的奇恥大辱使得俄羅斯自我形象下降，因而試圖扳回一城。[49]俄羅斯的民族尊嚴連番受挫，同族小老弟塞爾維亞被摧毀時，它可沒有心情袖手旁觀。

德國（脆弱和擴張主義）與俄羅斯（屈辱但力圖振作）國家形象的衝突，為軍事對抗奠定基礎。俄羅斯的自我形象是斯拉夫的老大哥，而德國的自我形象則是日耳曼小老弟奧地利的老大哥，兩種形象的衝突成為戰爭的主要導火線。至於法國，此前受到德國工業和軍事力量迅速發展的威脅，自從一八七一年喪失亞爾薩斯－洛林（Alsace-Lorraine）以及普法戰爭全面失敗後，一心想要報復德國，對德國構成重大危險。由於戰爭似乎不可避免，德國決定先發制人，率先對俄羅斯和法國出兵，如此將增加它擊敗這兩個國家的機會。

雖然在某些情況下，發動戰爭的壓力來自該國某些派系，但領導人承擔著估計成本和獲勝機率的責任，從而激起或抑制民眾的熱情。在這方面，領導人可能會犯的錯誤就和兩個人在熱氣球上對峙會犯的錯誤一樣。

敵對者相互投射的形象往往會導致敵對行為（威脅、譴責、經濟禁運），反過來使得形象變為具體事實，造成進一步敵對行為。一九三〇年代，日本入侵中國，導致美國提高遏制日本的力度。日本人在美國人心目中的形象是殘酷、野心勃勃和危險，這與美國人在日本人心目中的控制、侵略和敵對形象發生衝突。最終，美國人在日本人心目中的形象變得更加突出，被納入日本主戰派的政策。

冷戰期間，民眾（可能包括蘇聯和美國領導人）如鏡子般相互映照。正如布朗芬布倫納[50]所說，雙方都將對方視為渴望權力、善於操縱和欺騙的好戰分子。[51]彼此都被對方認為熱中於延續尚武風氣、剝削公民、控制媒體和選舉。這些形象的衝突將對手推向更極端的位置，往往會使得形象成真。幸運的是，當時尚有足夠的嚇阻力量來防止戰爭爆發。

在領導人的心中

我們與他人接觸時，了解他們的觀點（想法、期望和意圖）很重要。我們還需要了解配偶或

---

49 Dedijer, *The Road to Sarajevo.*

50 譯注：全名尤里．布朗芬布倫納（Urie Bronfenbrenner，一九一七～二〇〇五），美國知名心理學家，他提出的生態系統理論被譽為發展心理學的劃時代學說。

51 U. Bronfenbrenner, "The Mirror Image in Soviet-American Relations," *Journal of Social Sciences* 17 (1961): 45-56.

其他家人、朋友、員工或同事如何看待我們，包括友好或不友好、軟弱或堅強。這些訊息可能顯而易見，也可能隱藏在他們的話語和行為中。在危機期間，得知他人的觀點尤為重要。在我們的日常關係中，同情對方的心理創傷，將有助於減輕冒犯並恢復平衡。

無論是在家庭或國際衝突中，人都會運用複雜的「心智理論」來理解對手的思維，包括他的形象、誤解和計畫。[52]這個理論由一組相互關聯的解讀心思假設和規則組成。在日常互動中，這些規則可能以條件式語句呈現：「如果有人盯著我看，那就表示他很生氣」；「如果他們的聲音發顫，那就表示他們害怕我」；「如果一個人保持沉默，她可能不同意我的觀點」。

一個人應用這樣的規則，可能會了解另一個人的觀點。治療師整合患者對各種事件的反應，以深入了解她的基本信念。例如，了解憂鬱症患者的觀點，治療師便可透過她的眼睛看世界，幫助她評估思維中的偏見。

在國家領導人之間的衝突關係中，類似的解讀心思必不可少，但也更加困難，尤其是當彼此不信任或對立時。領導人可能會傳達模糊或故意歪曲的外交訊息以欺騙對方（「虛假訊息」）。不妨想一想，在危機時刻要掌握對方的觀點多麼困難。一九六二年古巴導彈危機期間，甘迺迪總統和顧問因面臨重大決定而異常緊張，不得不思考赫魯雪夫總書記的相互矛盾訊息之重要性，並做出他們認為會影響全球未來的決定。[53]

許多因素互相結合，可能會干擾一個人解讀對手的觀點，進而妨礙他做出適當決策。人在處理大量模糊、不充分且往往互相矛盾的訊息時，本來就會遇到很多限制，使得這項任務特別困難。

錯誤情報和對手的蓄意欺騙又會讓問題變得更複雜。此外，對方的意圖會隨著形勢變化以及政府「鷹派」和「鴿派」等派系影響而波動。一旦對於對方的看法定了型，領導人可能難以根據對手意圖的變化而改變對他們的評估。當我們不僅要評估對方對我們的看法，還要評估他們認為我們對他們的看法時，這種「我們與他們」的猜謎遊戲就會變得更加困難。

政府領導人以自己的思維模式來了解對手或盟友的觀點，但顯然常常難以找出相關和可靠的訊息。[54]儘管他們盡了最大努力，卻可能得出錯誤但堅定不移的看法。這類重大錯誤可能會造成戰爭或和平不同的結果。

歷史上不乏此類誤解的例子，通常是與「實現願望」有關。例如，就在一戰之前，奧地利和德國領導人都認為俄羅斯領導人不願意發動戰爭來阻止奧地利入侵塞爾維亞，而且俄羅斯人確實會同情奧地利王儲被暗殺。奧地利人誤以為俄羅斯會像一九〇六年奧匈帝國併吞波士尼亞時一樣不願戰鬥。後來，德國領導人也誤判，如果德軍入侵比利時這個小國，英國不會因為在意比利時的不可侵犯性而開戰。

就在無限制潛艇戰盛行之際，豪華客船盧西塔尼亞號（Lusitania）被擊沉，使得全美群情激憤，

---

52 S. Baron-Cohen, *Mindblindness: An Essay on Autism and Theory of Mind* (Cambridge, Mass.: MIT Press, 1997).
53 A. Fursenko and T. Naftali, *One Hell of a Gamble: The Secret History of the Cuban Missile Crisis* (New York: Norton, 1997).
54 White, *Fearful Warriors*.

德國和奧地利領導人卻沒有正確理解美國人民的觀點。二戰前在慕尼黑與希特勒對峙時，英國首相內維爾・張伯倫（Neville Chamberlain）認為他正確解讀希特勒的想法，於是他片面認定希特勒想要和平。而在韓戰中，道格拉斯・麥克阿瑟（Douglas MacArthur）將軍深信自己完全理解「東方思維」，認為美國軍隊向中國邊境挺進時，中國不會派兵攻擊。[55]

儘管領導人試圖針對發動戰爭的利弊做出理性決定，但仍有可能產生誤解。領導人不了解敵人的軍事意圖和實力，一味相信宣傳，這將使得情況變得更加複雜。錯誤解讀對方心思是錯誤決策的關鍵因素。儘管領導人可能稍微了解對方的觀點，但仍無法區分對方究竟是真誠還是狡猾。虛張聲勢、反虛張聲勢、虛假訊息和欺騙等種種策略，可能會掩蓋真實意圖。希特勒便成功掩蓋了他在慕尼黑的激進目標。另一方面，在一戰爆發前，歐洲列強都誇大了對手的敵對意圖。[56]

當領導人承受龐大壓力時，更有可能誤判對手。[57]衝突陷入僵局時，他們往往預期敵人會做出最壞打算。威廉二世本來就懷疑英國的意圖，當格雷勳爵（Lord Grey）試圖調解同盟國與俄羅斯的衝突，被威廉二世曲解為蓄意陷害他。[58]領導人往往以負面偏見解讀對手的觀點，當他們認定戰爭已無法避免，便會以誇大的正面偏見評估自身實力。這種偏見思維導致法國在發動普法戰爭前高估勝利機率而犯下災難性錯誤。在兩次世界大戰中，德國都沒有預料到美國參戰會危及他們獲勝的機會。

當阿根廷軍隊奉命進攻福克蘭／馬爾維納斯群島時，將軍們不合理地認為英國人不會特地前來捍衛群島。將軍們錯估英國干預的可能性，擁護者則對軍隊摧毀英國人充滿信心。一九九六年，俄羅斯軍隊入侵車臣時，也一樣高估自己的實力，低估反抗的力量。看來，當政府領導人和將軍們發動攻擊時，往往被樂觀的偏見所扭曲，因而誤判對手的想法。斯奈德（Snyder）和迪辛（Diesing）研究國際危機時發現，接收到的對手訊息，有百分之六十在傳達過程中被誤解或扭曲。[59]

領導人對外交成功和失敗的反應，可能在他們決定發動戰爭的過程中發揮重要作用。外交勝利或失敗會提高或降低其自尊心，領導人的快樂或痛苦塑造民族情緒並在全國蔓延。政治精英渴望權力和聲望時，往往會影響他們對群體或國家最大利益的判斷。他們對戰爭成本、利益和風險的主觀分析可能會凌駕於對擁護者生命的關注。

當領導人透過「框架」來看待對手，他會類化或忽略與對手意圖有關的資料，這會影響他與戰還是和解的決定。這個框架往往會扭曲有關對手的訊息，並徹底限制領導人的選擇。領導人對敵人的形象和信念是他們的歷史關係、權力平衡、當前政治與經濟衝突及個人反應相互作用的產物。這些因素匯聚在一起，形成最終的政治軍事決策路徑。這些信念和解釋的結果，無論是真實還是

---

55 同上。
56 同上。Lebow, *Between Peace and War.*
57 Holsti, Crisis, *Escalation, War.*
58 J. G. Stoessinger, *Why Nations Go to War* (New York: St. Martin's Press, 1993).
59 G. H. Snyder and P. Diesing, eds., *Conflict Among Nations: Bargaining, Decision Making, and System Structure in International Crisis* (Princeton, N.J.: Princeton University Press, 1977).

遭到扭曲，理性還是非理性，都可能是──戰爭。

為戰爭動員輿論

鑑於國家利益、目標和自我形象的衝突可以創造開戰的條件，領導人要如何塑造對敵人的最終信念並發動戰爭？他們如何讓人民做出必要犧牲？領導人的開戰決定可能基於對複雜政治問題的推定、對軍事能力的計算以及對對手觀點和意圖的評估。但他們必須以民族尊嚴和對敵人邪惡的憤怒為由呼籲公眾支持。他們可能會扭曲並宣傳國家被外國虐待的受害者形象，以便為自己的政治議程爭取支持。公民的反應與他們認為自己受到他人傷害的反應相同：他們覺得有必要懲罰冒犯者。這種復仇的渴望實際上是對某個重要層面被貶低的反射性回應，比如失去面子、安全或資產。國家榮譽與個人榮譽一樣神聖。

領導人努力實現政治目標，要在一個地區建立或維持霸權，往往會發現塑造外國勢力的敵對意圖與國家榮譽岌岌可危等形象，會是好用的權宜之計。將發動戰爭作為外交政策工具，在歷史上實現了擴大領土或應對權力變化等政治目標。[60]當對立國被認為正在準備發動攻擊，鞏固國內支持也是先發制人的必要條件。

俾斯麥在促成一八七〇年普法戰爭中所扮演的角色提供一個例子，說明領導人的廣泛目標如何用來動員人民參戰。俾斯麥試圖將各個國家、公國和領地合併為單一的德意志王國，很大程度上取決於他成功挑起法國對德國宣戰。他正確地推斷，一場「防禦性戰爭」可以把德國南方拖下水，他們將與以普魯士為首的北方聯盟站在同一陣線，軍事統一將帶來政治統一。[61]俾斯麥的個人形象與普魯士的國家形象相吻合，因為它在與其他歐洲大國的關係中起伏不定。法國的國家自我形象受到日益高漲的德國民族主義和普魯士軍國主義威脅，為發動戰爭的決定提供背景。

俾斯麥已經察覺，不穩定且害怕德國統一的法國正打算以戰爭限制普魯士發展。在他的描繪下，法國成了德國民族自決的阻撓者，他計畫讓德國看起來是受害者，法國則是侵略者。拿破崙三世正苦於國內紛爭不斷，亟欲把向外冒險當做避雷針，釋放人民高漲的痛苦。

普魯士國王向法國發送的埃姆斯（Ems）電報是俾斯麥最後一次蓄意挑釁。這封來自德國度假城市埃姆斯的電報被俾斯麥採用更具衝突性措辭，法國民眾視為一種侮辱。此前普魯士國王遭指控試圖將一位親戚推上西班牙王位，這已讓法國人相當不安，他們相信法國軍隊無比強大，絕對可以粉碎普魯士軍隊。普魯士隨後戰勝法國，不僅有助俾斯麥統一德意志民族，也為德國樹立強大的新國家形象。

---

60 L. F. Richardson, *Arms and Insecurity: A Mathematical Study of the Causes and Origins of War* (Pittsburgh: Boxwood Press, 1960); P. Paret, *Clausewitz and the State: The Man, His Theories, and His Times* (Princeton, N.J.: Princeton University Press, 1985), p. 398; Lebow, *Between Peace and War.*

61 A. J. P. Taylor, *Bismarck: The Man and the Statesman* (New York: Alfred A. Knopf, 1955). Taylor differs from other historians in that he disputes that Bismarck actually intended to provoke war with France.

俾斯麥動員德國對抗法國的能力，說明民族意識形態如何成為戰爭工具。俾斯麥透過公開聲明和控制的媒體播下宣傳種子，在德國歷史這片肥沃的土壤上生根發芽。德國人民大多是保守派，他們覺得受到法國大革命強大意識形態威脅，平等和自由的「顛覆性」訊息令數百年歷史的普魯士權貴階級感到不安。一八〇六年，拿破崙造成普魯士分崩離析，隨之而來的還有經濟破壞，在在強化了普魯士受傷但自豪的國家形象。此外，十八世紀亞爾薩斯－洛林併入法國，令德國人的心情持續受到影響。俾斯麥以此為由，點燃普魯士人民對抗法國的決心。

法國人在文化、政治和軍事優勢方面的自大，也助長反法的偏見。法國在政治和地理上的接近對德國安全構成威脅，其文化對德國人的基本價值觀也是一種刺激。此外，在三十年戰爭後，德國北部的天主教便已式微，宗教上的差異使得他們更加認定法國文化「頹廢」。在俾斯麥的宣傳下，法國人令人厭惡的形象變得具體。

激勵公民軍隊需要一種鼓舞人心的意識形態。志願軍和徵召軍必須接受教育，好讓他們明白，若是他們不打仗，國家就會式微，或者至少國家威望會降低；如果他們打仗，國家或國家威望就會提升。俾斯麥意識到自由和平等的革命口號對拿破崙戰爭中法軍士氣的強大影響。他試圖引發類似的權力、社會優越性和美德等意識形態，以便在自己的軍隊中重現同樣的愛國情操。[62]

蓋儂（Gagnon）展示政治精英如何透過激起擁護者的潛在偏見來煽動種族衝突。[63]例如，他將一九九二年開始的前南斯拉夫衝突歸因於塞爾維亞當權者的陰謀，其政治目標是轉移選民對衰退經濟的注意力，並建立一個由塞爾維亞主導的新斯拉夫國家。保守派試圖利用非塞爾維亞人（阿爾巴尼亞人、克羅埃西亞人和穆斯林）的邪惡形象來動員塞爾維亞人採取行動。正統共產黨、民族主義者和保守派軍隊組成聯盟，旨在掌握權力，他們聲稱科索沃省的阿爾巴尼亞人和克羅埃西亞人迫害塞爾維亞人，藉以獲得塞爾維亞人民支持。這個聯盟隨後在該地區煽動塞爾維亞人進行大規模抗議，並利用他們創造的形象煽動塞爾維亞人對非塞爾維亞人施加暴力。同時，宣傳機器成功將非塞爾維亞人描繪成惡棍。

儘管外界認為這場戰鬥在很大程度上重提古老而持續存在的仇恨，但根據蓋儂的說法，塞爾維亞領導人故意激起這些被迫害的「記憶」[64]。雖然幾世紀以來，土耳其政權的迫害故事有其歷史基礎，但在這個時代的大部分時間裡，塞爾維亞人和穆斯林是一同生活的好鄰居，經常結為盟友。但陳舊的刻板印象難以消除，塞爾維亞領導人捏造一個傳說，將當今的穆斯林和他們迫害塞爾維亞人的祖先劃上等號。塞爾維亞人的意識形態與建立大塞爾維亞的夢想息息相關，他們擔心會被以前的「迫害者」再次統治。於是，「種族清洗」成為解決之道。[65]

一九三八年，德國捏造捷克斯洛伐克蘇台德地區（Sudetenland）德國居民遭迫害的指控，成為

---

62 O. Pflanze, *Bismarck and the Development of Germany*, 2nd ed., vol. 1 (Princeton, N.J.: Princeton University Press, 1963).
63 V. P. Gagnon, "Ethnic Nationalism and International Conflict: The Case of Serbia," *International Security* 19, no. 3 (1995): 130-66.
64 同上。
65 L. Silber and A. Little, *Yugoslavia: Death of a Nation* (New York: Penguin Books, 1996).

他們「併吞」蘇台德地區的藉口，這是德國入侵歐洲大部分地區的第一步。領導人再次刻意營造受迫害形象，以爭取人民支持其政策。為證明預期的人員和物資損失是合理的，領導人激發勝利的榮耀和英雄主義形象。[66]參戰會激起民族尊嚴和邪惡敵人必須被擊敗的形象。

殺人執照

政治精英一旦認定參與進攻性戰爭是可取的，他們通常會發現有必要對那些願意戰鬥、流血並承擔經濟負擔的人證明參戰是合理的。有時候，一個有魅力且值得信賴的領導人發布的宣言，便足以喚起民眾的意願。各種神聖目標都可以提供這層合法的外衣，包括為奪回失去的聖地或被占領的省分而進行的十字軍東征，拯救被包圍的同種族國家，或建立一個民族群體的自決權。人們還會為了建立或推翻共產主義國家、解散或保留聯盟等互相矛盾的理想而戰。保衛祖國以維護政治或社會制度的防禦性戰爭同樣可以動員擁護者。

隨著**敵人**的形象日益加強，對群體或國家的完全承諾也變得堅定。對國家的熱愛和對對手的仇恨成為兩種鼓舞擁護者的強烈情感，由於深恐遭到**敵人**擊敗和統治，這種擔憂和焦慮增加了戰鬥動力。在內戰、革命和起義中，同樣的情緒和動機也很明顯。對帝國統治階級或主要政治派系的仇恨為法國和俄羅斯革命以及美國、西班牙和柬埔寨的內戰提供動力。俄國革命期間的白軍和紅軍，美國內戰期間的南方人和北方人，以及法國的保皇黨和共和黨等等，滿腦子縈繞的全是**敵**

人的形象，滿腔熱血全為了瓦解對方。

領導人不僅激發殺戮的衝動，還給了明確的方向。他們誇大國家目標和**敵人**的威脅形象來操縱民心，並利用民眾服從政府權威的習慣。在古代，統治者的地位宛如絕對可靠的光環，讓他們幾乎可以完全控制人民的心靈和思想。

領導人一方面激發羞辱**敵人**的熱情，一方面也暫停施暴的禁令。反對謀殺、掠奪和毀壞財產的道德準則適用於同類，但殺敵時就被晾在一旁。紀律、對不服從便受罰的恐懼以及忠於部隊的要求等壓力結合起來，讓士兵為主要任務做好準備——殲滅或至少使敵人喪失能力。在「不殺人就被殺」模式中，士兵沒有餘裕考慮可能妨礙有效行動的人道因素。

敵人的形象消除同情心以及對於奪走人命的擔憂或抑制。[67]隨著惡意形象具體化，群體成員更加團結，也更投入目標。對立者不再被視為「和我們一樣的人」，而是完全不同的人，全都是次等人甚至不是人。集體參戰讓士兵有了緊密連結，加深他們對**敵人**的仇恨。他們投入戰鬥後，愈來愈確信目標是正確的。對國家和家鄉人民效忠，這種精神會感染部隊的軍官和夥伴。一些作者

---

66 Keen, *Faces of the Enemy.*

67 N. Eisenberg and P. A. Miller, "The Relation of Empathy to Prosocial and Related Behaviors," *Psychological Bulletin* 103 (1988): 324-44; N. Eisenberg and S. Mussen, *The Roots of Prosocial Behavior in Children* (New York: Cambridge University Press, 1989).

將他們的緊密連結和犧牲意願追溯到石器時代親屬群體的原始連結。[68]

越戰期間，威廉·卡利（William Calley）中尉率領美國士兵在越南美萊村進行大屠殺，說明了殺戮的共同性質。這群人的動力源自信念，他們相信**敵人**殺死戰友（包括前一天被誘殺裝置殺死的一名中士），這些平民——老人、婦女和兒童——應該被消滅。復仇的渴望抹去對手無寸鐵受害者的任何同情。儘管受害者明顯無助並求饒，但殺戮仍以單獨或集體模式持續。卡利中尉接受審判時為自己的行為辯護，聲稱他「只是在執行命令」。[69]他回憶當時情況：「我的腦海浮現美萊人的屍體，但這並不影響我……。我心想，這不可能是錯的，否則我一定會覺得後悔。」[70]正如政治學家羅伯特·傑維斯所指出的，如果有人做了壞事，不可能是他做的；如果他做了某事，那就不可能是壞事。[71]

由正義的自我形象所強化的「**邪惡敵人**」形象會煽動士兵犯下與戰爭相關、令人髮指的暴行，但當敵方士兵被視為人類，就很難傷害他。當直接威脅減少並且另一方士兵展現出明顯人性時，人道情緒便會取代敵意；例如，軍官們指出，一九一四年，英國和德國前線部隊聯合慶祝聖誕節，一起唱歌、交換禮物，甚至踢足球，這些活動都是危險的，從那時起就被禁止。

喬治·歐威爾講述一個有趣但頗具啟發性的故事，他在西班牙內戰期間是共和黨戰線的狙擊手，當時正準備射殺一名敵方士兵：

> 一個男人，大概是要向軍官通報消息。他從壕溝裡跳出來，在眾目睽睽之下，沿著矮牆頂奔跑。

他全身只穿著一條褲子，一邊跑一邊用雙手抓緊褲頭。我壓下朝他開槍的衝動。沒錯，我的槍法拙劣，不可能擊中一百碼外奔跑的人。不過，我沒有開槍，部分原因跟那件褲子有關。我來這裡是為了槍擊「法西斯分子」；但是一個提著褲頭的人不是「法西斯分子」，他顯然是一個與你相似的同胞，你不會想要對他開槍。[72]

這則軼事傳達戰爭的共同經歷。當士兵近距離看到敵軍，他們更有可能對於扣動扳機或伸出刺刀產生內在抗拒。在兩次世界大戰和韓戰期間，很多美國步兵與敵人交戰時沒有開槍。從砲擊和轟炸到投擲手榴彈和肉搏戰，與受害者的實際距離愈近，對殺戮的抗拒就愈大。[73]

當士兵將敵人視為真正的人（尤其是與他相似的人），如果他決定開槍，殺戮的欲望就會被抑制，由內疚感取代。正如葛洛斯曼（Grossman）所指出，在越戰期間和之後經歷的大部分創傷症

---

68 P. C. Stern, "Why Do People Sacrifice for Their Nations?" *Political Psychology* 16, no. 2 (1995): 217-35.
69 W. L. Calley, *Lieutenant Calley: His Own Story*, as told to John Sack (New York: Viking Press, 1970).
70 同上。
71 R. Jervis, *Perception and Misperception in International Politics* (Princeton, N.J.: Princeton Universiry Press, 1976), p. 300.
72 S. Orwell and I. Angus, eds., *An Age Like This: The Collected Essays, Journalism, and Letters of George Orwell, Vol. I* (New York: Harcourt, Brace & World, 1968).
73 Grossman, *On Killing*.

候群與殺戮的內疚有關。感受同情心和內疚的能力顯然並沒有完全消失。[74]

軍事交戰的組織方式是盡量減少對**敵人**的人道情感。愛國形象、服從指揮官、效忠部隊其他成員以及殺戮的獎勵，種種設計都是用來免除戰爭的恐怖。敵方士兵姓名不詳也會降低對另一個人死亡的責任感。

莎士比亞戲劇《亨利五世》（*Henry V*）中，一名英國士兵的陳述說明軍人犯下不人道和殺人行為後，為什麼會覺得自己沒有責任：「只要我們知道自己是國王的臣民，那就夠了。就算他理虧，我們這些人只是服從國王，那麼也就消除了我們的罪名。」[75]將責任轉移到領袖身上有助於消除對殺戮的抑制。

刻意宣傳的目的是嘲笑敵軍文化，強調其領導人的「犯罪行為」，並將犯罪行為歸咎於敵軍。在諸如「牢記阿拉莫」、「牢記緬因號」和「牢記珍珠港」等口號和歌曲中，復仇被合法化。

美國發現以往的戰爭射擊率不高，軍隊便在越戰期間啟動正式的「消除條件反射」計畫。除了訓練教育班長喊出標準的「殺、殺、殺」口號，還要求反覆練習攻擊所呈現的**敵人**形象——例如，在靶場上使用逼真的人形標靶。身體上、道德上和意識形態上拉開距離，以及對所屬單位、指揮官和連隊的忠誠度，在在削弱了敵方士兵的人類形象，並允許將惡魔形象投射到他們身上。

在戰鬥中脫離道德準則所使用的心理機制，類似於在個人犯罪、群體間暴力、恐怖主義和種族滅絕中看到的情形。**敵人**的次等或非人形象、他們應該受罰的信念、將殺戮責任轉移到領導人或群體身上、道德觀念扭曲，以及認為殺戮是高尚的信念，種種因素都有不同影響力。可以想像，如果人們質疑這些形象或信念的正當性，可能不會願意殺死他人。決策者對上引入聯合國這類超國家權威機構，對下則加強反對殺戮的道德準則並質疑對敵人看法的正當性，或許就可以回答本章開篇的問題：戰爭並非不可避免。

74 同上。

75 *Henry V*, act 4, scene 1, line 140 (Oxford edition).

FROM DARKNESS TO LIGHT

PART THREE

從黑暗到光明

CHAPTER 12

人性的光明面

依戀、利他主義與合作

媒體報導誇大人性黑暗面（謀殺、搶劫、性侵、暴動、種族滅絕）。然而，這些故事並沒有充分體現人類行為的光明面。[76]調查統計、軼事報告、觀察兒童、實驗研究和課堂實際應用等證據表明，人通常具有利他的天生能力，可以平衡或克服敵對傾向。此外，我們都有很強的理性思考能力，可以用來糾正我們的偏見和扭曲。

我們可以深入研究攻擊者，更加理解他的思想和行為，並發展出改變它們的原則。憤怒和敵意透過僵化、自我中心的信念和偏見滋長，但我們有可能重塑驅動這些情緒的形象和信念，從而削弱暴力傾向。以此類推，就能緩和分裂人們及造成互不信任和敵對的價值觀與意識形態。

改變的潛力

從一九七五年到一九八二年，阿根廷敢死隊的迫害、刑求和殺戮，說明了威權國家極端的二分法信念和扭曲的道德規範。正如厄文・史塔布[77]所描述，這個國家左派與右派的尖銳分歧導致雙方都將對方視為邪惡化身。[78]一九七〇年代，左派分子展開恐怖活動，處決高階官員並轟炸廣播電臺和軍事前哨。從一九七五年開始，軍方展開一連串摧毀、刑求和殺戮等報復行動。雙方的分類思維一模一樣：我們這邊完全善良，另一邊完全邪惡。

右派軍事領導人的行動受意識形態影響，並且出於保護特權地位的需要，這已成為他們「不可剝奪的權利」。他們將游擊隊妖魔化，認為這些人是「打新型戰爭的新型敵人」。他們的意識形態成為道德準則，上升到國家和宗教層級，超越了個人，所有以上帝、國家和家庭為名義的傳統道德保護措施都是合理的。

根據新秩序的道德準則，那些綁架、刑求和謀殺的行凶者都被免除罪行。此外，責任一律歸

76 A. Kohn, *The Brighter Side of Human Nature: Altruism and Empathy in Everyday Life* (New York: Basic Books, 1990).

77 譯注：Ervin Staub（一九三八～），匈牙利裔美籍心理學家及作家，作品及研究主題包括助人行為、利他主義、大規模暴力和種族滅絕。

78 E. Staub, *The Roots of Evil: The Origins of Genocide and Other Group Violence* (New York: Cambridge University Press, 1989).

咎於指揮官。[79]雖然行凶者最初的動機源自意識形態和服從命令，但他們漸漸將自己視為受害者性命的絕對掌控者，並自行產生繼續惡行的動力，意識形態允許他們沉迷於不人道的破壞。

阿根廷軍事獨裁政權的垮臺及其無情政策表明，仁慈的力量在國內和國外都能發揮作用。在這個案例中，恐怖統治被非暴力的民主統治所取代。被處決者的母親（五月廣場的母親〔the Mothers of the Plaza del Mayo〕）發起示威活動，使得大眾愈來愈反對破壞性軍事獨裁政權。這些勇敢婦女利用阿根廷社會對母親的尊重，每週在五月廣場遊行，引起阿根廷和他國人民關注阿根廷政權的殘暴行為。美國總統吉米．卡特（Jimmy Carter）施壓，也有助於軟化軍政府的壓迫。

一九八二年四月，阿根廷軍方明顯為了提升民眾支持，襲擊當時由英國統治的近海島嶼福克蘭／馬爾維納斯群島。然而，英國艦隊反攻後不僅擊敗阿根廷軍隊，也順勢推翻殘酷的政權。阿根廷的政治文化發生徹底改變，民選政府應運而生，打造一個較為和平與和諧的社會。

就像阿根廷戲劇性政治逆轉一樣，將其他國家歸入友好或不友好類別的二分法思維可以逆轉方向。為了因應情況變化，對手的形象從無情敵人變為盟友，從惡毒變為仁慈，從危險變為安全。二戰德國進攻蘇聯時，美國對史達林和蘇聯的形象由負面轉為正面。事實上，我們在二戰中的對手——德國、日本和義大利——在戰爭結束後成為堅定的盟友。相反地，蘇聯在幾十年冷戰中又回到負面的軌道；然後，蘇聯解體後，它又重拾更正面的形象。在世界其他地方，不和的鄰國已經學會容忍彼此的分歧並建立建設性的互惠關係。如果說，對於其他個人、群體或民族國家的形象和信念具有足夠的可塑性，可以隨著情況變化而轉變，那麼它們會受到預防性或干涉主義策略的影響嗎？了解個體心理學可以為制定造福人類的計畫提供基礎，特別是政治和社會計畫需要考慮到，有害意識形態如何利用偏見信念、扭曲思維和惡毒形象將擁護者連結起來，並將外來者與異議者視為敵人。此外，也應考慮到宣傳在激發恐懼、偏執和誇大方面的有效性。我們有工具來克服個體治療中的這些偏差，但必須找到一種更廣泛運用這類知識的方法。

拓寬眼界

了解如何激發人性中仁慈的一面，為消除有害行為提供另一個基礎。拓寬我們的眼界，將「外人」視為和我們一樣的人類，可以對他們的脆弱性和痛苦遭遇激起同理心。例如，一九八〇年代中期，電視上飢餓的衣索比亞人畫面激起世人同情其困境，大量糧食因而湧入該國。顯然，教育可以發揮有效作用，讓人參與減輕他人痛苦的慈善活動。那麼，我們是否可以喚起一樣的同理心來緩衝對他人的敵意？人們只要對於對立群體懷有偏見，就不會激起同理心。

重要的是要確認對立群體的觀點，並認清雙方都存在偏見。如果對方已經將我們視為**敵人**，可能會在原始認知層面上回應我們的行為。如果沒有意識到這一點，我們將更加脆弱。

---

79 A. Bandura, B. Underwood, and M. E. Fromson, "Disinhibition of Aggression Through Diffusion of Responsibility and Dehumanization of Victims," *Journal of Research in Personality* 9 (1975): 253-69.

當然，像聯合國這樣的國際組織可以提供干預方案來預防並緩和衝突。然而，如果他們能清楚意識到各方將有偏見的想法和形象帶到談判桌上，他們將會更有效地實施緩和措施。調解人員可以採用寬廣的視角，將對立的各方當事人狹隘視角都納入考量。此外，一些社會和經濟因素會導致並加劇偏見思維，只要解決這些因素，國際組織可能可以避免導致衝突的尖銳敵意。調解人員需要能夠預測未來各種行動方案的可能後果。

我們應該根據對於仁慈和理性等人性光明面的理解來制定計畫，如此一來，我們可以打造或加強抵制敵意和暴力的親社會結構。同理心、合作和理性等天性，與敵意、憤怒和暴力一樣是人性的本質，可以為打造親社會結構提供基石。一般來說，理解和同理心較易投射到所屬群體而不是外人身上，但要將它們擴及全人類的話，所遇到的障礙並非不可撼動。[80]

一個人可能會對他人抱持錯誤印象並誤解其意圖，因而經歷很多痛苦和憤怒。當然，他或她可能會偶爾正確推斷出他人的敵意並需要擬定策略來處理它。然而，最要緊的是培養自省能力，以審視我們對他人行為所做出的解釋。此外，我們還需要開發一種能力，合理並準確地設想別人對我們的印象。[81]

幼兒不知道別人對某個情況的看法與自己的看法不同。就像一齣戲的導演一樣，他相信自己知道其他玩伴的動機。既然玩伴也積極參與了某個行動，他便假設他們對這次行動的看法與他的看法一樣。因此，當孩子受罰時，他認為自己是無辜的受害者，父母則刻薄又不公平。他還相信父母知道自己很刻薄。當然，隨著孩子成長，他會意識到不同的人可能對某種情況有不同看法。[82]

他逐漸社會化，愈來愈能理解家庭和文化中的道德訊息——例如，若因弟妹亂動他的玩具就動手毆打是不對的。

當人處於情緒激動狀態——例如，敵對模式——思維會恢復到幼兒水準。如果另一個人看似粗暴地阻撓他們滿足需求，他們的內心劇場就會上演相同戲碼：對方行為不當又壞心，而且故意苛待我。當個人隸屬某個群體，面對群體挑戰時也會有類似想法。他會認為所屬群體成員是無辜的受害者，挑釁者行為不當、壞心又不道德。就像中世紀道德劇的劇情，罪人必須受到懲罰。

當全國為戰爭瘋狂時，類似的想法就會蔓延每個角落。例如，一戰剛開打時，即使是雙方教育程度最高的知識精英，也深信自己的國家完全無辜及正確，對手則是侵略者，而且全是壞人。就像年幼的孩子一樣，他們不能或不會相信對方對他們有同樣的感覺。[83]

---

80 大量證據表明，利他主義、慷慨和善良是人性的生物基本層面。哲學家艾利奧特·索伯（Elliott Sober）和生物學家大衛·雪林·威爾森（David Sloane Wilson）詳細介紹了整個動物王國的利他主義。他們的例子從自我犧牲的寄生蟲到群居的昆蟲，再到人類的自我犧牲和利他主義。為了證明利他主義可以透過自然選擇產生，作者重新提出「群體選擇」的概念，其中進化發展的單位是群體而不是個體。被拋棄多年的群體選擇概念現在似乎有了重要作用，可以用來解釋這些「親社會行為」。E. Sober and D. S. Wilson, *Unto Others: The Evolution and Psychology of Unselfish Behavior* (Cambridge, Mass.: Harvard University Press, 1998)。

81 W. Ickes, ed., *Empathic Accuracy* (New York: Guilford Press, 1997).

82 R. Selman, *The Growth of Interpersonal Understanding: Developmental and Clinical Analyses* (New York: Academic Press, 1980).

83 R. N. Stromberg, *Redemption by War: Intellectuals and 1914* (Lawrence: Regents Press of Kansas, 1982).

個人通常將自己視為善意的人，這種身分認同圍繞著「我是好人」的主軸而確立。良心促使他保持這種自我形象，當他被迫做傷害他人的事情，必須讓行為與良心的要求一致。在這方面，群體意識形態豁免了「不可殺人」的誡命。基於更大的利益，需要改變這項誡命。發動戰爭或參與種族滅絕成了消滅邪惡的行動，因此這是一種行善。

對手主要形象轉變是這種變化的重要前奏。眾所周知，無論行為是基於個人還是群體成員的立場，一個人都很難拓展其狹隘、高度集中的觀點。若要**遠離**自我中心觀點，必須接受這個原則：雖然自己的觀點**感覺**真實及合理，但它可能帶有偏見，甚至完全錯誤。在一個人承認他的觀點可能存在錯誤後，就可以退後一步，對其有效性提出這些質疑：[1]

- 我有沒有可能誤解另一個人（或群體）看似冒犯的行為？
- 我的解釋是基於真實的證據還是先入為主的成見？
- 有其他解釋嗎？
- 我是否因為自己的脆弱或恐懼而扭曲他人或群體的形象？

即使個人堅持自我中心觀點，諸如此類的批判性問題也會挑戰他自我中心的思維方式。例如，雷蒙能夠改變觀念，停止認為妻子的批評是在攻擊他的男子氣概，並接受她沒有惡意。

若要在衝突情境中成功遠離自我中心的意念，就要採取**去中心化**行動：以公平客觀的觀察者角度重新賦予情境意義。[2]去中心化還可以站在同理心的角度來理解對手的觀點。

另一個臨床例子展示理解「對手」的觀點如何有助於解決衝突和隨之而來的有害行為。一位父親和十八歲女兒陷入爭執當中，父親的規定非常嚴格，但女兒全力反抗，兩人已憤怒到互毆的地步。在一次聯合問診中，雙方都憤怒地解釋自己對問題的看法。在討論扮演「對手」的重要性之後，父親扮演女兒的角色，女兒則扮演他的角色。他們針對女兒的門禁時間和用車習慣上演平日的衝突模式。

在一場戲劇性爭吵後，治療師詢問父親和女兒的感受。父親表示，扮演女兒的角色讓他想起自己少年時期與父親發生的衝突；他承認他現在可以理解女兒的感受。他發現，在扮演女兒的角色時：「我覺得我被踩在腳下——他（女兒所扮演的父親角色）不尊重我的感受，只在乎他自己。」

女兒在扮演父親後描述她的看法：「看得出來他確實關心我，要是我太晚回家，他真的很擔心我會出事。他對我很嚴厲是因為他在乎，而不是因為他試圖控制我。」在角色扮演過程中，她表現出同理心的主要特質，因為她實際上能夠體驗到父親的焦慮。

在反串過程中，進入另一個人的世界是結束互相對立的關鍵因素。雙方因此培養了更寬廣、更客觀的視角，他們終於明白，彼此的衝突並不是因為任何一方是惡意的，而是雙方都因對方的

---

1 但是，在某些緊急情況下，下意識反射性解釋可能會挽救生命，但經過省思後若發現誇大或不正確，則會進行修正。

2 I. E. Sigel, E. T. Stinson, and M. Kim, *Socialization of Cognition: The Distancing Model* (Hillsdale, N.J.: Erlbaum Associates, 1993).

反對行為而擔心並受傷。他們站在全新而更加平衡的角度看待對方，怒氣隨之減少，並獲得解決衝突的機會。運用理智來理解並重新解釋，也為發展真正的同理心奠定基礎。

同理心

你是否曾經仔細觀察，足球比賽的觀眾如何模仿球員的動作？當射門員準備射門，球迷會起身並移動，好像要幫助他在被阻擋之前將球頂過去。我們觀察到類似的自動反應，當人看到另一個人陷入痛苦，他們會畏縮或掙扎。

亞當・斯密（Adam Smith）早在一七五九年描述過這類情景：

> 當我們看到別人的腿或手臂就要挨打時，我們自然會縮回自己的腿或手臂；當對方真的挨了那一下，我們會在某種程度上感覺到它，並跟挨打的人一樣覺得痛……。性情細膩敏感的人抱怨，看到街頭乞丐暴露出來的瘡癰，身體相應部位就很容易發癢或不舒服。[3]

這樣的反應使人做出不自覺和無意識的行為—就像用橡膠鎚敲打膝韌帶的反射動作一樣。然而，在各種反射性行為之後，可能會出現真正的同理心，這和人與人的基本連結有關。兒童和成人會無意識地模仿他人的表情和姿勢。[4]托兒所裡一片哭聲可能是嬰兒互相模仿，並不是對引發哭聲的嬰兒有任何感情。[5]儘管如此，有強力證據足以表明，僅僅一歲的孩子也能感受到別人的悲傷。[6]

理查・拉薩魯斯（Richard Lazarus）透過放映工業事故電影引起受試者焦慮反應。[7]無論是用身體動作還是情緒困擾來回應，人類似乎天生對他人的痛苦經歷有反應。同情心是為別人感到難過，但沒有經歷對方的痛苦，而真正的同理心與同情心相反，它包括與另一個人的觀點相同，並實際經歷他的痛苦。

要體驗真正的同理心，僅僅想像他人的觀點是不夠的。精神病患可能非常擅長「解讀心思」，以此做為操縱他人的策略。真正的同理心需要我們關切處於痛苦中的人，還要預測和關心一個人的行為對他人可能產生的有害影響。

諸如《辛德勒的名單》（*Schindler's List*）和《勇者無懼》（*Amistad*）之類的電影表明，不同觀眾天生就能將自身與納粹控制下的歐洲猶太人或奴隸船上的非洲人所遭遇的困境融合在一起。電影可以引起同理心，此事實表明即使當事人和事件離我們很遠，我們也有能力產生這種社會情感。

---

3 A. Smith, *The Theory of Moral Sentiments* (1759; reprint, Oxford: Clarendon Press, 1976).

4 M. L. Hoffman, "*Empathy and Justice Motivation*," Empathy and Emotion 14(1990): 151-72.

5 E. Hatfield, J. Cacioppo, and R. Rapson, *Emotional Contagion* (Cambridge: Cambridge University Press, 1994), pp. 82-86.

6 C. Zahn-Waxier, E. M. Cummings, and R. Iannotti, eds., *Altruism and Agression: Biological and Social Origins* (New York: Cambridge University Press, 1986).

7 R. S. Lazarus, *Emotion and Adaptation* (New York: Oxford University Press, 1991).

在電影之外的個人經歷中，面對那些因種族、宗教或距離而與我們相隔遙遠的人，我們可能必須齊心協力超越自我中心觀點，以便在情感上融入他們的痛苦中。

此外，在某些情況下，同理心反而需要抑制。外科醫生和其他醫務人員必須對病人進行切割、注射和麻醉，但不能因同理心高漲而受影響。醫生和護士通常可以超脫他們必須施加的疼痛和痛苦，從而有效地履行職責。不幸的是，同樣的超脫情形發生在接觸或參與刑求或殺害他人的行凶者身上。在許多攻擊事件中，如安全部隊毆打異議分子、丈夫攻擊妻子，以及母親虐待兒童等等，也是因為對受害者缺乏同理心。無論衝突是縮小到家庭成員還是擴大到國際社會，同理心都可能會失效。

韓戰期間，美國軍方發現步兵不願向敵人開火，於是在越戰爆發後，軍人必須接受專門培訓計畫，以便在麻木不仁的情況下殺死敵軍。[8]這項計畫後來達標，受過訓的軍人在戰鬥中堅持對北越軍隊開火。根據小道消息，原本對於刑求囚犯相當反感的下屬變得更加習慣，到最後甚至樂此不疲。[9]

當我們與關心的人或有共同目標的人互動時，同理心會自動產生，若互動對象是看似截然不同的人，便很難出現這種反應。當我們對另一個人或群體感到不屑或憤怒時，尤其難以產生同理心。例如，一個小女孩在冰上滑倒並受傷，我們可能會由衷感到難過，立刻伸出援手。但是我們對一個明顯喝醉且滑倒的成年人有什麼感覺呢？通常，我們會覺得有趣甚至反感。小女孩的事故引起共鳴，我們可以認同她的脆弱和疼痛。

當我們將某人的痛苦歸因於他無法控制的因素時，我們會同情那個人。然而，如果我們認為事故該由當事人負責，特別是如果我們將其歸咎於道德或性格缺陷，就很容易貶低受害者，認為醉漢的不幸純屬**活該**，他這是自作自受。同樣地，被汙名化的群體通常被認為不值得我們關注；這些人都是罪有應得。[10]當一個群體的成員對另一個群體的人反感，例如在暴動或戰爭期間，他們可以在毫不內疚或同情的情況下施加痛苦。事實上，他們覺得自己在做正確的事。

儘管如此，即使是被我們看不起的人，我們也有可能對他們產生同理心。當我們能夠接受受害者的觀點，便能體驗他的感受，儘管這種感覺很微弱。如果我們能站在另一個人的立場，想像自己也經歷相同的歧視或壓迫，對於被苛待的外部群體，我們或許可以接納其觀點，並對他們的痛苦感同身受。這種認同受害者的過程有助於培養開明的道德觀。

道德領域的誤用

像幼兒一樣，成年人和群體經常做出自私自利的解釋，並引用自我中心的正義和道德。他們

---

8 D. Grossman, *On Killing: The Psychological Cost of Learning to Kill in War and Society* (Boston: Little, Brown, 1995).

9 參見第十一章。I. L. Janis, *Victims of Groupthink: APsychological Study of Foreign Policy Decisions and Fiascoes* (Boston: Houghton Mifflin, 1982).

10 M. Lerner, *The Belief in a Just World: A Fundamental Delusion* (New York: Plenum Press, 1980).

經常以反射性衝動回應實際或假定的冒犯，藉以懲罰冒犯者，即使對方不知道自己已經違反他們的規則。正義的教條——對與錯、善與惡——容納無數激進組織的意識形態、政治抱負和報復動機。這類人的中心思想往往是這樣：「他們（政府、資本家、猶太人）不公正地對待我們。因此，我們被迫以正義之名破除他們的控制並給予懲罰。」[11]在那些廣為宣傳的例子中，極端分子在適當時機和挑釁下訴諸暴力以實現目標。報復性正義教條在歷史上排擠其他道德學說，例如「不可殺人」。

革命分子為其在法國和俄國大革命期間的大規模處決辯解，理由是貴族階級已經墮落，應該受到懲罰——即使受害者不覺得自己做錯事。他們被殺是因為行凶者推動意識形態塑造的形象，把他們描繪成人民的**敵人**。[12]

政治或軍事領導人在警察腦海中植入異議分子的惡意形象，警察的回應則是對異議分子採取惡意攻擊。雖然警察不害怕自身受到傷害，但他們認為國家是脆弱的，因而覺得攻擊甚至折磨那些破壞體制的人是正確的行為。

小孩對遭受痛苦的人具有同情心，也能感同身受，然而，一旦涉及自身利益，他們通常會以自我中心的正義準則做出回應。一個六歲男孩打妹妹，因為她弄亂他精心組裝的摩天大樓模型，她的行為應該受到懲罰。當他認為自己的權利受到侵犯，對於犯罪和懲罰的觀念就會恢復到原始水準。因為心疼模型受損，他迅速放棄不傷害妹妹的規定，以便施加自己的正義準則。然而，在其他時候，如果她不小心跌倒並受傷，他會為她感到難過。當他的自尊因樂於協助而加強，他就可以盡量保持公平。

通常，如果兒童的願望沒有比其他兒童的願望優先滿足，他們會抱怨受到苛待。如果父母的判斷對他們不利，他們會譴責程序不公正和懲罰不公平。儘管兒童和成人可能主觀認定自己是公正的，但行為往往是由自我中心信念驅動。懲罰、伸張正義的欲望提供一種權力感、自以為是和不受約束的自由。因此，個人傾向於自作主張，對於所謂的他人不當行為進行懲罰。

他們沒有試圖澄清衝突可能的來源，而是主觀認定自己在維護憤怒和報復的權利。事實上，他們對正義的訴求來自原始的反射性思考，受傷的感覺會自動觸發報復衝動。他們認為自己理由正當，因為將受傷感覺和懲罰衝動連結起來，形成這樣的信念：「既然我受傷，我就有資格懲罰冒犯者。」此外，他們試圖控制甚至消滅他人，以減輕自己的挫敗感或無能感。

為了所謂的不當行為而傷害他人，這個決定或多或少遵循用於衡量一個人是否犯罪及該不該受罰的司法制度。這些標準在評估法律方面有罪或無罪時很管用，但若在日常互動中用來評估另一個人是否違規，往往帶有偏見。

11 儘管這個教條被完全歪曲，但我們需要牢記，真正的不滿確實存在；許多群體受到壓迫、剝削和虐待，暴力似乎是唯一的解決辦法。

12 「敵人」這個概念類別雖然看起來暫時空缺，但仍處於潛伏狀態，隨時準備被不同或可能相同的敵對者再次填補。

・他知道或應該知道他的所作所為會傷害我。
・因此，他的行為一定是故意的。
・他的主要動機是以某種方式傷害我。
・既然他行為錯誤，心地又邪惡，就應該讓他受苦。
・這樣的懲罰是公正的。

社會對犯罪和懲罰的概念反映個人的冒犯和報復模式。此外，司法原則可能會影響個人對冒犯行為和適當懲罰的概念，反之亦然。正如政府認為監禁小偷是一種執法措施，一個打牌被詐賭或被配偶欺騙的人會引用報復原則來減輕他被冒犯的壓力。

我們將世界劃分為不同領域，個人及私有領域包括我們特別投注心力的生活層面。我們對自己、親密關係及群體目標和理想所賦予的意義結構，都被納入自我概念中。一個由規則、信念和禁令組成的複雜系統，保護我們和個人領域中的其他人。這個系統構成群體道德：公平、互惠和合作。我們漸漸成長，個人領域會隨之擴展到所效忠的種族、宗教、社會階層、政黨和國家，保護罩擴及群體中與我們有共同關係的成員。我們認可維繫公平的群體規範，也在乎並預料我們的冒犯行為將因造成全體羞愧、內疚或焦慮而受罰。

由於我們在個人領域投注如此龐大的心力，因此對於外界的威脅和機會始終提高警覺。貶低或增強個人領域的事件使我們憤怒或快樂；那些威脅到我們個人領域的人會讓我們焦慮。由於自尊以及自身和重要他人的安全與保障至關重要，我們傾向於對所謂的敵人反應過度。

有時候人似乎更以群體為中心，並準備為群體利益犧牲自己，但他們仍然保留大部分的自我中心。當我們參與集體事務，個人的利己主義與群體需求和評估融為一體。由於人天生就傾向於自我中心，所以我們重視並對自己圈子的成員有正面偏見，並且容易對外人產生對比的負面偏見，尤其是當他們與我們的群體競爭或對立時。個人利己主義會演變為群體利己主義，或稱為群體主義。個人的仇外心理是「我與外人」，群體則是「我們與外人」。群體的意識形態往往凌駕人文主義和普世道德的基本原則。事實上，正如柯斯勒所指出，群體主義可能比個人主義更具破壞性，因為它可能導致種族衝突、迫害和戰爭。[13]

個人服膺群體的期望，因而獲得許多優勢，以致很難採取與群體意識形態相悖的開明立場。與其他群體成員合作、團結和互惠會令人感到滿足。群體不僅提升歸屬感，也賦予成員力量感，消除許多人身為單一個體的不足感。不幸的是，群體的忠誠度愈高，自己人和外人之間的差異就愈大。關於宗教異端、階級鬥爭或政治顛覆的言論所激起的偏見在群體中被放大，控制甚至消除威脅性對手的需求變得更加強烈。找出敵人大大增強了群體團結並提供廣泛的滿足感，惡意形象可能導致迫害或屠殺。

---

13 A. Koestler, *The Ghost in the Machine* (1967; reprint, London: Pan Books, 1970).

行凶者將受害者從道德約束的世界中驅逐出去。由於這些對手錯誤、壞心而邪惡，沒有資格享有人權，**活該**受到傷害或殺害。「正當的」暴力提供直接滿足感。事實上，傷害另一個人的行為本身就會使那個人淪落到非人層次；它強化受害者可隨意犧牲、毫無價值、低人一等的形象。從理論上來看，宗教和其他意識形態所倡導的普救論[14]阻礙了宗教、種族或民族暴力。然而，隨著敵意增加，普遍人權和人命神聖的哲學往往會崩潰。

當目標變得非常重要，人命通常會被完全無視，即使沒有被視為危險敵人的個人也可能被隨意殺死。世界各地的平民屠殺事件，以及紐約世貿中心和奧克拉荷馬聯邦辦公大樓等爆炸事件持續存在，行凶者的目的都是為了發表政治聲明並顛覆政府。無名受害者被視為可以任意處置，對恐怖分子來說，這些人存在的唯一意義是透過死亡幫助他們完成目標。

有多少次發生戰爭和屠殺是因為行凶者確信自己遵守更高道德準則，以致對受害者的同情心沒有發揮作用？在個人和群體之間的關係中，道德感被轉化為可能排除關心的特殊正義概念。一九九四至九六年，犯下波士尼亞大屠殺的塞爾維亞行凶者認為，他們只是在伸張正義，因為據稱穆斯林支持克羅埃西亞人在二戰期間大規模屠殺塞爾維亞人。[15]塞爾維亞領導人知道，這些指控並不真實，但士兵深信不疑。在蘇聯、中國和柬埔寨進行階級鬥爭的理由是特權階級剝奪和剝削工人階級。因此，大規模處決是基於懲罰不法行為的司法原則。

正義和關懷的道德觀

人文主義準則即人類普遍的概念，可以解決部族主義、民族主義和自私道德的僵化視角。如果人的生命價值超越一個人的政治或社會意識形態，那麼要實施有害行為就會更加困難。

人有許多不同的道德聲音。想一想這個例子，自豪的父親打算表揚成績優異的女兒。此時正義感可能會下令，她應該比表現不佳的弟弟獲得更高獎勵。然而，若弟弟連及格都有困難，並且非常在意自己被拿來與姊姊比較，那麼父親對小兒子的同情將會抵消對女兒優秀成績的興奮。雖然評估表現時採用相同標準看似公平，但如果這種評判不必要地傷害了另一個人，顯然是**缺乏關懷的行為**。

發展心理學家最初在著作中探討道德議題時，圍繞著這個主題：隨著兒童日漸成長，對正義的理解愈來愈複雜。勞倫斯・柯爾伯格（Lawrence Kohlberg）概述一系列道德發展的六個階段，最終形成最人性化的正義版本。[16]卡羅爾・吉利根（Carol Gilligan）納入關懷的概念，與道德具有同等

---

14 譯注：指所有人終將得救。

15 一九八六年，斯洛博丹・米洛索維奇（Slobodan Milosevic）虛構科索沃阿爾巴尼亞人對塞爾維亞人進行「身體、政治、法律和文化滅絕」。住在科索沃的塞爾維亞人不多，其中只有少數死於阿爾巴尼亞人的暴力事件，但大多數塞爾維亞人都相信這一點。米洛索維奇的聲明導致一九九二年在波士尼亞的塞爾維亞大屠殺和一九九八年科索沃村莊的破壞。R. Cohen, "Blood Stains in the Balkans; No, It's Not Just Fate," *New York Times*. October 4, 1998, p. D1。

16 L. Kohlberg, *The Psychology of Moral Development: The Nature and Validity of Moral Stages* (San Francisco: Harper & Row, 1984).

重要性。[17]

一般的傳統道德正義概念著重於確保人的獨立性。這種**個人主義**取向強調權利，包括生命、自由和追求幸福；平等機會；公平對待和正義。這種取向的核心是假設人對於正義有相互競爭的要求，並為了可用資源或個人提升而相互衝突。而**關懷**取向則恰恰相反，它是一種連結的觀點。從這種取向中產生的道德準則主要針對敏感察覺他人需求、為他人福祉負責，以及為滿足他人需求而犧牲自己的需求。當面對複雜情況時，人必須決定要維護自己的權利，或是表達關懷，還是僅僅追求自己的利益。

研究表明，即使是學齡前兒童也有能力做出道德相關決定。他們能夠區分違反道德的行為與其他形式的不當行為，特別是違反社會習俗的行為。他們知道引發羞愧或尷尬的社交失誤與可能傷害他人的故意違反道德行為有何區別。即使現場沒有權威人士，也沒有禁止違規行為的具體規則，孩子們也能夠將違反道德視為錯誤行為。他們還能夠區分正義和關懷，可以具體指出什麼行為屬於侵犯權利、公平和正義，什麼行為屬於疏忽關係、責任和感情。[18]

即使是年幼的孩子，當他有能力幫助同學也會感到高興，並在傷害她時感到內疚。孩子能夠為自我中心的決定貼上「錯誤」標籤，比如去看電影而不是探望生病的朋友，並為親社會行為貼上「正確」標籤，比如為走失的小狗尋找主人。當然，即使孩子知道該做正確的事，他們的自私動機也常常占上風。他們往往非常擅長為道德規則的例外情形提出合乎邏輯的理由。

應用道德準則通常需要付出代價，至少需要花費精力控制有害衝動或犧牲個人目標以幫助他人。孩子接受社會化主要是為了明白一個道理：刻意努力控制「自然而然」的衝動或渴望具有長期價值。個人在成長過程中會培養出自制力，自動壓下打另一個孩子或搶糖果的衝動。要學會控制敵意或自私衝動，必須從他人那裡學到適當的信念。直接懲罰或獎勵通常可以有效塑造可接受和不可接受行為的特定信念。觀察並學習其他重要人物（例如父母）的行為，也可增強社會動機並控制有害衝動。最後，人透過了解規則來學習行為準則，因公開的社交失誤而羞愧和對有害行為內疚等經歷，都能強化心理結構。

人的下意識同理心有助於學習親社會或助人行為，而在缺乏同理心時，這種行為受到外界認可或自我認可的期望所鼓勵。在上述兩種情況下，自我形象都會增強，個體將認定「我是有價值的人」。

互相合作可以減少群體之間的負面看法。在謝瑞夫（Sherif）的研究中，夏令營的十一歲男孩被分成兩組，進行激烈競爭。[19]每一組都看不起另一組男孩，最後開始從事破壞行為，例如突襲另

17 C. Gilligan, *In a Different Voice: Psychological Theory and Women's Development* (Cambridge, Mass.: Harvard University Press, 1982).

18 K. W. Cassidy, J. Y. Chu, and K. K. Dahlsgaard, "Preschoolers' Ability to Adopt Justice and Care Orientations to Moral Dilemmas," *Early Education and Development* 8 (1997): 419-34.

19 M. Sherif, O. J. Harvey, B. J. White, W. R. Hood, and C. W. Sherif, *The Robbers Cave Experiment: Intergroup Conflict and Cooperation* (Middletown, Conn.: Wesleyan University Press, 1988).

一組的寢室。失敗組成員士氣低落，開始互相打架。

接下來，實驗人員營造需要兩組合作的情境。他們的卡車停下來，大家不得不齊心協力推車。他們還必須合作修復破損水管。透過共同努力解決問題，男孩們對另一組產生正面態度。其他研究表明，僅僅是將人連結起來並不能減少偏見，但為共同目標而努力就可以。

利他主義

社會結構如千絲萬縷交織在一起，形成了利他主義，包括同理心、關懷、認同弱勢及仁慈的自我形象。當另一個人明顯處於困境或危險當中，往往會激發潛在的志願者挺身幫助受害者。利他主義存在於連續過程中，從提供一般服務到做出重大犧牲再到承擔嚴重風險以挽救他人生命。自我犧牲和風險是利他行為兩大特質，一般來說遠遠超過幫助者獲得的實際利益。有時，挽救生命的唯一回報是做了一件正確的事而激起的愉悅。利他行為的關鍵要素是救援者對生命的尊重以及對受害者的恐懼或痛苦感同身受。受害者和救援者在共同的人性展現下結合在一起。當一位幫派分子違反幫規並協助敵對幫派的傷兵，可能會受到所屬幫派的反對甚至懲罰，而且說不定得不到受害者的感謝。這種得不到回報的行為代表純粹的利他主義。

有些人只在自己的群體範圍內表現出利他行為。例如士兵自願在敵後執行危險任務，邪教信徒在市場引爆自殺炸彈，以抗議其教派受到的待遇。這類事件象徵著狹隘的利他主義。個人將自己的犧牲限制在其所屬群體的目標上，這種對群體使命和福祉的奉獻通常是群體自戀和利他主義的表現。群體成員展現對目標的承諾，對其他成員的忠誠，並願意冒險或放棄自己的生命，但他們很少關心對立群體成員的生命。

不管是政治還是宗教性質，大多數激進組織都擁有優越甚至至高無上的集體自我形象。他們相信自己掌握通往真理的途徑，並對非信徒感到不屑。無論是像光頭黨這樣的激進組織，還是像德國希特勒或蘇聯史達林這樣的政治精英，激進分子通常都有由群體或國家控制的完美世界願景。在宏偉夢想的驅使下，他們透過征服或革命來擴大自己的勢力。他們的目標不是同情，而是要消滅受害者。擁護者將自己對權力和榮耀的願望與領導人的願望結合起來，以擴張和征服為樂。

愛國主義和帝國主義可能打著解放戰爭的旗號大行其道。美國軍隊在一八九八年將暴虐的西班牙人趕出菲律賓，雖然出於善意的動機，但仍試圖透過武力強加美國的控制權，延續的戰事導致反叛的菲律賓人遭到大屠殺。為使異教徒皈依「真正的宗教」，傳教士在世界各地犧牲生命。這種宗教性帝國主義表面看來是利他主義，但一部分是由傳教者的集體自戀驅動的。

群體自戀在很多方面都是利他主義的對照。軍國主義者和革命團體強調無形的制度化價值觀，如宗教、國家和家庭，並訴諸暴力來執行計畫。他們奉行「目的正當便可不擇手段」的理念，向群體內外的對手宣戰。內部異議分子被打為異端或叛徒，外部對立者則被視為敵人。擁護者的身分附屬於領導人制定的群體目標。在這種情況下，擁護者的自我犧牲代表一種幼稚和侷限的利他主義。

開明的利他主義

普遍存在的人道利他主義是群體自戀的解藥。這種開明的利他主義可以避開或削弱暴君。回到前面的例子，五月廣場的母親們冒險戴著白頭巾遊行，上面寫著兒女的姓名和失蹤日期，這些年輕人遭到阿根廷軍事獨裁政權逮捕並處決。這種勇敢行為有助於動搖政權基礎。人道利他主義的重點是人際關係和一視同仁：個人被視為全人類的同胞，而不是群體固定不變的成員。群體利他主義經常被激發以拯救大批人，例如一九八〇年代中期為飢餓的衣索比亞人提供大量食物，飢餓兒童腹部脹大的畫面觸動全世界的集體良知。同樣地，許多國家的人民團結起來，為洪水和地震受害者提供援助。

一般來說，自戀和利他主義在二元人格結構中代表相反的模式（見下表）。自戀主義偏愛自我；利他主義偏愛他人。在自戀模式中，人的心力都投注在提升自己的興趣和拓展個

自戀－自大	利他－人道
我們的群體（國家等）是優越的，是天選的，是精英。	所有的人都是平等的、有價值的。
外來者是潛在的敵人。	外來者是潛在的朋友。
我們的權利和主張淩駕他人的權利。	沒有哪個群體有優先權。
他們的生命可以犧牲。	所有生命都是神聖的。
如果我幫助群體內部成員，就會成為更好的人。	如果我幫助群體以外的人，就會成為更好的人。

人領域。他會與他人競爭，主張並捍衛自己的權利和特權，並為維護自己的特質和身分而奮鬥。在利他模式中，他會關心別人的福祉，將他人的需要看得比自己的利益還要重，並因此獲得滿足感。此外，他還會小心保護弱勢、貧困群體和底層社會的權利。

根據情況，人可以在自戀和利他模式之間交替。提供自我提升機會或對個人領域構成挑戰的情況將激發自戀模式，他人處於危險或痛苦中的情況（「呼救」）則可能激發利他模式。儘管開明的信念系統可能會支配群體或國家內部成員的思想和行為，但問題很容易因為原始模式的偏見思維而加劇。

自戀－自大和利他模式在群體或國家之間的關係中具有特別重要的意義。觀察每種模式所包含的信念類型，可知哪些信念應該被削弱，哪些信念需要加強。儘管衝突**原因**眾多且複雜，但只要更加關注雙方領導人和擁護者的心理，便能擬定**解決方案**。如前所述，聯合國等超國家組織代表在試圖解決爭端時，需要考慮衝突各方的偏差、二分法思維。調解員應該了解二元信念體系，努力將自戀－自大取向轉移到利他－人道取向。

平民生活中的英雄主義行為使得深切關注他人安全或生命變得戲劇化。自一九〇四年以來，卡內基英雄基金委員會（Carnegie Hero Fund Commission）每年都會獎勵一些英勇拯救陌生人生命的個人。這些典型的危險行為包括營救被鬥牛犬襲擊的人；爬上起火的卡車，拯救受困司機；還有冒著生命危險阻止性侵襲擊。

研究人員一直無法確定這些英雄人物的人格特質。一名男子跳下地鐵軌道搶救小孩，事後他只是簡單表示，如果他不採取行動，「我的心會死去。」[20]其他採取英雄主義利他行為的人也發表了類似言論。在許多情況下，這些戲劇性行為並非僅僅取決於拯救生命的自發衝動。通常一個重要因素是，救援人員有足夠能力或力量來執行任務。很多時候，救援人員是「冒險者」，對自己完成工作和保全性命的能力充滿信心。

在大屠殺期間，冒著生命危險拯救猶太人的「正義基督徒」也體現純粹的利他主義。山繆爾（Samuel）和珀爾・奧利納（Pearl Oliner）對四百零六名救援人員進行一項嚴謹的研究，發現一些將救援人員與未嘗試救援的對照組區分開來的特質。[21]對兩組進行的採訪和問卷調查表明，救援人員更具同理心，比未救援者更容易感受到他人的痛苦。很多救援人員仍記得救第一個人時內心湧現的同情，此外，他們也有更大的責任感和共通性。

作者將救援人員的利他傾向歸因於家教，包括表揚良好行為、講理和解釋多於嚴厲管教、父母表現出關愛的榜樣，以及被教導「對於和自己不同的人抱持自由態度」。救援人員在回答有關「外人群體」的問題時，融入父母的人道價值觀。當被問到土耳其人、吉普賽人和猶太人與自己是否非常相似，救援人員比未救援人員更有可能表示肯定。

調查救援人員的基本資料，發現有趣的特點，他們的身分橫跨該國各階層，包括農民和工人；教師和企業家；富人和窮人；單身和已婚；天主教徒和新教徒。正如山繆爾和奧利納所指出，救援人員的主要特質是與他人的連結，還有他們的奉獻和關懷。那些利他行為反映他們日常的感知和行為模式，包括對生命的神聖性深信不疑，對權威和錯誤的務實態度，以及判斷是非的準則。

現代人的服務精神十分高昂，近一半美國成年人都會捐血，很多人為慈善事業募款、在醫院當志工、贊助青年團體，或為其他社區目標奉獻心力。更重要的是每天散發的無數善意。儘管以利他主義尺度來衡量這些行為，所得到的評價可能低於新聞報導的英雄行為，但它們說明人類的關懷、慷慨和同理心品格。人會表現出許多不同樂於助人和慷慨的行為，而不期望得到表揚或讚揚，利他行為本身就是回報。例如，幾乎每個人都會幫助走失的孩子並嘗試連絡他的家人，大多數人會很樂意引導盲人穿越十字路口，還有很多人會捐錢來幫助需要昂貴治療的生病兒童。

我們可以在整個動物王國中找出自我犧牲的模式。儘管這種行為是一種本能，但某些共同特質表明它可能是人類利他主義的先驅。例如，動物行為學家曾經描述，昆蟲群、某些鳥類和黑長尾猴之間天生、自動、自我犧牲的行為。在大猩猩、黑猩猩和倭黑猩猩等高等靈長類動物中通常可以觀察到互助行為。[22]人類學家暨動物行為學家珍・古德（Jane Goodall）描述成年猿猴在水中營救黑猩猩寶寶的案例。[23]幾年前，有一則備受關注的報導描述一個孩子掉進大猩猩的籠子裡，最後

---

20 Kohn, *The Brighter Side of Human Nature*.

21 S. Oliner and P. Oliner, *The Altruistic Personality: Rescuers of Jews in Nazi Europe* (New York: Free Press; London: Collier Macmillan, 1988).

22 F. DeWaal, *Good Natured* (Cambridge, Mass.: Harvard University Press, 1996).

23 J. Goodall, *Through a Window: Thirty Years with the Chimpanzees of Gombe* (Boston: Houghton Mifflin, 1992).

被大猩猩救起。[24]

感受同理心，以善心行事，如今成了普遍趨勢，並得到社會心理學文獻強烈支持。大量實驗證據表明，利他模式可以透過適當干預來「調整」。有趣的是，如果旁觀者獨自一人，他更有可能在緊急情況下進行干預。其他旁觀者的存在顯然對提供幫助的動機有抑制作用。然而，人可以透過訓練克服這種抑制。分散責任始終是首選的解釋，但不能完全解釋為何出現這種反應。旁觀者在朋友面前與在陌生人面前更有可能做出利他行為。[25]

受試者被要求想像自己陷入困境或想像一個陷入困境的人如何經歷處境，他們表現出顯著的生理反應。此外，與沒有進行想像練習的對照組相比，實驗組更有可能出於純粹的利他因素而產生同情心並伸出援手。許多實驗表明，當學生被利他行為演講「灌輸觀念」時，他們更有可能在路上幫助病人，即使上學可能會遲到。[26]

社會應用

這種親社會訓練已被證明可實際應用。一項計畫教導幼兒如何站在他人的角度以增加親社會行為。然而，更引人注目的是對十五個不良少年的實驗。他們接受訓練，學習採納他人觀點並站在他人角度看待自己。與未接受這種干預的對照組相比，接受訓練的實驗組後續行為產生正面轉變。[27]

進一步應用這個實驗模型，對洛杉磯公立學校三、四年級學生進行同理心訓練。訓練重點是識別照片傳達的感受，區分現實生活中不同的情緒強度，以及提高換位思考的技巧。訓練過後，學生在自我概念、社會敏感性和攻擊行為方面表現出顯著改善。

還有證據表明，價值觀教學可以融入學校常規課程。加州聖拉蒙谷（San Ramon Valley）的兒童發展計畫包括使用鼓勵換位思考和親社會行為的教材。閱讀練習納入有道德寓意的故事，根據友誼和感情等社會意義進行討論。小組工作旨在灌輸合作的價值觀。此外，學校環境鼓勵孩子們以有成效和親社會的方式參與，學校也希望年齡較大的兒童承擔社區服務。將實施這項計畫的學校與沒有實施計畫的學校進行比較，初步結果顯示，親社會行為和社會敏感性有所增加。

政策制定者、教育人員和家長可以利用大量心理資源來改變個人和群體心中根深蒂固的利己主義。萊斯里・布羅瑟斯（Leslie Brothers）博士以自己和他人的科學研究，展示人類大腦如何演化

---

24 K. Hamilton, "The Winners; Newsmakers of 1996: Hero of the Year," *Newsweek*, Winter 1997 special edition, p. 40.

25 M. Hunt, *The Compassionate Beast: The Scientific Inquiry into Human Altruism* (New York: Anchor Books/Doubleday, 1991).

26 Kohn, *The Brighter Side of Human Nature.*

27 N. Feshbach, "Empathy Training: A Field Study in Affective Education," in *Aggression and Behavior Change: Biological and Social Processes*, ed. Seymour Feshbach and Adam Fraczek (New York: Praeger, 1979), pp. 234-250; N. Feshbach, S. Feshbach, M. Fauvre, and M. Ballard-Campbell, *Learning to Care: Classroom Activities for Social and Affective Development* (Glenview, Ill.: Scott, Foresman, 1983).

出一種與其他大腦「交換信號」的特殊能力。[28]她認為，即使是單一神經元也會回應社會事件。我們的大腦同心協力，創造一個有組織的群居世界。人腦的能力是其他靈長類動物的兩倍，可用於產生理性思維和仁慈行為。下一個千禧年的挑戰將是利用這些資源為人類提供更仁慈的社會風氣。

28 L. Brothers, *Friday's Footprint: How Society Shapes the Human Mind* (Oxford: Oxford University Press, 1997).

CHAPTER 13

個人和群體的認知療法

葛洛麗亞問雷蒙：「你打算什麼時候修水龍頭？」雷蒙怒瞪她，大喊：「滾開！」葛洛麗亞回答：「如果你表現得像個當家負責的男人，做好你的工作，我才不會煩你！」雷蒙對她咆哮：「我會讓妳知道什麼才叫男人。」然後一拳打在她的嘴上。

在第八章中，我提及典型的家暴夫雷蒙，並討論他幼年時期就開始以敵意看待全世界。這種負面觀念影響他成年後的思維，進而影響行為。雷蒙攻擊葛洛麗亞之前的思維過程以及他的憤怒可能有辦法「消除」，可以做為理解和處理敵意情結的範例。

儘管旁觀者可能會將葛洛麗亞的抱怨和雷蒙對她的攻擊視為簡單的因果順序，但他的有害行為最好從基本信念來理解。這些信念被組織成一套演繹系統，決定他對察覺到的威脅或挑戰要做出何種反應。這套演繹系統採用一系列決策規則的形式，用於識別冒犯、評估其性質並做出回應。對冒犯相關特質的解釋——這件事該由誰負責，他或她是否打算造成傷害，以及報復的利弊——被整合到對情況的綜合評估中。然後，這個全面性評估確定雷蒙要如何回應，在這個例子中是一次身體攻擊。

當我們了解敵對互動心理學，就能將它用在有問題的情況，以減少有害行為的可能性。在審視敵意情結時，治療師可以針對關鍵的心理和行為要素，並為其中任何一個或全部設計具體的干預措施。艾瑞克·達倫（Eric Dahlen）和傑瑞·德芬巴赫（Jerry Deffenbacher）的研究證明這種方法確實有效。與對照組相比，認知療法顯著降低個體的憤怒並提升更正面的適應性自我表達。我們以圖13.1說明這些要素，可以運用的具體策略將以各要素為依據進行討論。[1]

識別事件的意義

很明顯，被責罵後的反應並非只有生氣。是否發生敵對反應取決於如何處理與事件相關的所有因素，包括這段關係的性質、對先前衝突的記憶以及雙方的特定弱點和行為模式。當外部事件（例如葛洛麗亞的

圖 13.1 從感受到動手

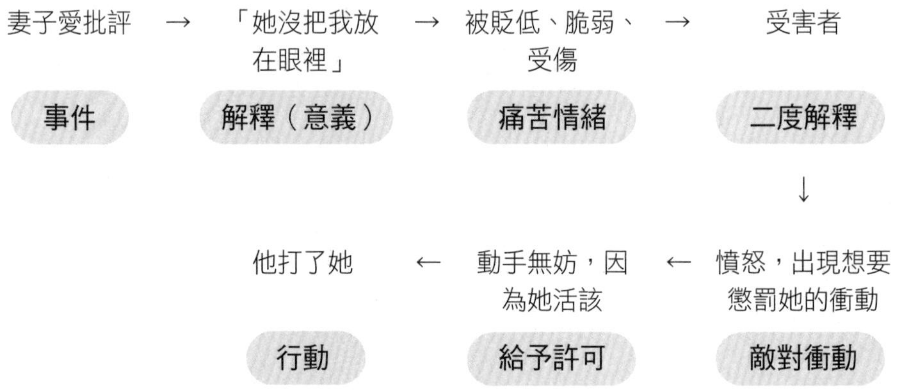

批評）打擊伴侶的特定弱點時，可能會發生像雷蒙這樣的過度反應。揭示刺激的意義可以釐清伴侶的不當或過度反應。

認知治療師有多種策略可用於找出事件的意義。我從一開始投入認知療法便教患者識別特定感覺或衝動之前的自動化思考。這些想法是自動發生的，沒有事先的省思或認知，本質上轉瞬即逝。最初，當患者因刺激情境而經歷悲傷、憤怒、焦慮或興高采烈時，我會請患者嘗試捕捉在感覺或衝動出現之前的想法。這些想法揭示了事件的意義（往往因人而異），並解釋了情緒反應。[2]

憂鬱的自動化思考一般圍繞失敗、悲觀、自我批判等主題展開；焦慮的主要思維是危險；而憤怒則是被冤枉。我最終觀察到，在敵意情結中，自動化思考可能在幾個點出現：心理或生理痛

---

1 關於本章描述的各種認知療法有效性，可以提出一個重要問題。二十年來，理查・貝克（Richard Beck）和艾弗雷姆・費爾南德茲（Ephrem Fernandez）分析五十項研究，納入一千六百四十名接受認知療法的憤怒受試者。結果發現，認知行為療法的平均效果為零點七零，這表明接受此療法的個體在減少憤怒方面比百分之七十六未治療受試者有更好的結果。這些研究中使用的技術與第八章中描述的一些方法一樣，主要應用諾瓦克（Novaco）改編的梅欽鮑姆（Meichenbaum）壓力免疫訓練，這項訓練最初是為了治療焦慮而開發的。R. Beck and E. Fernandez, “Cognitive-Behavioral Therapy in the Treatment of Anger: A Meta-analysis,” *Cognitive Therapy and Research* 22, no. 1 (1998): 63-74; R. W. Novaco, *Anger Control: The Development and Evaluation of anExperimental Treatment* (Lexington, Mass.: D.C. Heath, 1975); D. H. Meichenbaum, *Stress Inoculation Training* (New York: Pergamon Press, 1975)。也請參見艾瑞克・達倫和傑瑞・德芬巴赫的研究，他們證明了認知療法在減少憤怒方面的功效。E. R. Dahlen and J. L. Deffenbacher, “A Partial Component Analysis of Beck’s Cognitive Therapy for the Treatment of General Anger,” *Cognitive Therapy and Research* (in press)。

2 A. T. Beck, “Thinking and Depression: Idiosyncratic Content and Cognitive Distortions,” *Archives of General Psychiatry* 9 (1963): 324-33.

苦的感覺之前、憤怒之前和之後，最後是在攻擊對方的衝動之後。最初不安的想法諸如「她看不起我」或「他不在乎我」之類的內容。痛苦的感覺可能來自情緒方面，例如一閃而過的焦慮或悲傷，也可能是身體上的感覺，例如胸悶、喉嚨哽住或腹部不適。

患者一般不會意識到有痛苦的自動化思考或痛苦的感覺，直到被要求注意在憤怒和想要報復之前出現的每一種想法和感覺。如果患者在治療過程中表現出煩躁跡象，例如沉下臉或語氣暴躁，我會問：「你**現在**在想什麼？」他們可能會說：「我在想，『你不了解我』。」當我要求他們回憶在這樣的想法之後有什麼感覺，他們通常能夠指出在生氣之前有一種受傷的感覺。他們能察覺到受傷感，證明具體干預是一種有效指導。

觸發敵意情結事件的初始含義可以根據其內容進行分組。一組含義圍繞著人際關係喪失的主題：關懷、愛、支持或幫助遭到撤回。另一個主題與個人價值降低有關：被忽視、貶低、嘲笑。在正常情況下，這些含義代表對另一個人行為的合理解釋。然而，當人所重視的關係或自尊受影響，難免會對這種情況賦予誇張含義，進而反應過度。之所以激起憤怒，因為患者推斷對方以某種方式**冤枉**自己，因此對方應受譴責。於是，患者產生懲罰犯罪者的衝動，並迅速評估報復的方式和手段。

回應威脅或傷害而激發的原始思維也負責為有問題的事件分配絕對意義。因此，雷蒙很容易產生諸如「葛洛麗亞**總是**批評我」或「葛洛麗亞**從不**尊重我」（以偏概全）之類的想法。他還誇大葛洛麗亞批評的程度和意義（放大），他將其解釋為對他的有害攻擊。最後，他感到她的惡毒形象，認為她是個充滿敵意的對手。

雷蒙的誇張反應不應視為一種單方面的行為模式。這種反應只是許多甚至大多數親密關係中矛盾情結的一面。大多數時候，雷蒙對葛洛麗亞持有正面看法。只有當雙方互動觸及他的特定弱點時，她的形象才會轉為負面，使他充滿敵意。

認知策略的應用

針對性干預首先要解決挑釁事件的含義。治療師向患者展示如何重新構建對另一個人所謂有害行為的結論，可以幫助他減少過度和不適當的憤怒及報復衝動。

以下技巧幫助雷蒙思考他對葛洛麗亞的批評所賦予的含義。

· **應用證據法則**：鼓勵患者查看與解釋相關的**所有**證據和利弊。我問雷蒙，葛洛麗亞在其他時候是否表現出關心或尊重。他仔細思考這個問題，憶起葛洛麗亞大多時候都很尊重他。她重視他對各種主題的看法，並在社交場合給予支持。一旦聚焦於相互矛盾的證據，就能破除他對葛洛麗亞的以偏概全，並軟化她在他心目中的負面形象。

· **思考另一種解釋**：一個人明顯粗暴的行為有很多可能原因。像雷蒙這樣具有特定弱點的人很容易做出偏差解釋。我提出一些問題，促使雷蒙重新思考結論：「葛洛麗亞批評你是否還有其他原因？

例如，你的拖延讓她受挫，這樣的解釋是否更合適？」雷蒙回想當下，赫然發現葛洛麗亞只是不耐煩，無意批評他。他之所以能理解這一點，因為他在工作中也有類似經歷，當助理沒有按時完成工作，他會感到失望。

・**解決問題**：一個人可能會對另一個人說的話做出多種解釋。他可以接受訊息的表面意思，也可以忽略它的內容，並針對他附加的主觀「剩餘意義」來回應。在痛苦的關係中，一個人可能會將解釋集中在非語言方面，例如伴侶的語氣和表情，從而忽略明顯的訊息。不良互動的歷史和伴侶的負面形象將有助於構建他的解釋。

在高速公路上行駛時，葛洛麗亞對雷蒙大喊：「你開得太快了。」他怒道：「如果妳不喜歡我開車的方式，可以不要坐。」她回答：「你快把我逼瘋了。」接下來的旅程誰也沒有再開口。這是怎麼回事？答案在於雷蒙對情感交流賦予的意義：「她對我沒有信心」、「她試圖控制我」、「她喜歡批評我」。任何解釋都可能是正確的，但與她試圖傳達的訊息無關，她只是想要表達她很擔心。他沒有解決核心問題：他是否開得太快（為了安全起見）？他是否讓葛洛麗亞不舒服？

人因為只關注自己的主觀意義，問題不但沒有解決反而惡化。在治療中，我告訴雷蒙，如果他將注意力集中在葛洛麗亞的擔憂或抱怨上，並嘗試解決真正的問題，他就不太可能感到受傷。他認為這樣做是在「讓步」。我提出一個觀點：只有當他將關係視為一種競賽或權力鬥爭時，才會有讓步的**感覺**。

我建議他嘗試用「合作」的概念代替「控制」，不再執著於誰對誰錯、誰贏誰輸。改變焦點很有幫助，他不再擔心葛洛麗亞「自作主張」，而是專心解決問題。他還能理解並接受這個觀念：妥協並不意味著失去或屈居劣勢，他會從更好的關係中得到回報。

人通常善於解決問題。當受傷感、憤怒、懷疑和不信任介入，他們的解決問題行動就會陷入困境。無論是配偶還是國家領導人，每一方都需要練習拋開他們附加的主觀意義，聚焦於溝通的客觀內容。一旦學會針對明顯的問題做出回應，便已邁出解決問題的第一步。

· **查驗並修改信念**：特定情況的附加含義是由特定信念塑造的，這些信念被納入認知結構（基模）中，由刺激情況引發。它們通常具有「如果……那麼」的條件形式。一旦「如果」指定的條件與在刺激中觀察到的條件相匹配，便會產生意義（「那麼」）。

導致痛苦的信念是敵意演繹系統的重要組成部分，但也存在於憂鬱狀態中。一個人對冒犯行為的解釋決定他是否會繼續感到憤怒或沮喪。如果他將痛苦原因歸咎於另一個人或多個人，他很可能會生氣；如果他把它歸咎於自己的缺點，他很容易感到沮喪。

以下舉例說明因條件信念導致的痛苦：

· 如果一個人批評我，這意味著她不尊重我。
· 如果我沒有得到尊重，那麼我很容易受到進一步攻擊。

・如果伴侶不依從我的意願，這表明她不關心我。
・如果一個人拖拖拉拉地處理事情，這意味著我不能指望他。

當信念觸及重大問題，解釋往往以偏概全或極端。因此，當雷蒙將他關於不尊重的信念應用在特定批評時，他擴大解釋結論，納入他一貫認定的葛洛麗亞對他的看法（「她瞧不起我」）。同樣地，葛洛麗亞對於雷蒙的拖延以偏概全：「他從不承擔跟房屋有關的責任。」隨著事情一再發生，這些以偏概全導致更多分類信念，例如「他不負責任」和「他基本上是懶惰的」。日子一久，這些對他人的口頭標籤會變成負面形象。一旦出現這種情況，負面形象就成為解釋彼此行為的基本結構，與對方的每次後續經歷都套用這個負面形象。

・**修改規則和命令：規則**是另一種信念，比有條件的信念更具命令性，因為它們直接促進或阻止行為。這套命令與禁令系統將「我希望妻子更加恭敬」等較為消極的願望轉化為「妻子**應該**更加恭敬」的絕對規則。在正常情況下，「應該」是相當寶貴的助力，可以激勵自己或他人做重要的事情。同樣地，「不應該」有助於阻止可能導致不良行為的念頭。然而，像雷蒙這樣自尊心不穩的人，會過度使用「應該」和「不應該」做為保護自己的一種方式。當他人不遵守這些命令或禁令時，通常會令他們感到挫敗並做出批判。

命令與禁令相輔相成（見下頁表格）。

那些「應該」採取非常具體的形式，例如「配偶應該更深情一些」。雷蒙下班回家時會想：「葛洛麗亞應該要愛意滿滿（因為我工作很努力）。」當她表現出「專橫」而不是愛時，雷蒙感到失望，然後生氣。她違反一條重要規則：「對**我表達**感激和喜愛。」人們通常不知道自己是多麼頻繁地自動浮現這些「應該」想法，以及自己有多自我中心。我為一些長年易怒的患者提供手腕計數器，請他們自行計算自動化思考，他們訝異地發現，一天下來數量多達一百到兩百次。他們注意到，在許多情況下浮現這樣的想法：「他不應該打擾我」、「我和她說話時她應該微笑」以及「我和他說話時他不應該打斷我」。僅僅意識到這些想法就能發揮治療效用，患者的情緒不再受到這些命令的嚴重影響。

評估和糾正自動解釋與命令，不僅可以幫助一個人重新建構敵意推論，還可以修改潛在的信念結構。一旦確認負面解釋不正確，可為信念系統提供有價值的回饋。反覆推翻「配偶不尊重我」的解釋會改變他認為自己在配偶心目中的形象。

別人應該……	別人不應該……
關懷	冷漠
和善	無情
敏感	遲鈍
接受	拒絕
尊重	鄙視
寬容	嚴格

人都會按照邏輯與實證經驗來推論，我們也可將信念本身納入這套系統，就能對潛在信念帶來長期影響。例如，治療師可以對丈夫的信念提出實證測試，檢驗妻子是否真的不尊重他。方法是及時回應妻子的要求，並觀察她是否以讚賞的姿態回應。正面的發現會削弱他負面信念的力量。

功能失調信念的另一種處理策略是讓它們符合實用標準。例如，治療師可以提出一個問題：將批評與不尊重劃上等號有什麼好處？有什麼壞處？我發現，隨著患者愈來愈意識到命令的存在，他們也愈發明白自己多麼不合理。我試圖透過詢問提供進一步觀點：「期望別人一直按照你的意願行事是否合理？如果他們對你提出相同要求，你會有什麼感受？」雷蒙開始意識到，他總是希望葛洛麗亞一直對他「好聲好氣說話」，因而每每受到傷害。

雷蒙從小就覺得自己「軟弱無能」，哥哥們和鄰居男孩都欺負他。為了彌補這一點，他擺出堅強的姿態，但成年後仍然非常敏感。有人批評他時，哥哥們和同儕潛在的惡霸形象就會被激發。因此，在他對葛洛麗亞過度敏感的反應中，她就像迫害他的人，而他則是受害者。

在敵對遭遇中被放大的形象也可以分析和改進。我讓雷蒙想像他被葛洛麗亞批評的樣子。他看到自己變小，臉上帶著驚恐的神色。葛洛麗亞則愈來愈大，也愈來愈具有威脅性。一旦換上葛洛麗亞更溫和的形象，他就能退出衝突並省思，她不是**敵人**，只是對他的拖延感到不安。

處理困境

對某個遭遇進行負面解釋後立即浮現的不愉快通常會被患者掩蓋，他們對隨後的憤怒情緒更加注意。探查早期受傷、焦慮或其他痛苦感覺，可以為釐清敵意情結提供寶貴機會，這也是治療性干預的重要工具。有條理地詢問患者，可以歸納出這些主觀感受。患者對挑釁事件賦予的意義，可以為他們經歷的痛苦提供大致的指引。

例如，如果病人意識到挑釁情況對他構成威脅，他可能會感到焦慮。如果他覺得被貶低，可能會指出一種悲傷或受傷的感覺。或者，他的主觀感受可能是一種生理上的不適。被壓制或困住的解釋通常與胸悶有關，這是一種窒息的感覺。意外的失望可能與喉嚨哽住或腹部下墜感有關。

鎖定受傷的感覺，往往可以縮短對於被冤枉的過度擔憂，並減少報復的需要。努力走出悲傷、焦慮或窒息的感覺，使患者充分認識到自己的脆弱感，以及他容易覺得被威脅或貶低的信念系統。

雷蒙與葛洛麗亞互動的紀錄說明了這一點。

治療師：當葛洛麗亞因為你不修水龍頭而責罵你時，你有什麼感覺？

雷蒙：我想打她。

治療師：在那之前你有什麼感覺？

雷蒙：氣瘋了。

治療師：我們來回顧一下。想像葛洛麗亞在罵你，你有什麼想法？
雷蒙：她沒把我放在眼裡，想說什麼就說什麼。
治療師：她說那些話時，你有什麼感覺？
雷蒙：我覺得很受傷。
治療師：你從哪裡感覺到的？
雷蒙：打從心底。
治療師：下次你和她吵架時，能不能停下來，想想在你生氣之前有什麼感受？就像現在這樣。
雷蒙：應該可以試試。

雷蒙與葛洛麗亞起衝突時，若能暫停下來，就可以中斷敵對序列的進展，同時意識到自己過於敏感。這為探索他被貶低的信念提供基礎。接下來，我們要討論一個概念：他的不安不僅源自他認為自己被她貶低，也包括他覺得**她不在乎他**。由此我們可以建立一個額外的信念：「如果葛洛麗亞真的在乎我，就不會批評我。」她不在乎他的想法引起短暫的抑鬱感。後來證實，雷蒙也擔心葛洛麗亞可能會離開他。這個發現為討論和進一步評估開闢全新途徑，我們開始探討他對遭到拒絕的擔憂。雷蒙隨後在他的反應中看到矛盾之處，由於對葛洛麗亞動粗，他很可能親手造成他最擔心的事情——也就是被她拒絕。

在大多數情況下，將痛苦的責任歸咎於另一個人，便足以讓一個易怒的人將這種行為視為冒犯並發怒。我們有多少次看見司機在堵車時搖下車窗，朝前面的司機大喊大叫——即使對方和他一樣也被困在車陣中！像這樣的受困會引起無助感；責備他人有助於減少一個人的無力感。

別人有問題的行為究竟是出於偶然還是故意，這是敵對反應的另一個重要特質。即使是偶然行為也會大大激怒被冒犯的人，特別是粗心、疏忽或無知造成的不當行為，可能會引發受害者懲罰冒犯者。出現嚴重傷害時，受害者會更加憤怒。另一方面，如果冒犯行為看起來比較無害且可以原諒，那麼受害者可能不會對冒犯者產生任何敵意。

易怒的人比不易怒的人更容易從他人的反感行為中解讀出敵意，不易怒的人比較願意將原因不明的有害事件解釋為偶發事故。同樣地，處於痛苦婚姻中的伴侶更容易將不愉快行為歸咎於配偶的惡劣本性，而關係良好的夫妻會將同樣的事件歸咎於情況的本質。一個人以偏見解釋他人行為，或許這就是她平常處理訊息的方式，也或許只發生在衝突的關係中。無論如何，當人被激怒，憤而責備對方時，他們更有可能對那個人做出「性格」診斷，一口咬定他惡毒、愛耍詭計、欺騙。

權利與權益

我們有多少次聽到某人憤憤不平地抱怨：「你沒有權利這樣對待我！」我們都會打造一個保護性的期望系統，防止他人入侵或失職。當我們確定某個權利受到侵犯，比如某人的想法不顧我們的意願，我們的憤怒程度通常與實際損失不成比例。

易怒的人尤其非常重視保護自己的權利。我在劇院或超市排隊時，偶爾會看到某些人被插隊會立刻勃然大怒。同樣地，即使「損失」的時間微不足道，需要等待的服務也會激怒一些人。「保護」自身權利顯然是人處理問題情況的方式之一。許多人生活在一種個人獨有的權利主張中，就好像它們顯而易見並且被大眾接受。這些人顯然沒有注意到，事實上其他人對他們主張的權利有不同看法，這只會導致彼此之間發生衝突。

易怒的人主張的權利包括：

- 我有權做我想做的事。
- 如果我生氣，我有權表達憤怒。
- 如果我認為別人犯錯，我有權批評他們。
- 我希望別人做我認為合理的事情。
- 別人沒有權利告訴我該怎麼做。

對於如此執著於自身權利的人，我提出以下問題：

- 對方知道你有這個權利嗎？
- 如果對方不符合你的期望，你實際受到的損失是什麼？

・你是否經歷過真正的損失，或者你只是基於原則問題而感到憤怒？
・報復別人為你帶來什麼收穫？報復別人又讓你失去什麼？

我發現，幫助患者認識和表達主張、要求與期望，這是他們邁向客觀的寶貴第一步。只要意識到擅自決定的權利具有自我中心性，就可以讓他們更客觀一些。此外，他們開始意識到自我導向的權利必定會與他人發生衝突。儘管每個人都需要與他人之間設立界限，但對自身權利的僵化主張實際上會導致更頻繁的痛苦和無益的憤怒。

責備、認定他人有惡意，以及對「冒犯者」性格採取負面的以偏概全，這些導致強烈憤怒及想要懲罰冒犯者的衝動。只要能意識到這些情況，易怒的人就更有可能明白，冒犯行為也許純屬偶然，並非源自冒犯者的不良品格，因此不應該受到指責。

處理憤怒

憤怒的主觀感受可能從輕微的刺激到大怒不等。許多作者認為，憤怒不僅是主觀體驗的情緒，也透過表情、肌肉緊縮和脈搏加速等身體變化表達出來。此外，憤怒的體驗和身體表達可以被視為戰鬥反應獨立但整合的組成部分。當個體動員起來對冒犯者進行報復，就會產生主觀的憤怒感和身體反應。

從更嚴格的意義來看，憤怒具有訊息價值；就像疼痛一樣，這是一種提醒人注意威脅的信號或刺激。憤怒的經歷促使一個人找出人際問題的根源，以便採取應對措施。通常，憤怒會施加壓力，迫使當事人採取糾正措施並持續到刺激被抵消或移除。憤怒的功能可以比作煙霧探測器：它吸引注意力並將其導向有害物質。由於機制啟動的門檻普遍較低，難免會出現誤報。從演化的角度來看，對威脅反應過度比反應不足要好。單單一次未能回應危及生命的情況，個人及其對基因庫的進一步貢獻都會徹底消失。

情況出錯時，將憤怒視為對此事的警告雖然管用，但日常生活中潛在的傷害並非來自挑釁，而是來自憤怒本身。除了負面的生理影響，憤怒也會令人高度分心，使得注意力不再聚焦於問題的具體性質。此外，它還創造一種壓力來對抗挑釁的人，而不是把心力放在有效解決問題上。在這種情況下，憤怒本身成為問題，需要以實用原則來處理。

在處理可能迅速升級為肢體暴力的人際衝突時，治療師可以將憤怒重新解釋為對當事人勿採取行動的一種警告。在我對雷蒙的治療中，我用「區域」來描述憤怒的強度。輕微憤怒就像一盞黃燈，他可以當作後退的信號。更強烈的憤怒則表示為紅色區域，代表離開現場的信號。我對雷蒙的最初治療包括教育他，當他覺得自己正進入危險區域時，必須準備好做出適當反應。顯然有必要為他的破壞性行為提供一個終點，然後我們才能找到更多認知導向的策略。在接下來的問診中，他表示與葛洛麗亞的爭吵節節升高，直到他意識到自己處於危險區域。然後他離開現場，進隔壁房間，來回踱步，接著上樓。他發現自己還是太生氣，所以他外出步行將近一個小時，直到冷靜下來才回家。他憤怒的持續時間表明他對攻擊行為的動員程度有多高。

另一個處理憤怒的方法是將火爆話題轉移到中性話題，這個令雙方都高度緊張的話題以後再進一步討論。運用放鬆技巧是另一種減少憤怒的有效方法，治療師可以使用雅各森的漸進式放鬆法（Progressive Relaxation Method）訓練患者，或使用此放鬆法的教學影片，引導患者在家中練習放鬆。[3]

當患者已獲得一些方式，可以阻止他做出破壞性行為，此時便可利用憤怒情緒來標記並停止自動的敵對想法。雷蒙表示，他生氣時有一系列這樣的自動想法：「她喜歡對我嘮叨……她眼裡根本沒有我……她總是要依賴我。」然後我誘導雷蒙對這些想法做出合理反應：（一）「我不知道她是否喜歡這樣，她說過她討厭吵架。」（二）「她的批評沒有那麼糟糕，我只是不喜歡被批評。」（三）「她並沒有時時刻刻依賴我。」

雷蒙發現，當他對葛洛麗亞生氣時，若能寫下那些自動浮現的想法，並在當下或稍後更冷靜時做出回應，對葛洛麗亞的過度反應就能變得比較客觀，怒火也跟著降低。在這個治療階段，對雷蒙來說，重要的是認清生氣之前感受到的傷害。他察覺得到那些傷害性想法，例如：「她覺得我微不足道……。她不尊重我。」葛洛麗亞當然有可能對他抱持負面看法，尤其是考慮到他對她

---

[3] E. Jacobson, *Progressive Relaxation: A Physiological and Clinical Investigation of Muscular States and Their Significance in Psychology and Medical Practice* (1938; reprint, Chicago: University of Chicago Press, 1968).

暴力相向。因此，查驗他的解釋的準確性很重要。

當我們要適應他人時，確實需要「讀懂他們的想法」，正如雷蒙試圖對葛洛麗亞所做的。孩子們從很小就形成一種「心智理論」，幫助他們對他人的信念和意圖進行合理猜測。[4]然而，在高度衝突的情況下，心智理論朝負面扭曲，猜測變得充滿偏見。雷蒙檢視內心的自動化思考時，得出一個結論：沒有證據表明葛洛麗亞認為他微不足道或不尊重他。然後我們追究他的受傷感覺也是源於他的解釋，即她不關心他，她拒絕他。他再次應用證據法則，判斷這些解釋都不成立。在認知療法介入後，葛洛麗亞的批評大幅降低殺傷力。

當然，一個人負面解讀別人的心思可能是準確的。妻子可能確實認為丈夫有缺點，而且不尊重他。在這種情況下，治療必須針對丈夫賦予這些特質的意義。例如，即使妻子認為他微不足道，那麼他**真就**微不足道嗎？如果她不尊重他，就一定意味著他不值得尊重嗎？我向另一位病人解釋這個想法：「假設妻子確實這麼認為，你知道她可能是錯的，就像你對她的想法是錯誤的……她認為你是失敗者並不會讓你成為真正的失敗者。觀念在她的腦海裡，而不是在現實中。但是你無法透過攻擊她來移除她腦海中的觀念，你必須自己決定你是什麼。如果你決定自己不是失敗者，那才是真正重要的。如果你能牢記這一點，我們就可以繼續探查，你做了什麼讓妻子一開始就對你有這樣的印象。」

我發現，將治療焦點指向患者的受傷感及其背後的意義，有助於讓患者不再將配偶視為**敵人**。他愈能理解自己的基本信念，就愈不會衝動地攻擊妻子。他開始接受這個觀念：他感受到的傷害來自他對妻子行為賦予的意義，而不是她的行為本身。

伴侶治療通常有助於防止婚姻衝突中的過度反應。對於像雷蒙和葛洛麗亞這樣的伴侶來說，培養溝通技巧尤為重要，特別是要讓葛洛麗亞意識到，因雷蒙失誤而責罵他會適得其反。她練習用中性的語氣和他說話，他則練習不涉及高度自我防禦的回應。他們都同意，她可以在公告板上貼一份待辦事項清單，他會寫上處理每件事的日期。

當然，從被葛洛麗亞批評到打她嘴巴，事件的擴大並不是憑空發生。過去與葛洛麗亞互動的記憶控制雷蒙的思維，就像是以往的爭吵正在發生一樣。通常，在爆發激烈口角的衝突中，葛洛麗亞會對雷蒙的行為表示不滿，他則以「愛挑剔」之類的批評來回應。她會為自己辯護，爭論會變得更加激烈，直到一方拂袖離去，或者雷蒙毆打她。

當然，葛洛麗亞對婚姻也有自己的期望、信念和弱點。她最想擁有一段和諧的關係，但雷蒙多次令她失望，她自然難以容忍他的憤怒反應。在我與他們進行伴侶治療時，我試圖讓兩人了解對方的難處和敏感。他們在一家餐館發生典型的衝突，凸顯了葛洛麗亞的敏感和雷蒙的霸道——兩者的混合導致不愉快結果。

---

4 S. Baron-Cohen, *Mindblindness: An Essay on Autism and Theory of Mind* (Cambridge, Mass.: MIT Press, 1995).

葛洛麗亞：你能請服務生換桌嗎？這裡很吵。
雷蒙：沒差啦，到處都很吵。
葛洛麗亞：唔，你又不是不能問。
雷蒙：這樣不會有什麼好處。
葛洛麗亞（憤怒地）：我要你做的事你從來都不做。

雷蒙認為葛洛麗亞在「為難他」，話裡明顯瞧不起他。首先，她質疑他的判斷，接著指責他從不滿足她的願望。在治療中，他開始意識到葛洛麗亞的觀點。她不高興的原因來自拒絕背後的含義，那意味著：「他不在乎。」她對他不做家務也賦予相同意義。他的「專斷」回答，亦即他遲早會解決問題，並沒有改變她的基本信念：「如果他真的在乎，就會按照我的要求去做。」她感到受傷，因為他不在乎而生他的氣。他的憤怒反應加劇她的不安，並以互相辱罵而告終。她努力抗拒被他嚇倒的感覺，不停回嘴，愈來愈挑剔。這些關鍵事件的記憶支配雷蒙的思維，最後導致他朝她揮拳。這些事件是他們決定尋求治療的原因。

處理暴力衝動

傷害或殺死另一個人的衝動，可能會在一次挑釁之後突然湧現，以致看起來像是一種反射動作。另一方面，從破壞性衝動被激發到實際執行，我們或許可以大大延長二者的間隔。對於預防立即和延遲的暴力行為，可能可以運用相同性質的治療策略。

雷蒙在葛洛麗亞提出批評後突然攻擊她，這代表敵對系統被全面激發。只要拆解這個系統，就有可能看到信念、弱點、命令和形象的組合，這些組合具有潛在的爆發性，使他傾向於懲罰她對他的傷害。系統中包括對過去爭吵的記憶，這也會促成他的決定：「我必須讓她閉嘴」（透過打她的嘴）。他的衝動強度與系統被激發的程度成正比，使得每一次敵對互動都變得更加激烈。

控制雷蒙行為的系統特質，可以與比利（第八章）的系統特質互相比較。比利在酒吧受到侮辱，一心要報復對方，於是返家找上膛的槍長達一小時，為的是回酒吧槍擊對方。[5]雷蒙和比利都是「反應性施暴者」，挑釁的情況引發的心態非常相似。

一、脆弱、不穩定的自我形象

5 茲爾曼（Zillman）強調激動在敵意發展中的作用。他認為認知和激動是獨立的，但會互相影響。當一個人將某種情況視為威脅並反覆思考威脅或侮辱以及可能採取的報復時，他的情緒會非常激動。另一方面，當個人能夠重新定義情況或體認到情況並不嚴重時，懲罰冒犯者的衝動就會減少。正如茲爾曼所說，明顯具威脅性的情況或他人可能帶來潛在危險，僅僅教人們仔細思考其危險性，通常不足以減少敵意。因此，在治療中，重要的是重新創造挑釁情境並教導患者鎖定「激烈反應」，重新解釋挫折期間的情境。這種方法已被證明對於減少家暴父母的憤怒和敵意特別有效。D. Zillman, "Cognition-Excitation Interdependencies in Aggressive Behavior," *Aggressive Behavior* 14 (1988): 51-64。

二、遭到顯而易見的貶低後自尊心下降

三、自尊心下降後感到痛苦和無助

四、把侮辱自己的人視為**敵人**

五、傾向於懲罰或消滅敵人，以消除痛苦和無助。

鑑於雷蒙和比利的性格都屬於高度敏感，他們的暴力行為是絕望下的產物。只有暴力行為足以消除深深的屈辱感，毆打和殺害可以賦予他們強大的力量，也是對低落的自我形象的有力解藥。暴力行為是在遭到挑釁後立即實施還是延遲實施，取決於實際考量。雷蒙不必耗費尋找武器的時間——他用拳頭就夠了。此外，私人空間更有利於施展暴力，不會受到旁觀者干擾。

為了讓雷蒙控制衝動，有必要降低潛在心理系統的強度。重要的是深入了解他自尊的不穩定本質，以及它如何影響他的感受。當他審視幾天或幾週的情緒波動，可以看到它是如何回應他對自己的看法——亦即他的自尊心。當得到他人的支持和讚賞時，他發現他會自我感覺良好。當受到批評或被冷漠對待時，他對自己的感覺更糟。

他也意識到，情緒低落時他會覺得軟弱和無助。此時他會產生強烈衝動，想要做一些有攻擊性的事情，比如在牆上釘釘子、重擊沙包，或者找人打架。攻擊行動是在「修復」他的低落情緒。在這方面，施暴者就像藥物濫用者，他們訴諸不當行為來減輕焦慮不安。[6]

雷蒙意識到自己因被批評而攻擊葛洛麗亞，動機不僅是為了懲罰她傷害他，也是為了提升自尊以改善情緒。然後我們討論用暴力來恢復情緒要付出什麼代價。儘管他意識到它的負面後果，仍須進一步了解，為什麼施暴可以緩解他的痛苦。葛洛麗亞批評他時，他最初的反應是她讓他覺得自己「不像個男人」。我接著提出這個問題：他是在毆打弱者後更像男人，還是冷靜下來，毫不退縮地接受侮辱，並且控制自己和有問題的情況，這樣才更像男人？

雷蒙對這個問題很感興趣，並且能夠塑造沉著冷靜的形象，合理地回應葛洛麗亞的批評。然後，他可以將基本公式從「一個男人不接受妻子的胡說八道」改為「一個男人可以在不受影響的情況下，接受妻子的胡說八道」。因此，治療目的不僅在於破壞那些不良信念，而且要換上更具適應性的信念。當然，要鞏固新的心態，就必須將其應用於實際情況。最初，我擬定練習課程，讓葛洛麗亞和雷蒙在家庭場景中重現典型的衝突。雷蒙發現不一定要使用更好的溝通技巧，他可以在情緒低落或想要讓她閉嘴的情況下傾聽葛洛麗亞的抱怨。他後來告訴我，他已能將她的形象轉變為一個心煩意亂但沒有威脅性的女人。

接下來我們討論，當衝動變得過於強烈，他可以使用哪些控制方法。第一個安全措施是暫停爭執，讓自己冷靜下來，或者離開房間。第二是回想葛洛麗亞脆弱和不安的形象，而不是充滿敵意和威脅的形象。第三是提醒自己，冷靜和自制才會讓自己更有男子氣概。

---

6 J. Bush, "Teaching Self-Risk Mangement to Violent OFFenders," in *What Works: Reducing Reoffending—Guidelines from Research andPractice*, ed. J. McGuire et al., Wiley Series in OFFender Rehabilitation (Chichester, Eng.: Wiley, 1995), pp. 139-54.

給予許可

即使當一個人被嚴重激怒而採取反社會行為時，他通常也必須應付對於這種行為的內在嚇阻力量。大多數人偶爾會有想打人甚至殺人的欲望，但通常會被一種自制力壓下衝動。然而，在某些情況下，用班杜拉的話來說，他們可以擺脫道德規範。[7]當人際壓力存在或僅僅是認可反社會行為時，許多人就能克服道德約束。這種現象在參戰步兵、街頭幫派和私刑暴徒身上很明顯。確實，一旦一個人從事破壞性行為，下次要做時通常會更容易。安全警察奉命刑求受害者時，一開始不願服從命令，最後卻發現他們可以自願執行相同或更可怕的行為。

當一個人受到刺激而進行反社會行為，純粹是為了自己而不是群體，這時他必須為有害行為編造正當理由。他必須超越道德準則，不擔心自己不被社會認同，並抑制對受害者的同理心，而且要無視萬一被捕後可能遭受的負面影響。

在之前與葛洛麗亞的激烈交鋒中，雷蒙編造了很多想法，以原諒自己對她的傷害。包括：

- 「她活該」：這符合所謂「公正的世界哲學」——人們得到他們應得的，無論好壞。[8]
- 「她自找的」：這意味著「若不是出於某種反常的自虐原因，她不會無緣無故討打。」
- 「這是讓她閉嘴的唯一方法」：這是雷蒙對問題的「務實」解決方案。
- 「可能會有不好的後果，但我能應付。」

在憤怒中，雷蒙會忘記曾下定決心要控制自己。他編造過的合理化藉口被壓縮成一個具體理由：「打她無妨。」因此，當他有股想要打她的衝動時，容許他動手的正當理由已然就定位了。

---

7 A. Bandura, *Aggression: A Social Learning Analysis* (Englewood Cliffs, N.J.: Prentice-Hall, 1973).

8 M. Lerner, *The Belief in a Just World: A Fundamental Delusion* (New York: Plenum Press, 1980).

CHAPTER 14

觀點和前景

應用認知心理學解決社會問題

在前面的章節中，我試圖描繪出敵意發展的概念模型，它如何在各個領域發揮作用，以及可以使用哪些資源來降低敵意。如果這個理論得到證實，它可以為進一步釐清提供基礎，並為各種干預和預防策略提供框架。

在這一點上，審視敵意的認知理論和支持它的證據，並考量可以進行何種深入調查，以檢驗它並將其應用於第一章中列出的緊迫問題，這是很有價值的行動。

當我們探索處理敵對、迫害和戰爭等複雜現象的各種方法時，運用廣泛的參考框架非常重要。一般系統理論（General Systems Theory）提供在不同概念層面分析現象的框架。[1]精確的分析層面通常根據學科和研究者的特殊興趣而變化。概念系統（或層面）可以像基因的片段一樣微小和具體，也可以像國家之間的權力平衡一樣廣泛而抽象。儘管分析層面之間存在概念差異，但這些系統彼此相關，並且直接或間接地相互影響。在試圖理解敵意這樣的現象時，需要考慮的層面包括生物學、心理、人際關係、文化（或社會）、經濟和國際。用於這些系統的每個調查方法差異很大。這種做法避免了諸如「一切都跟基因有關」或「原因在於社會（或經濟條件等等）」之類的斷言所反映的簡化主義。

以第八章中描述的比利為例，他在酒吧與另一個人發生爭吵，然後回家拿槍殺了對方。為了從**生物學層面**來理解這種反應性暴力，研究人員可能會分析攻擊性大鼠腦中的神經傳導物質，或分析攻擊性猿類或人類脊髓液中的神經化學物質或荷爾蒙濃度，或掃描暴力期間大腦過度活躍的區域或結構。

神經病理學家檢查暴力罪犯者的大腦，以確定可能導致暴力的特定腦損傷。藥理學家研究酒精對大腦抑制區域的影響。遺傳學家尋找家庭模式和特定染色體偏差來確認遺傳因素。而在**心理層面**，調查員會鎖定比利個人獨有的訊息處理、他對個人犯罪原因的基本信念，以及他對受害者行為的偏見解釋等。

社會心理學家關注的是**人際關係層面**：比利和酒友的口頭交流最終升級為暴力，他們互動的本質是什麼？在**社會層面**，社會學家著眼於特定文化或次文化的價值觀和規範，即支持或禁止暴

---

1 J. D. Singer. "The Level-of-Analysis Problem in International Relations," *The International System: Theoretical Essays.*, eds. Klaus Knorr and Sidney Verba (Princeton, N.J.: Princeton University Press, 1961), pp. 77-92.

力的社會風俗。他們研究影響犯罪者社會角色的經濟和社會刺激，並探討鼓勵飲酒的社會儀式。

人類學家的**跨文化**比較指出，有文化和無文化社會之間的共通性和差異，以闡明暴力態度如何形成。最後要提的是，**演化**心理學家和生物學家在動物界中尋找相似的例子，以了解在人類祖先的環境中尋求報復的適應性價值觀。為了釐清其他現象，例如種族滅絕或戰爭，需要研究其他概念系統。

為了理解群體或個人的行為，系統分析必不可少。一個顯著的例子是美國經濟衰退與仇恨犯罪之間的變化。從一八八二年到一九三〇年，每當經濟惡化，仇恨犯罪的發生率就會增加。學者普遍將這種關係歸因於一種機制，即經濟困難會增加個人的挫敗感和攻擊性，然後將其引向尋找代罪羔羊，例如弱勢少數群體成員。針對大蕭條前南方經濟衰退與黑人私刑之間的關係所做的調查，其數據符合這一理論解釋。然而，此後的經濟波動與私刑再無關聯。為了解釋這種變化，必須檢查系統分析中另一個「較低」層面。

針對有偏見的政治精英和組織所做的行為分析表明，他們將經濟蕭條歸咎於黑人和其他少數群體，引發大眾對這些人忿恨不平。他們會誇大黑人造成的經濟競爭，極力在蕭條地區煽動反黑人暴力。關於黑人勞工的宣傳被認為助長城市地區的種族暴動。[2]社會上反黑人偏見大行其道，最終剝奪種族主義群體大部分權力。

系統方法還提出有別於傳統上挫折－攻擊假設的另一種假設。當人對經濟（或其他壓力）條件感到不安時，他們傾向於回應簡單的因果解釋。從複雜、抽象且通常不可知的變數看待經濟困境，需要付出相當大的努力。如果他們已經對弱勢少數群體抱有偏見，很容易認為這個群體至少對他們的痛苦負有部分責任。

系統理論可用來分析侵略型國家所發動的戰爭，儘管這種規模的戰爭在很大程度上已被民族政治戰爭所取代，但二十世紀的典型歐洲戰爭可以做為系統分析的例子。「頂層」是不穩定的國際體系，對下一個層面亦即統治階層的心理產生影響，領導人將不穩定視為對國家安全的威脅或占弱國便宜的機會。無論是哪一種，各國都認定其最大利益在於建立軍事機構並與其他同類國家結盟，有擴張主義夢想的領導人可能會決定利用當前局勢來攻擊某個鄰國。

為了實現攻擊鄰國目標，他們需要獲得政治精英、武裝部隊和公民的支持。通常，領導人利用新聞媒體來獲得民眾支持。在某些情況下，比如希特勒和米洛索維奇，他們也可能會編造故事，謊稱自己的人民在鄰國成為少數族群後受到迫害。希特勒利用這個戰略動員人民支持入侵捷克斯洛伐克，以保護蘇台德地區的少數德國人。米洛索維奇則利用這種策略，聲稱科索沃的少數塞爾維亞人受到阿爾巴尼亞人迫害。

在下一層，民眾被領導人感動，將鄰近種族視為**敵人**。每個人都認同指揮官的目標。

為了更全面了解敵意和暴力的因果關係，學者會研究各種系統的**交互作用**。例如，不僅要研

2 E. P. Green, J. Glaser, and A. Rich, "From Lynching to Gay Bashing: The Elusive Connection Between Economic Conditions and Hate Crimes," *Journal of Personality and Social Psychology* 75 (1998): 109-20.

究大腦缺陷和化學變化如何改變訊息處理模式，還要研究化學變化如何影響大腦缺陷：例如，錯誤歸因引起的過度衝突是否會加劇大腦本身的缺陷，這項研究將會相當有趣。

器質性大腦缺陷可能會多方面影響心理系統，亦即訊息處理能力。小時候患有特定腦部病變的人傾向於使用最不費力的方式來解釋有問題的情況。因此，他比正常人更有可能只看情況明顯之處，但忽略整個背景。他也更有可能堅持自我中心的二分法（非此即彼）思維。由於將人際問題歸因於另一個人的敵對意圖較為容易，要查明複雜、中立的原因很難，因此他傾向於做出導致憤怒或暴力的個人歸因。在更極端的情況下，最初的器質性缺陷日後所出現的心理反應可能是妄想症。[3]

訊息處理中增加的偏見與人際衝突升級（如婚姻糾紛或酒吧爭吵）的交互作用也發揮重要影響力，使得心理和社會體系愈來愈脫節。分析這一點時，可以提出這個問題：公眾價值觀如何影響個人對人際暴力的態度及縱容暴力的信念體系？次文化對暴力態度的影響已在第八章南方「榮譽法則」和市中心「街頭法則」小節中進行說明。簡而言之，當人們深信自己在群體中的地位必須靠暴力威脅來維持，往往會造成人身攻擊和謀殺等事件不斷發生。我提出的互動模型也可以應用於其他主要問題，例如偏見、迫害和民族政治暴力。

認知連續性

如下表所示，積極發起或支持暴力的個人——無論是針對另一個人還是針對種族或國家群體——都表現出類似的態度。像雷蒙這樣的家暴夫（第十三章）認為自己是妻子無端批評的受害者。他在憤怒高峰期出現認知障礙，以致無法理解她的批評除了「折磨」他之外可能還有一些理由。他進一步認為，為了保護自尊，打她不但無妨而且必要。

以比利為代表的反應性施暴者（本章前面和第八章）認為，在爭吵中侮辱他的人應該受到懲罰，肢體暴力甚至殺人都是正當的。他被自我中心的想法蒙蔽，沒有意識到對方可能已經因為他的辱罵而受到創傷。此外，像雷蒙一樣，他將對手視為**敵人**。

正如下表所指出，敵對攻擊者在很多情況下看待自己和受害者的方式有相似之處。他的解釋與客觀觀察者的解釋相反，傾向於將自己視為無辜受害

3 P. Kinderman and R. Bentall, "The Clinical Implications of a Psychological Model of Paranoia, in *Behaviour and Cognitive Therapy Today: Essays in Honour of Hans J. Eysenck*, ed. E. Sanavio (Oxford: Elsevier Press, 1998).

	家暴者	反應性施暴者	迫害者	侵略國人民
自身形象	無過失的受害者	受害者	受害者	受害者
受害者形象	加害者	加害者	加害者	加害者
心態	自我中心	自我中心	群體主義	群體主義
對於自己向別人施暴的看法	允許	允許	允許	允許
思維	二分法	二分法	二分法	二分法

者，而將真正的受害者視為加害者，也就是**敵人**。他的訊息處理停留在原始的自我中心層次，因此他的感知只有二分法（朋友或敵人，善或惡）。此外，由於他對暴力非常寬容（容許自己隨意使用暴力），他的破壞性衝動沒有受到一般的社會限制所約束。

包括家暴、街頭犯罪、迫害、種族滅絕、戰爭等在內的多個領域，關於暴力的認知特質都具有連續性。無論是參與個人還是大規模暴力，一個人往往對自己和他人有相同的二分法思維。對配偶施暴的人往往認為自己是受害者，配偶則行為不當且人品邪惡；他們甚至可以用**敵人**這個詞來形容對方。同樣地，暴力犯罪者將自己視為對方敵對行為的無辜受害者。從事大屠殺、私刑和種族滅絕的迫害者相信他們透過攻擊**敵人**來保護自己。參與迫害的個人深信種族優越主義或民族主義偏見，因此允許任何程度的身體或心理虐待。同樣地，大多數戰爭中的民眾認為他們或同胞受到鄰國的威脅或虐待。

群體的**敵人**是「我的**敵人**」，需要受到歧視、羞辱和隔離，最終還要徹底清除。戰爭發動國的公民認為國家的侵略行為完全正當，他們對領導人的可靠性充滿信心，也被虛假訊息和誇大宣傳感動。群體主義就像利己主義，將領導人和國家塑造成仁慈而備受威脅的形象，藉以證明「反擊」是正當的。從世界大戰到波士尼亞和盧安達的大屠殺，無數例子都支持這個論點。例如，德國人民極力擁護德國加入第一次世界大戰，他們認為軍隊只是在保衛國家，避免遭受外敵入侵。這個概念被社會所有階層接受。在《春之祭》（*Rites of Spring*）一書中，艾克斯坦（Eksteins）描述這個概念甚至被知識精英所接受：「在戰爭期間，德國各大學共四十三位教授中，有三十五位主張德國捲入戰爭只是因為遭受攻擊。」[4]希臘和土耳其的賽普勒斯人使用相同的惡毒語言互相攻擊。從報紙報導來看，塞爾維亞人和克羅埃西亞人、以色列人和巴勒斯坦人、印度教徒和穆斯林也是如此。

敵意的順序

至此，我已經審視在各個層面探索特定現象的方法，並討論各種系統的交互作用。我還說明各個領域（家庭衝突、政治暴力等）的認知共通性。探討敵意的發展順序和每個階段的相關研究也很有價值。敵意發展可以視為從潛在傾向到引發敵意到迅速反應的一系列步驟，取決於特定心理結構和程序的激發。

潛在傾向

我們可以很容易觀察到，有些人對某些情況懷有敵意（至少最初是這樣），尤其是那些需要防禦或反擊的情況。這種傾向根植於特定信念中，例如：「如果一個人對我舉起拳頭，意味著他

4 M. Eksteins, *Rites of Spring: The Great War and the Birth of the Modern Age* (Boston: Houghton Mifflin, 1989), p. 159.

可能準備攻擊我。」其中一些潛在傾向型信念與真正的威脅密切相關，以致它們會對令人發怒的情況產生可預測的反應。其他信念則因人而異。例如「如果妻子不回應我，便意味著她拒絕我」、「如果有人反駁我，便意味著他不喜歡我」，或者「如果別人讓我等，便意味著他們不尊重我」。如果不加選擇地應用這些僵化信念，將會構成一種特定弱點，可能導致過度或不恰當的憤怒。

當事件刺穿這個弱點，便會激發信念，然後形成解釋（或誤解）：「她讓我在這乾等，她根本沒把我放在眼裡。」這種以自動化思考形式出現的意義或解釋會產生痛苦。如果受害方責備另一方造成他的痛苦，他會憤怒並決定懲罰她。另一方面，如果他貶低自己，很可能會覺得悲傷。

研究一個人如何發展出長期敵對心態，具有更重要的臨床意義。這種心態體現在一個人與家人或外人持續敵對互動中。[5]不妨舉一個常見例子，一對夫妻從最初的正面形象逐漸變成負面形象。這些負面形象最初源於婚姻衝突，由於對彼此行為持續負面解釋而逐漸強化，片面認定的負面形象將伴侶塑造成**敵人**。夫妻雙方在吵架後「和好」，負面形象（暫時）失去效力，他們可能會或多或少看到對方的真實面。

現在假設一個特定事件或一系列事件直接打擊伴侶脆弱的自我形象，使得爭論變質為肢體暴力。然後，**敵人**的形象跳脫出來，雙方開始以敵意解釋彼此的後續行為。因此，負面形象變得更強烈，並由愈來愈不真誠的互動觸發。接下來，**敵人**的形象變得固定，並控制伴侶對彼此的反應。最終，固定形象導致離婚、嚴重肢體暴力，或者在極少數情況下導致謀殺。

實驗表明，婚姻陷入困境的伴侶傾向於將問題**原因**歸咎於配偶。相較之下，他們若在別段婚姻遇到相同問題，就會把原因歸咎於情況使然。[6]「因果信念」的變體是「性格信念」。當問題出現，痛苦的配偶不僅將其歸咎於伴侶，還歸咎於伴侶的不良品格，包括控制欲、狡猾和邪惡。情緒從厭惡到憤怒——再到仇恨。

若要進一步探討這個領域，我們需要列出容易讓人產生敵對反應的信念清單。當然，受訪者或許會刻意否認某些信念，或者他沒有意識到它們。然而，調查人員可以運用啟動程序推斷它們是否存在。我們可以使用許多實驗程序來啟動特定信念，其中一種是誘導想像。調查員可以提出一個刺激性情景，例如：「想像朋友遲到，甚至沒有道歉。」如果受試者變得生氣，便可推斷出他有一種潛在傾向型信念：「如果有人讓我空等，他就虧待了我。」自動化思考將做出進一步證實，例如「他根本不尊重我」或者「她不是真的在乎（我們的友誼）」。一旦受試者學會運用想像，就可以誘導出個人專屬的情景，可用於確認信念清單上的項目，或識別隱蔽的信念和形象。

這種想像情景的做法也可以用影片來呈現。肯尼斯・道奇拍攝一個孩子撞到另一個孩子的模

---

5 預期攻擊性衝動會持續存在的一個原因是認知中介（cognitive mediation，即對刺激的解釋、複述和反覆思考）證明了攻擊衝動的正當性，並讓它持續出現：L. Berkowitz, "Frustration-Aggression Hypothesis: Examination and Reformulation," *Psychological Bulletin* 106 (1989): 59-73。反覆思考的個體差異已被證明可以緩和攻擊性。另一方面，茲爾曼提供證據，證明可以利用認知能力重新評估情況來減少攻擊性。D. Zillman, "Cognition-Excitation Interdependencies in Aggressive Behavior," *Aggressive Behavior* 14 (1988): 51-64。

6 A. T. Beck, *Love Is Never Enough* (New York: HarperCollins, 1988).

糊影片。[7]與他人相比，那些後來犯罪的兒童更有可能將這種行為視為故意而不是意外。有趣的是，對這項測試的反應可以預測幾年後的敵對行為。如果受試者有特定潛在傾向型信念，認為此類行為是故意的，那麼這樣的情景就會激起他的敵意。看完影片後，受試者被問到事件的意義和引發的情緒，包括「冒犯者」的意圖；行為是不是故意的，是不是惡意的或只是開個玩笑；冒犯者是否應該受罰；冒犯者應受到多少懲罰；懲罰的目的（教育、報復等等）；觀看影片的人是否感到憤怒或憤怒的某種變體（不快、惱怒、被激怒）。

我們可以透過婚姻諮商來測試這個做法，並可能產生療效。對配偶雙方進行一系列負面和正面形容詞組成的問卷調查，並分析回答以確定他們彼此的形象。配偶也會被要求指出形容詞適合的程度（從「有時」到「總是」）以及它的固定程度（「可以改變嗎？」）。也可以使用由配偶對彼此的自發性描述組成的開放式問卷。根據這些資料，調查人員可以製作夫妻雙方形象的檔案。

在確定配偶彼此的形象後，研究人員可以繼續調查敵意序列中其他組成部分。下一階段包括懲罰冒犯的信念。問卷可以列出懲罰冒犯行為的信念，例如：

- 如果有人（或「配偶」）找我麻煩，那人應該受到懲罰。
- 他那樣對待我，我不應該輕易放過他。
- 他傷害我，所以我應該傷害他。
- 我得給她一個教訓。

・如果她激怒我，她被打也是活該。

序列下一階段進展到解決問題：什麼樣的認知過程將「我**應該**報復」的概念轉化為「我**會**報復」，然後出現實際的暴力行動？

對於許可性信念的問卷調查，可用來確認哪些因素使得個人解除不傷害他人的道德約束。許可性信念問卷包含以下項目：

・如果我真的對某人（配偶）生氣，讓他（她）遭到報應無妨。
・沒有其他選擇，我**必須**給她（他）一個教訓。
・如果我發動某種攻擊，從長遠來看，這對我們的關係會更好。
・我無法忍受所有壓力，打她（他）可以紓壓。

透過心理想像或影片可以有效激發這些信念。在接受自我誘導的想像或婚姻衝突的影片刺激之前或之後，都可以進行問卷調查。結果證實人對暴力的接受度會產生變化。此類研究應在實驗

---

7 K. A. Dodge, "Social Cognitive Mechanisms in the Development of Conduct Disorder and Depression," *Annual Review of Psychology* 44 (1993): 559-84.

室的受控環境中進行，並應以增加受試者對自己的了解為目標，從而加強對衝動行為的控制。

我們可以設計問卷來評估更普遍的許可性信念，例如，與群體暴力有關的信念。舉例如下：

- 「領導人說我們應該這樣做——所以沒關係」（責任分散）。
- 「群體中其他人都在做這件事」（群體同理心）。
- 「善意的暴力不是犯罪」（意識形態推論）。
- 「如果不抓他們，他們會先抓住我們」（對初期攻擊的恐懼）。

像這樣的信念可以透過仔細選擇情景來啟動。

仔細探究其他敵對反應，可以看出可怕信念的重要作用。對刺激看似正常的反應，實際上可能是基於隱藏的恐懼或自我懷疑。對叛逆孩子施暴的母親可能有這樣的潛在傾向型信念：「如果孩子行為不端，我就無法正常生活。」像雷蒙這樣的家暴配偶有一個深藏的恐懼：如果允許妻子批判他，他會被妻子毀掉。攻擊獄警的罪犯則害怕自己變得完全無助。最後要探討的是參與迫害的人，他們相信被迫害的群體具有危險性，但其信念通常源自宣傳或迷思。

引發敵意

到目前為止，我已經討論敵對信念如何被激發，對短暫刺激的快速判斷如何導致敵對反應，以及如何透過自動化思考或其他調查評估刺激的具體含義。這些研究可以幫助確定典型憤怒和敵意事件的心理進程。

潛在傾向型信念除非被激發，否則通常不會對思維和感覺產生重大影響。符合特定信念的外部事件可能會激發它。當露薏絲（第三章）發現助理犯錯，她很生氣並想：「他粗心大意，應該受到懲罰。」她的信念是：「錯誤象徵著粗心大意。」然而，一個不明顯信念集中在「如果屬下怠忽職守，他們會威脅到我的權威」的恐懼。

有時，如果潛在傾向型信念非常強烈，那麼微不足道的事件也可能引起強烈的憤怒。一個自尊非常高的政治家通常不會理睬政治挫折和攻擊。然而，當微不足道的前支持者投奔對手時，他會勃然大怒，想要攻擊對方。這件事引發他的信念：「如果有人不忠，那就是在我背後捅刀子。」由於這種信念，即使是小小的叛逃也被視為重大威脅。

為了查明哪些信念會導致過度憤怒（無論有沒有使用暴力），可能有必要避開一些陷阱。有個問題是，人可能不願意承認自己有一些不成熟、偏差或不受歡迎的信念。此外，他們甚至可能沒有意識到自己有這類信念，因為它們被激發時，看起來像是對情況的有效解釋。因此，它們沒有被視為信念，而是被視為實際情況。此時，人不會意識到自己做出解釋，只感到迅速浮現的怒氣和意欲泄憤的衝動。人往往會下意識貶低不同種族、民族或政治群體的人——卻不知道這種思維是由「我們對抗他們」的集體心態所控制。

有時很難準確定義實際的引發敵意事件。一般認為第一次世界大戰的導火線是塞爾維亞恐怖分子暗殺斐迪南大公。然而，從更廣泛的角度來看，這場衝突包括後續和先前的事件。奧地利因這次暗殺感到斯拉夫人對其帝國構成威脅，於是出兵攻打貝爾格萊德（Belgrade）。塞爾維亞遭受奧地利攻擊，威脅到俄羅斯擴張斯拉夫的野心，俄羅斯便全面動員武裝部隊。此外，俄羅斯領導人非常擔心德國效忠奧匈帝國。而俄羅斯的動員又對德國構成威脅，促使德國全面動員，在俄羅斯壯大之前先發制人。

導致戰爭的一系列挑釁，雖然表面上是出於敵意，但若從察覺到國家危險的角度來看，可以更充分理解來龍去脈。在導致一戰的事件中，每個國家都認為自己受到直接或間接的威脅。他們的反應集中在對其脆弱性的信念上，而不是擴張目標。然而，民眾的信念圍繞著愛國主義、自以為是和國家自尊等主題展開。人民的心態與領導人擔心連鎖反應的心態不同，對於有機會報復侮辱國家自尊的仇敵，還能享受勝利的榮耀與強大，他們只覺得欣喜若狂。

自動反應

對令人不安的事件所做的回應，讓我們充分了解大腦如何處理訊息。根據認知理論，被激發的信念會對突發事件產生自動的認知反應。大腦處理訊息包括幾個階段。初始處理發生得太快，以致無法納入意識範圍內。巴奇（Bargh）及其同事以「微觀法」研究敵意如何被激發。他們發現一個人會迅速評估所有刺激，通常在三分之一秒內。在一項實驗中，受試者評估為「好」的刺激，促使他們將槓桿拉向自己，而評估為「壞」的刺激則促使他們將槓桿推開。[8]從這項研究中得出合理推論，受試者處理威脅非常迅速，在意識到威脅之前就能採取行動。

未來的實驗可以測試其他威脅刺激（例如，一張憤怒臉龐的照片）是否會促使受試者推動槓桿。這類實驗可以從一開始幫助追蹤敵對反應的進展。在最初的「無意識」反應之後，受試者通常處於「好」或「壞」的心態。此時，可以對受試者展示類似道奇研究所使用的模糊場景，並且詢問受試者有什麼想法。如果引發敵對心態，我預期他會對冒犯者浮現自動思考的惡質意圖。

接下來，實驗將從訊息處理最早階段進行到下一個階段，其中涉及評估意識。它將檢驗一個假設，亦即一個人有意識的解釋可能會基於預先存在的心態而產生偏見。一旦實驗出現正面結果，將支持訊息處理中認知連續性的概念。

早期意識或前意識階段表現在自動化思考中。通常，人會迅速評估自動化思考，然後拒絕或擱置解釋或進行詳細分析。例如，對於葛洛麗亞的「提醒」，雷蒙最初的反應是：「她總是在貶低我。」隨後他進行詳細分析：「她根本不尊重我，如果放任不管，她會害我痛苦，我可不能輕易放過她！」許多研究都支持這些臨床觀察。

在任何這類研究中，重要的是要「激發」冒犯者的攻擊性信念。如前所述，可以使用適當影片、

8 J. A. Bargh, S. Chaiken, P. Raymond, and C. Hymes, "The Automatic Attitude Evaluation Effect: Unconditional Activation with a Pronunciation Task," *Journal of Experimental Social Psychology* 32 (1996): 104-28.

誘導想像挑釁事件，甚至可請受試者自己講述故事。理想情況下，這種誘導程序應會激發敵對信念。

克里斯多福・艾克哈特（Christopher Eckhardt）與夥伴透過實驗展示自動化思考和認知偏誤如何被激發。[9]團隊讓受試者聆聽激怒他們的錄音，內容是他們與妻子的假想互動，他們必須一邊聽一邊大聲重複想法。艾克哈特的實驗主旨是透過認知偏誤來區分痛苦婚姻中的暴力男性、痛苦婚姻中的非暴力男性，以及幸福婚姻中的男性。具體來說，受試者對激怒和非激怒情景的清晰想法，由訓練有素的評估人員編碼。結果表明，在婚姻中施暴的男性比非暴力男性更容易表現出歸因於原始思維（第四章）的各種認知扭曲，包括誇大、二分法思維和武斷推論。

艾克哈特的程序可用於檢驗與憤怒相關的各種假設。若能改變情景的性質，或許可以釐清個人處於各種誘發憤怒的情況時，內心的真實想法。例如，研究人員可以呈現與同事、家人、朋友和熟人、陌生人等人際衝突相關的情景，然後記錄並為自動思考分門別類。

韋克里斯（Wickless）和基亞許（Kirsch）對情緒的認知理論進行研究。七千兩百名畢業生連續三天記錄他們在生氣、焦慮或悲傷時的想法和情緒。每天結束後收集結構性訪談資料，並要求受試者寫下想法和感受。實驗人員對訪談資料記錄的想法進行評分。分析結果強而有力地支持假設，亦即憤怒與犯罪的想法有關，焦慮與威脅的想法有關，悲傷則與失去的想法有關。「被虧待」的主題最常與憤怒相關。[10]

當簡單的問卷不足以揭示基本偏差信念時，有許多「含蓄」或間接的方法可用。例如，在典型的實驗中，描繪特定被汙名化群體（例如，非裔美國人）的照片或文字以剛好低於意識識別閾值的速度顯示。接下來，測量一個人識別和說出負面或正面偏見辭彙所需的時間。不屬於被汙名化群體（白人）的受試者識別負面辭彙（例如，**不友好或攻擊性**）比識別正面辭彙（例如**友好和樂於助人**）更快。因此，在接觸同種族成員後，對正面辭彙的反應時間更快。[11]

干預和預防

當我們認真考慮採取何種類型的干預或預防計畫來矯正敵對行為時，重要的是採取適用於特定問題的策略，例如虐待兒童、刑事攻擊或種族衝突。

---

9 C. I. Eckhardt, K. A. Barbour, and G. C. Davison, "Articulated Thoughts of Maritally Violent and Nonviolent Men During Anger Arousal," *Journal of Consulting and Clinical Psychology* 66, no. 2 (1998): 259-69; C. I. Eckhardt and M. Dye, "The Cognitive Characteristics of Maritally Violent Men: Theory and Evidence," *Cognitive Therapy and Research* (in press).

10 C. Wickless and I. Kirsch, "Cognitive Correlates of Anger, Anxiety, and Sadness," *Cognitive Therapy and Research* 12, no. 4 (1988): 367-77.

11 M. Chen and J. A. Bargh, "Nonconscious Behavioral Confirmation Processes: The Self-fulfilling Consequences of Automatic Stereotype Activation," *Journal of Experimental Social Psychology* 33, no. 5 (1997): 541-60; Eckhardt and Dye, "The Cognitive Characteristics of Maritally Violent Men"; P. G. Devine, "Prejudice and Outgroup Perception," in *Advanced Social Psychology*, ed. A. Tesser (New York: McGraw-Hill, 1994), pp. 69-81.

治療憤怒的病患

身為臨床醫生，我發現研究訊息處理（或認知）和人際關係系統會得到豐碩成果。我已能和病患合作，糾正他們的各種扭曲觀念，修改使他們容易憤怒和施暴的信念系統。同樣地，對家庭成員或夫妻進行共同諮商時，我能夠引導他們改變自我中心的參照框架，對伴侶的觀點、感受和目標更加敏感，彼此之間產生更高的同理心。

我已在前文描述德芬巴赫對憤怒的有效認知療法（第二章）。此外，貝克和費爾南德茲對包含一千六百四十名受試者的五十項研究進行彙整分析，以確定憤怒認知行為療法的成效。他們發現，在減少憤怒方面，接受認知療法治療的病患有百分之七十六比未接受者成效更好。調查的案例涵蓋各種與憤怒和敵意相關的領域，包括監獄囚犯、對孩子施暴、對配偶施暴、少年犯、接受住院治療的青少年、攻擊性兒童和飽受易怒困擾的大學生。[12]

在許多情況下，減少憤怒可能會挽救生命。例如，史瓦茲和奧克利（Oakley）發現，認知行為計畫在降低血壓方面與降壓藥一樣有效，而血壓升高是中風和心臟病發作的常見前兆。[13]

對孩子施暴

顯然，設計有效方案來減少受虐兒相當重要。不僅要幫助受虐兒，還要防止一代傳給下一代，對孩子施暴的家長往往小時候自己就是受虐兒。

懷特曼（Whiteman）、范歇爾（Fanshel）和葛朗迪（Grundy）設計一項實驗，以測試認知行為干預對於減少家暴父母的憤怒有多大功效。與對照組相比，由認知重建、解決問題和放鬆組成的認知行為配套顯示出憤怒獲得顯著改善。認知干預旨在為這些父母重新定義孩子的「挑釁」。[14]當父母認為挑釁是故意的——大多數這類父母在大多數情況下都是這樣想——憤怒程度遠大於被認為是無意的挑釁。

父母還學會為孩子的行為尋找解釋，而不是單純指控他或她「就是個屁孩」。這項研究有個有趣環節，利用角色扮演來模擬孩子的挑釁行為。透過在挑釁測試中注意到的憤怒減少程度來衡量改善狀況。

對配偶施暴

施暴丈夫對任何形式的自尊威脅都表現出獨特敏感性。一項研究表明，與非暴力丈夫相比，

---

12 R. Beck and E. Fernandez, "Cognitive-Behavioral Therapy in the Treatment of Anger: A Meta-analysis," *Cognitive Therapy and Research* 22, no. 1 (1998): 63-74.

13 D. Shapiro, K. K. Hui, M. E. Oakley, J. Pasic, and L. D. Jamner, "Reduction in Drug Requirements for Hypertension by Means of a Cognitive-Behavioral Intervention," *American Journal of Hypertension* 10, no. 1 (1997): 9-17.

14 M. Whiteman, D. Fanshel, and J. Grundy, "Cognitive- Behavioral Intervention Aimed at Anger of Parents at Risk of Child Abuse," *Social Work* 32, no. 6 (1987): 469-74.

施暴者更容易將妻子細微、不明確的行為視為對自尊的攻擊。「浪漫的嫉妒」是過度敏感的另一個來源。配偶或男女朋友之間的暴力往往由女性微不足道的行為引發：哪怕她只是對另一個男人友好地微笑，伴侶也可能斷定她被他吸引——接著他解釋為這是在攻擊他的性能力。[15]當他決定採取行動，毆打她的衝動變得至關重要。治療師準確指出毆打妻子的衝動背後潛藏的信念，以干預措施矯正特定的脆弱性（被拒絕的感覺、害怕被拋棄、不穩定的自尊心），並教導丈夫更具適應性的應對機制。

一開始，治療師會協助患者控制敵意的表達，避免妻子受到進一步攻擊。接下來處理潛在傾向型信念，幫助患者以更恰當的方式處理誘發因素，透過理性方式解決夫妻間的問題（必要時會讓兩人分開）。

監獄囚犯

專家對入獄的施暴者進行預防性治療，成果令人欣慰。[16]調查人員將參加「認知自我改變計畫」的五十五名男性罪犯與同監獄的一百四十一名罪犯進行再犯率比較，治療組的再犯率（百分之五十）雖然依舊很高，但明顯低於未治療組（百分之七十．八）。

治療組由五到十名罪犯組成，每週會面三到五次。治療模型側重於「犯罪性思維錯誤」。犯人表現出第八章描述的典型思維問題，搶劫犯的典型認知是：「上次警察害我受了那麼多罪，我賺個幾塊錢是應該的。」這項方案也借鑒了羅斯（Ross）和法比亞諾（Fabiano）一九八五年《思考時機》（*Time to Think*）手冊中提到的技術。[17]

預防少年犯罪

道奇和同事定義學齡前違法兒童的認知傾向，其廣泛計畫的認知策略後來被應用於大規模預防研究。

他們的「快速達標計畫」是一項隨機臨床試驗，對於高風險兒童採取全面干預以防其嚴重行為障礙，本試驗旨在測量這種干預的成效。針對全國四個地區一萬名極度貧困的幼稚園男女童進行篩選後，八百九十二人被確認為具有高度攻擊性，並被隨機分配接受干預或做為未治療的對照。干預計畫從一年級持續到十年級，包括兒童社會認知技能培訓、家長行為管理培訓、兒童閱讀技能輔導、學伴配對以改善同儕關係、社會認知發展課程，以及成人志工輔導和教師諮詢。

經過前四年干預，治療組在短期目標（包括社會認知技能和學業成績）及控制攻擊性行為方面比對照組表現得更好。此外，重要的是，複雜分析表明，攻擊性行為的正面結果是由**社會認知技**

---

15 Eckhardt, Barbour, and Davison, "Articulated Thoughts."

16 K. R. Henning and B. C. Frueh, "Cognitive-Behavioral Treatment of Incarcerated OFFenders: An Evaluation of the Vermont Department of Corrections' Cognitive Self-change Program," *Criminal Justice Behavior* 23, no. 4 (1996): 523-41.

17 E. A. Fabiano and R. R. Ross, *Time to Think* (Ottawa: T3 Associate, Training & Consulting, 1985).

能的變化所調節的。青少年行為障礙的長期結果有待進一步干預和評估。[18]

⊜預防民族政治暴力

隨著冷戰結束，世界進入新階段。戰爭模式已經從國際戰爭轉變為內戰——敵對種族群體之間進行的戰爭。自冷戰結束以來，每年大約有三十起類似衝突。民族政治戰爭研究人員愈來愈意識到需要運用多學科模式，整合民族政治衝突的認知、社會和情感因素。隨著激烈的民族政治衝突增加，迫切需要訓練有素的專業人員進戰區研究並了解當地文化和情況。培養新生代心理學家參與這項重要應用工作成了重大挑戰。

賓州大學基於上述考量，成立民族政治戰爭研究所（Institute of Ethnopolitical Warfare），目的是激勵學術研究和實踐，以更加理解民族政治戰爭的進程，並改進預測、干預和預防的方法。本研究所的目標是培養心理學家和社會學家來解決社會心理問題，對於飽受武裝衝突和政治暴力蹂躪的居民，可以滿足他們身為人類的需求。

認知模型有助於理解民族或國家領導人功能失調的思維。當然，調解員需要了解對立雙方的原始思維（個人化、誇大、非此即彼思維等）。例如，當任何一方感受到威脅，很有可能重啟這些認知扭曲。當然，為了霸凌或欺騙對方的戲劇性言論與真正的認知扭曲，二者通常很難區分清楚。增加防禦或退回沉默中可視為認知扭曲的線索。談判人員可能會將自己這一方描繪為受害者，而將另一方描繪為加害者。需要相當大的本領才能將焦點轉向他們將從協議中獲得什麼好處。

展望未來

我相信在理解導致過度憤怒和暴力的各種因素上已取得很大的進展。當我們從「內心暴怒」和「惡魔男性」的概念轉向認知模型時，可以找到許多積極干預的要點。要完全驅除這些神秘的心魔不太可能，但可以找出並矯正功能失調的心態和錯誤的思維。如果不加以糾正，自動解釋和推論可能具有破壞性。但是我們可以利用心靈的巨大力量，在它們損害自身或他人之前加以修正。

顯然，在實施複雜的預防和干預計畫之前，需要徹底分析許多系統。我們已經充分了解喜怒無常的雇主和施暴配偶與父母的心理，但還需要更深入了解熱愛權力的領導人及天真擁護者的偏差信念。我們對偏見的本質了解透徹，但尚未將這些訊息轉化為防止大屠殺的有效計畫。迄今為止，最成功的干預形式是北約和聯合國等超國家機構直接針對國家領導人施加控制。

人性中有許多正面特質可以在未來的計畫中運用。正如索伯和威爾森所表明，自然選擇賦予我們許多仁慈能力，包括同理心、慷慨和利他主義。[19]我們可以利用這些來激發信念，例如：「即使目的正當也不可不擇手段。」然而，矯正計畫需要針對賦予暴力正當理由的信念，包括自我中

18 K. A. Dodge, letter to author, October 1998.

19 E. Sober and D. S. Wilson, *Unto Others: The Evolution and Psychology of Unselfish Behavior* (Cambridge, Mass.: Harvard University Press, 1998).

心主義和群體主義；懲罰和報復；責任轉嫁；對暴力的縱容心態。

儘管許多作者——如傑維斯、斯奈德和迪辛、維茲柏格（Vertzberger）、塔特洛克（Tetlock）和懷特——已經指出國家領導人思維中的錯誤，但這些知識尚未付諸實踐。[20]同樣地，對於交戰的種族群體，目前為止也僅採取最基本的改變思想步驟。

歸根結底，我們必須依靠豐富的理性資源來認識和修正非理性思維。如果使用適當的方法來放大「理性的聲音」，它不會永遠寂靜無聲。我們要認清，運用理性最能滿足自身利益。透過這種方式，我們可以為自己、他人和年輕世代開創更美好的生活。

---

20 R. Jervis, *Perception and Misperception in International Politics* (Princeton, N.J.: Princeton University Press, 1976); G. H. Snyder and P. Diesing, eds., *Conflict Among Nations: Bargaining, Decision Making, and System Structure in International Crisis* (Princeton, N.J.: Princeton University Press, 1977); Y. Y. I. Vertzberger, *The World in Their Minds: Information Processing, Cognition, and Perception in Foreign Policy Decision-Making* (Stanford, Calif.: Stanford University Press, 1990); P. Tetlock, "Cognitive Style and Political Ideology," *Journal of Personality and Social Psychology* 45 (1983): 118-25; R. K. White, *Nobody Wanted War* (New York: Doubleday, 1976).

謝詞

我在此感謝為本書的籌備工作貢獻良多的人。首先，非常感謝芭芭拉・馬里內利（Barbara Marinelli），她從頭到尾協調眾多事項，並協助打字。我也非常感謝潔西卡・葛里森（Jessica Grisham）協助查閱文獻的準備工作和編輯；她也幫忙將大部分原稿打成文字檔。我特別幸運地得到同事凱文・庫爾溫（Kevin Kuehlwein）的專業幫助，他在審閱和評論原稿時貢獻了非凡的洞察力和廣博知識，他的意見大大提升了原稿品質。我還要感謝法藍西斯・艾普（Frances Apt）和莎莉・艾特斯羅（Sally Arteseros）的編輯更正和建議。此外，專業同事的評論和建議給了我很大的幫助，包括傑克・布希（Jack Bush）、吉莉安・巴特勒（Gillian Butler）、大衛・克拉克（David M. Clark）、巴里・加爾諾（Barry Garneau）、保羅・吉爾伯特（Paul Gilbert）、瓊・古德曼（Joan Goodman）、露絲・格林伯格（Ruth Greenberg）、羅伯特・辛德（Robert Hinde）、山繆爾・克勞斯納（Samuel Klausner）、鮑勃・萊希（Bob Leahy）、伊恩・盧斯迪克（Ian Lustick）、大衛・萊肯（David Lykken）、約瑟夫・紐曼（Joseph P. Newman）、克麗斯汀・帕德斯基（Christine Padesky）、吉姆・普利策（Jim Pretzer）、保羅・薩爾科夫斯基（Paul Salkovskis）、爾文・席格爾（Irving Sigel）和厄文・史塔布（Ervin Staub）。我還要感謝研究助理們幫忙蒐集參考書和文章，包括艾米・塔皮亞（Amy Tapia）、珊曼莎・列維（Samantha Levy）、瑞吉兒・提切（Rachel Teacher）和桑尼・袁（Sunny Yuen）。最後，我要感謝經紀人理查・派恩（Richard Pine）及編輯休・范杜森（Hugh Van Dusen）和莎莉・金（Sally Kim）。

關於性別用語，在大多數情況下，我使用符合主題或相關案例的男性或女性代名詞，在暴力相關的章節中，大部分文獻和我的個人經歷都是基於與男性罪犯的合作。在前面憤怒相關的章節中，我借鑒了女性患者的經驗，因為她們在臨床上占大多數。此外，探討親密關係的第八章大致基於《愛永遠不夠》（*Love is Never Enough*）第二章和第三章的人物和概念。

參考書目

Aho, J. A. (1994). *This Thing of Darkness: A Sociology of the Enemy.* Seattle: University of Washington Press.
Albonetti, M. E., & Farabollini, F. (1993). "Restraint Increases Both Aggression and Defence in Female Rats Tested Against Same-sex Unfamiliar Conspecifics." *Aggressive Behavior* 19, pp. 369-376.
Alder, J. (1996). "Just Following Orders" [review of D. Goldhagen, *Hitler's Willing Executioners: Ordinary Germans and the Holocaust*] *Newsweek*, April, p. 74.
Alford, C. F. (1990). "The Organization of Evil." *Political Psychology* 11, no. 1, pp. 5-27.
——. (1990). "Response to Dallmayr." *Political Psychology* 11, pp. 37-38.
——. (1997). "The Political Psychology of Evil." *Political Psychology* 18, no. 1, pp. 1-17.
Allman, W. F. (1994). *The Stone Age Present: How Evolution Has Shaped Modern Life — From Sex, Violence, and Language to Emotions, Morals, and Communities.* New York: Simon & Schuster.
Allport, G. (1954). *The Nature of Prejudice.* Cambridge, Mass.: Addison-Wesley.
Anderson, E. (1994). "The Code of the Streets." *Atlantic Monthly* May, pp. 81-92.
Andreopoulos, G.J. (Ed.) (1994). *Genocide: Conceptual and Historical Dimensions.* Philadelphia: University of Pennsylvania Press.
Archer, J. (1991). "The Influence of Testosterone on Human Aggression." *British Journal of Psychology* 82, pp. 1-28.
Ardrey, R. (1966). *The Territorial Imperative: A Personal Inquiry into the Animal Origins of Property and Nations.* New York: Atheneum.
Arendt, H. (1963). *Eichmann in Jerusalem: A Report on the Banality of Evil.* New York: Viking Press.
——. (1973). *The Origins of Totalitarianism.* New York: Harcourt Brace Jovanovich.
Aronson, E. (1988). *The Social Animal.* 5th ed. New York: W H. Freeman.
Asch, S. (1952). *Social Psychology.* Englewood Cliffs, N.J.: Prentice-Hall.
Baker, S. L., & Kirsch, I. (1991). "Cognitive Mediators of Pain Perception and Tolerance." *Journal of Personality and Social Psychology* 61, pp. 504-10.
Bandura, A. (1973). *Aggression: A Social Learning Analysis.* Englewood Cliffs, N.J.: Prentice-Hall.
——. (1985). *The Social Foundations of Thought and Action: A Social Cognitive Theory.* New York: Paramus Prentice-Hall.
——. (1991). "Social Cognitive Theory of Moral Thought and Action." In W. M. Kurtines & J. L. Gewirtz (Eds.), *Handbook of Moral Behavior and Development* (pp. 71-129). Hillsdale, N.J.: Erlbaum Associates.
Bandura, A., Underwood, B., & Fromson, M. E. (1975). "Disinhibition of Aggression Through Diffusion of Responsibility and Dehumanization *of Victims." Journal of Research in Personality* 9, pp. 253-269.
Barash, D. P. (1994). *Beloved Enemies: Our Need for Opponents.* Amherst, N.Y.: Prometheus Books.
Barefoot, J. C., Dodge, K. A., Peterson, B. L., Dahlstrom, W. G., & Williams, R. B. (1989). "The Cook-Medley Hostility Scale: Item Content and Ability to Predict Survival." *Psychosomatic Medicine* 51, pp. 46-57.
Bargh, J. A., Chaiken, S., Raymond, P., & Hymes, C. (1996). "The Automatic Evaluation Effect: Unconditional Automatic Attitude Activation with a Pronunciation *Task." Journal of Experimental Social Psychology* 32, no. 1, pp. 104-28.
Barkow, J. H., Cosmides, L., & Tooby, J. (1992). *The Adapted Mind: Evolutionary Psychology and the Generation of Culture.* Oxford: Oxford University Press.
Barnett, M. A., Quackenbush, S. W., & Sinisi, C. S. (1995). "The Role of Critical Experiences in Moral Development: Implications for Justice and Care Orientations." *Basic and Applied Social Psychology* 17, pp. 137-52.
Baron, R. A., & Richardson, D. R. (1994). *Human Aggression.* 2nd ed. New York: Plenum Press.
Baron-Cohen, S. (1997). *Mindblindness: An Essay on Autism and Theory of Mind.* Cambridge, Mass.: MIT Press.
Bartov, O. (1996). "Ordinary Monsters" [review of D. Goldhagen, *Hitler's Willing Executioners: Ordinary Germans and the Holocaust]. New Republic*, April, pp. 32-38.
Bateson, P. (Ed). (1991). *The Development and Integration of Behaviour: Essays in Honour of Robert Hinde.* Cambridge: Cambridge University Press.
Baucom, D., & Epstein, N. (1990). *Cognitive-Behavioral Marital Therapy.* Brunner/Mazel Cognitive Therapy Series. New York: Brunner/Mazel.
Baumeister, R. (1997). *Evil: Inside Human Cruelty and Violence.* New York: W. H. Freeman.
Baumeister, R. F., Stillwell, A. M., & Heatherton, T. K. (1994). "Guilt: An Interpersonal Approach." *Psychological Bulletin* 115, pp. 243-67.
Bavelas, J., Black, A., Chovil, N., Lemery, C., & Mullet, J. (1988). "Form and Function in Motor Mimicry: Topographic Evidence That the Primary Function Is Communication." *Human Communication Research* 14, pp. 275-99.
Beck, A. T. (1963). "Thinking and Depression: Idiosyncratic Content and Cognitive Distortions." *Archives of General Psychiatry* 9, pp. 324-33.
——. (1988). *Cognitive Therapy of Depression: A Personal Reflection.* Aberdeen, Scotland: Scottish Cultural Press.
——. (1988). *Love Is Never Enough.* New York: HarperCollins. Beck, A. T., & Emery, G., with Greenberg, R. L. (1985). *Anxiety Disorders and Phobias: A Cognitive Perspective.* New York: Basic Books.
Beck, A. T., Freeman, A., & Associates. (1990). *Cognitive Therapy of Personality Disorders.* New York: Guilford.
Beck, A. T., Wright, F. W., Newman, C. F., & Liese, B. (1993). *Cognitive Therapy of Substance Abuse.* New York: Guilford.
Beck, R., & Fernandez, E. (1998). "Cognitive-Behavioral Therapy in the Treatment of Anger: A Meta-analysis." *Cognitive Therapy and Research* 22, no. 1, pp. 63-74.
Berger, P., & Luckmann, T. (1966). *The Social Construction of Reality: A Treatise in the Sociology of Knowledge.* New York: Doubleday.
Berke, J. H. (1986). *The Tyranny of Malice: Exploring the Dark Side of Character and Culture.* New York: Summit Books.

Berkowitz, L. (1989). "Frustration-Aggression Hypothesis: Examination and Reformulation." *Psychological Bulletin* 106, pp. 59-73.

——. (1994). *Aggression: Its Causes, Consequences, and Control.* McGraw-Hill Series in Social Psychology. New York: McGraw-Hill.

Birtchnell, J. (1993). *How Humans Relate: A New Interpersonal Theory.* Foreword by Russell Gardner Jr. Westport, Conn.: Praeger.

Bjorkqvist, K., Nygren, T., Bjorklund, A., & Bjorkqvist, S. (1994). "Testosterone Intake and Aggressiveness: Real Effect or Anticipation?" *Aggressive Behavior* 20, pp. 17-26.

Blackburn, R. (1989). "Psychopathology and Personality Disorder in Relation to Violence." In K. Howells and C. R. Hollin (Eds.), *Clinical Approaches to Violence* (pp. 187-205). New York: Wiley.

Blainey, G. (1973). *The Causes of War.* New York: Free Press.

Brock, T. C., & Buss, A. H. (1964). "Effects of Justification for Aggression and Communication with the Victim of Postaggression Dissonance." *Journal of Abnormal and Social Psychology* 68, no. 4, pp. 403-12.

Bronfenbrenner, U. (1961). "The Mirror Image in Soviet-American Relations." *Journal of Social Sciences* 17, pp. 45-56.

Brothers, L. (1997). *Friday's Footprint: How Society Shapes the Human Mind.* Oxford: Oxford University Press.

Browning, C. (1992). *The Path to Genocide.* Cambridge: Cambridge University Press.

Brunner, C. (1992). *The Tyranny of Hate: The Roots of Antisemitism: A Translation into English of Memsheleth Sadon.* Lewiston, N.Y: Edwin Mellen Press.

Brustein, W. (1996). *The Logic of Evil: The Social Origins of the Nazi Party. 1925-1933.* New Haven, Conn.: Yale University Press.

Buchanan, G. M., & Seligman, M. E. P. (Eds.). (1995). *Explanatory Style.* Hillsdale, N.J.: Erlbaum Associates.

Burt, M. R. (1980). "Cultural Myths and Supports for Rape." *Journal of Personality and Social Psychology* 38, pp. 217-30.

Bush, J. (1995). "Teaching Self-risk Management to Violent Offenders." In J. McGuire et al. (Eds.), *What Works: Reducing Reoffending: Guidelines from Research and Practice* (pp. 139-54). Wiley Series in Offender Rehabilitation. Chichester, Eng.: Wiley.

Butterfield, F. (1998). "Southern Curse: Why America' s Murder Rate Is So High." *New York Times.* July 26, 1998, pp. D1, D16.

Cahn, D. D. (Ed.). (1994). *Conflict in Personal Relationships.* Hillsdale, N.J.: Erlbaum Associates.

Calley, W. L., as told to J. Sack. (1970). *Lieutenant Calley: His Own Story.* New York: Viking Press.

Campbell, D. T. (1975) "On the Conflict Between Biological and Social Evolution." *American Psychologist* 30, pp. 1103-26.

Cannon, W. B. (1963). *Wisdom of the Body.* New York: Norton.

Caprara, G. V., Barbaranelli, C, Pastorelli, C, & Perugini, M. (1994). "Individual Differences in the Study of Human Aggression." *Aggressive Behavior* 20, pp. 291-303.

Caprara, G. V., Renzi, R., Alcini, R., D' Imperio, G., & Travaglia, G. (1983). "Instigation to Aggress and Escalation of Aggression Examined from a Personological Perspective: Role of Irritability and of Emotional Susceptibility." *Aggressive Behavior* 9, pp. 345-53.

Caprara, G. V., Renzi, P., D' Augello, D., D' Imperio, G., Rielli, G., & Travaglia, G. (1986). "Interpolating Physical Exercise Between Instigation to Aggress and Aggression: The Role of Irritability and Emotional Susceptibility." *Aggressive Behavior* 12, pp. 83-91. Louis: Mosby.

Cohen, D., & Nisbett, R. E. (1994). "Self-protection and the Culture of Honor: Explaining Southern Violence." *Personality and Social Psychology Bulletin* 20, pp. 551-67.

Cohen, R. (1998). "Yes, Blood Stains in the Balkans; No, It' s Not Just Fate." *New York Times*, October 4, p. D1.

Cohn, N. (1975). *Europe's Inner Demons: An Enquiry Inspired by the Great Witch-Hunt.* New York: Basic Books.

——. (1996). *Warrant for Genocide: The Myth of the Jewish World-Conspiracy and the Protocols of the Elders of Zion.* London: Serif.

Connolly, C. (1982). *The Unquiet Grave.* New York: Persea Books.

Corrado, R. R. (1981). "A Critique of the Mental Disorder Perspective of Political Terrorism." *International Journal of Law and Psychiatry* 4, pp. 1-17.

Craig, G. (1989). "Making Way for Hitler" [review of D. C. Watt, *How War Came: The Immediate Origins of the Second World War, 1939-1939*]. *New York Review of Books*, October, pp. 11-12.

Crawford, C. J. (1993). "Basque Attitude Towards Political Violence: Its Correlation with Personality Variables, Other Sociopolitical Attitudes, and Political Party Vote." *Aggressive Behavior* 19, pp. 325-46.

Crenshaw, M. (1986). "The Psychology of Political Terrorism." In M. G. Hermann (Ed.), *Political Psychology* (pp. 317-342). San Francisco: Jossey-Bass.

Crick, N. R., & Dodge, K. A. (1994). "A Review and Reformulation of Social Information-Processing Mechanisms in Children' s Social Adjustment." *Psychological Bulletin* 115, pp. 74-101.

Cronin, H. (1991). *The Ant and the Peacock: Altruism and Sexual Selection from Darwin to Today.* New York: Cambridge University Press.

Crooker, J., Luhtanen, R., Elaine, B., et al. (1994). "Collective Self-esteem and Psychological Well-being Among White, Black, and Asian College Students." *Personality and Social Psychology Bulletin* 20, pp. 503-13.

Dahlen, E. R., & Deffenbacher, J. L. (in press). "A Partial Component Analysis of Beck' s Cognitive Therapy for the Treatment of General Anger." *Cognitive Therapy and Reasearch.*

Dallmayr, F. (1990). "Political Evil: A Response to Alford." *Political Psychology* 11, pp. 29-35.

Daly, M., & Smuts, B. (1992). "Male Aggression Against Women: An Evolutionary Perspective." *Human Nature* 3, no. 1, pp. 1-44.

Daly, M., & Wilson, M. (1988). *Homicide.* New York: Reed Elsevier.

——. (1993). "Spousal Homicide Risk and Estrangement." *Violence and Victims* 8, pp. 3-16.

Darley, J. M., & Shultz, T. R. (1990). "Moral Judgments: Their Content and

Acquisition." *Annual Review of Psychology* 41, pp. 525-56.
Darwin, C. (1859). *The Origin of Species.* New York: Collier Press.
——. (1877). *The Descent of Man and Selection in Relation to Sex.* New York: New York University Press.
Davison, G. C., Williams, M. E., Nezami, E., Bice, T. L., & DeQuattro, V. L. (1991). "Relaxation, Reduction in Angry Articulated Thoughts, and Improvements in Borderline Essential *Hypertension." Journal of Behavioral Medicine* 14, pp. 453-69.
Dawkins, R. (1976). *The Selfish Gem.* Oxford: Oxford University Press.
Dedijer, V (1966). *The Road to Sarajevo.* New York: Simon & Schuster.
Deffenbacher, J. L., Oetting, E. R., Huff, M. E., Cornell, G. R., & Dallager, C. J. (1996). "Evaluation of Two Cognitive-Behavioral Approaches to General Anger Reduction." *Cognitive Therapy and Research* 20, no. 6, pp. 551-73.
Degler, C. (1991). *In Search of Human Nature: The Decline and Revival of Darwinism in American Social Thought.* New York: Oxford University Press.
Devine, P. G. (1995). "Prejudice and Outgroup Perception." In A. Tesser (Ed.), *Advanced Social Psychology* (pp. 467-524). New York: McGraw-Hill, 1994.
Devine, P. G., Hamilton, D. L., & Ostrom, T. M. (1994). *Social Cognition: Impact on Social Psychology.* San Diego: Academic Press.
DeWaal, F. (1996). *Good Matured.* Cambridge, Mass.: Harvard University Press.
DeWaal, F. B. M., & Luttrell, L. M. (1988). "Mechanisms of Social Reciprocity in Three Primate Species: Symmetrical Mechanisms Characteristics or Cognition." *Ethological Sociobiology* 9, nos. 2-4, pp. 101-18.
Dobson, K. (1989). "A Meta-analysis of the Efficacy of Cognitive Therapy for Depression." *Journal of Consulting and Clinical Psychology* 57, no. 3, pp. 414-19.
Dodge, K. A. (1993). "Social Cognitive Mechanisms in the Development of Conduct Disorder and Depression." *Annual Review of Psychology* 44, pp. 559-84.
Doise, W. (1978). *Groups and Individuals: Explanations in Social Psychology.* Translated by D. Graham. Cambridge: Cambridge University Press.
Dreger, R. M., & Chandler, E. W. (1993). "Confirmation of the Construct Validity and Factor Structure of the Measure of Anthropocentrism." *Journal of Social Behavior and Personality* 8, pp. 189-202.
Du Preez, P. (1994). *Genocide: The Psychology of Mass Murder.* London and New York: Boyars/Bowerdean.
Eckhardt, C. I., Barbour, K. A., & Davison, G. C. (1998). "Articulated Thoughts of Maritally Violent and Nonviolent Men During Anger Arousal." *Journal of Consulting and Clinical Psychology* 66, no. 2, pp. 259-69.
Eckhardt, C. I., & Cohen, D. J. (1997). "Attention to Anger-Relevant and Irrelevant Stimuli Following Naturalistic Insult." *Personality and Individual Differences* 23, no. 4, pp. 619-29.
Eckhardt, C. I., & Dye, M. (in press). "The Cognitive Characteristics of Maritally Violent Men: Theory and Evidence." *Cognitive Therapy and Research.*
Ehrenreich, B. (1997). *Blood Rites: Origins and History of the Passions of War.* New York: Henry, Holt, and Co.
Eisenberg, N., & Miller, P. A. (1988). "The Relation of Empathy to Prosocial and Related Behaviors." *Psychological Bulletin* 103, pp. 324-44.
Eisenberg, N., & Mussen, S. (1989). *The Roots of Prosocial Behavior in Children.* New York: Cambridge University Press.
Eksteins, M. (1989). *Rites of Spring: The Great War and the Birth of the Modern Age.* Boston: Houghton Mifflin.
Elias, N. (1978). "On Transformations of Aggressiveness." *Theory and Society* 5, pp. 227-53.
Ellis, A. (1994). *Reason and Emotion in Psychotherapy.* New York: Carol Publishing. (Originally published in 1962)
——. (1985). *Anger: How to Live With and Without It.* New York: Carol Publishing.
Ellis, A., & Grieger, R. (1977). *Handbook of Rational-Emotive Therapy.* New York: Springer.
Enright, R. D. (1991). "The Moral Development of Forgiveness." In W. M. Kurtines & J. L. Gewirtz (Eds.), *Handbook of Moral Behavior and Development*, vol. 1, *Theory* (pp. 123-152). Hillsdale, N.J.: Erlbaum Associates.
Eron, L. D., Gentry, J. H., & Schlegel, P. (Eds.). (1994). *Reason to Hope: A Psychosocial Perspective on Violence and Youth.* Washington, D.C.: American Psychological Association.
Fabiano, E. A., & Ross, R. R. (1985). *Time to Think.* Ottawa: T3 Associate, Training & Consulting.
Fazio, R., Jackson, J., Dunton, B., & Williams, C. (1995). "Variability in Automatic Activation as an Unobtrusive Measure of Racial Attitudes: A Bona Fide Pipeline?" *Journal of Personality and Social Psychology* 69, no. 6, pp. 1013-27.
Fein, H. (1993). *Genocide: A Sociological Perspective.* London: Sage.
Ferguson, T. J., & Rule, B. G. (1983). "An Attributional Perspective on Anger and Aggression." In R. G. Geen & E. I. Donnerstein (Eds.), *Aggression: Theoretical and Empirical Reviews* (vol. 1, pp. 41-74). New York: Academic Press.
Feshbach, N. (1979). "Empathy Training: A Field Study in Affective Education." In S. Feshbach & A. Fraczek (Eds.), *Aggression and Behavior Change: Biological and Social Processes* (pp. 234-249). New York: Praeger.
Feshbach, N., Feshbach, S., Fauvre, M., & Ballard-Campbell, M. (1983). *Learning to Care: Classroom Activities for Social and Affective Development.* Glenview, Ill.: Scott, Foresman, 1983.
Feshbach, S. (1986). "Individual Aggression, National Attachment, and the Search for Peace." *Aggressive Behavior* 13, pp. 315-25.
Fest, J. C. (1973). *Hitler.* New York: Harcourt Brace Jovanovich.
Fischer, F. (1967). *Germany's Aims in the First World War.* London: Chatto & Windus.
Fisher, G. (1988). *Mindsets: The Role of Culture and Perception in International Relations.* Yarmouth, Mass.: Intercultural Press.
Fitzgibbons, R. P. (1986). "The Cognitive and Emotive Uses of Forgiveness in the Treatment of Anger." *Psychotherapy* 23, no. 4, pp. 629-33.
Fleming, G. (1994). *Hitler and the Final Solution.* Berkeley: University of California Press. (Originally published in 1984)
Ford, C. V. (1996). *Lies! Lies!! Lies!!!: The Psychology of Deceit.* Washington, D.C.: American Psychiatric Press.
Forgas, J. P. (1998). "On Being Happy and Mistaken: Mood Effects on the Fundamental Attribution Error." *Journal of Personal and Social Psychology* 75, pp. 318-31.

Forgas, J. P., & Fiedler, K. (1996). "Us and Them: Mood Effects on Intergroup Discrimination." *Journal of Personality and Social Psychology* 70, pp. 28-40.

Fox, R. (1992). "Prejudice and the Unfinished Mind: A New Look at an Old Feeling." *Psychological Inquiry* 3, pp. 137-52.

Freud, S. (1938). *The Basic Writings of Sigmund Freud,* trans. & ed. A. A. Brill. New York: Modern library.

Freud, S. (1994). "Mourning and Melancholia." In R. V. Frankiel (Ed.), *Essential Papers on Object Loss: Essential Papers in Psychoanalysis* (pp. 38-51). New York: New York University Press.

Friedlander, S. (1998). *Nazi Germany and the Jews: The Years of Persecution, 1933-1939.* Vol. 1. New York: HarperCollins.

Fromm, E. (1973). *The Anatomy of Human Destructiveness.* New York: Holt, Rinehart, & Winston.

Fursenko, A., & Naftali, T. (1997). *One Hell of a Gamble: The Secret History of the Cuban Missile Crisis.* New York: Norton.

Gable. M., Hollon, C., & Dangello, F. (1990). "Relating Locus of Control to Machiavellianism and Managerial Achievement." *Psychological Reports* 67, pp. 339-43.

Gabor, T. (1994). *Everybody Does It.* Toronto: University of Toronto Press.

Gagnon, V. P., Jr. (1994). "Serbia' s Road to War." *Journal of Democracy* 5, pp. 117-31.

——. (1995). "Ethnic Nationalism and International Conflict: The Case of Serbia." *International Security* 19, pp. 130-66.

Gay, P. (1993). *The Cultivation of Hatred.* London: Fontanta.

Geen, R. G. (1990). *Human Aggression.* London: Open University Press.

George, J., & Wilcox, L. (1996). *American Extremists: Militias, Supremacists, Klansmen, Communists, and Others.* New York: Prometheus Books.

Gibson, J. W. (1994). *Warrior Dreams: Paramilitary Culture in Post-Vietnam America.* New York: Hill & Wang.

Gilbert, D. T, & Malone, P. S. (1995). "The Correspondence Bias." *Psychological Bulletin* 117, no. 1, pp. 21-38.

Gilligan, C. (1982). *In a Different Voice: Psychological Theory and Women's Development.* Cambridge, Mass.: Harvard University Press.

Girard, R. (1979). *Violence and the Sacred.* Baltimore: Johns Hopkins University Press.

Glass J. (1997). "Against the Indifference Hypothesis: The Holocaust and the Enthusiasts for Murder." *Political Psychology* 18, no. 1, p. 142.

Glenny, M. (1992). *The Fall of Yugoslavia: The Third Balkan War.* New York: Penguin.

Goldhagen, D. (1996). *Hitler's Willing Executioners: Ordinary Germans and the Holocaust.* New York: Alfred A. Knopf.

Goldstein, A. P. (1996). *The Psychology of Vandalism.* New York: Plenum Press.

Goldstein, A. P., & Keller, H. R. (1987). *Aggressive Behavior: Assessment and Intervention.* New York: Pergamon Press.

Goodall, J. (1992). *Through a Window: Thirty Years with the Chimpanzees of Gombe.* Boston: Houghton Mifflin.

Green, E. P., Glaser, J., & Rich, A. (1998). "From Lynching to Gay Bashing: The Elusive Connection Between Economic Conditions and Hate Crimes." *Journal of Personality and Social Psychology* 75, pp. 109-20.

Greenstein, F. I. (1969). *Personality and Politics: Problems of Evidence.* Chicago: Markham.

Grennstein, F. (1992). "Can Personality and Politics Be Studied Systematically?" *Political Psychology* 13, pp. 105-28.

Grossarth-Maticek, R., Eysenck, H. J., & Vetter, H. (1989). "The Causes and Cures of Prejudice: An Empirical Study of the Frustration-Aggression Hypothesis." *Personality and Individual Differences* 10, no. 5, pp. 547-58.

Grossman, D. (1995). *On Killing: The Psychological Cost of Learning to Kill in War and Society.* Boston: Little, Brown.

Guerra, N. G., Huesmann, L. R. & Zelli, A. (1993). "Attributions for Social Failure and Adolescent Aggresssion." *Aggressive Behavior* 19, pp. 421-34.

Haas, J. (Ed.). (1990). *The Anthropology of War.* Cambridge and New York: Cambridge University Press.

Hall, G. C. N. (1995). "Sexual Offender Recidivism Revisited: A Meta-analysis of Recent Treatment Studies. "*Journal of Consulting and Clinical Psychology* 63, pp. 802-9.

——. (1995). "Conceptually Driven Treatments for Sexual Aggressors." *Professional Psychology: Research and Practice* 24, pp. 62-69.

Hamilton, K. (1997). "The Winners; Newsmakers of 1996: Hero of the Year." *Newsweek,* Winter 1997 special edition, p. 40.

Hamilton, W. D. (1964). "The Genetical Evolution of Social Behavior." *Journal of Theoretical Biology* 7, pp. 1-52.

Haney, C., Banks, C., & Zimbardo, P. (1973). "Interpersonal Dynamics in a Simulated Prison." *International Journal of Criminology and Penology* 1, no. 1, pp. 69-97.

Hare, R. D., McPherson, L. M., & Forth, A. E. (1988). "Male Psychopaths and Their Criminal Careers." *Journal of Consulting and Clinical Psychology* 56, pp. 710-14.

Haritos-Fatouros, M. (1988). "The Official Torturer: A Learning Model for Obedience to the Authority of Violence." *Journal of Applied Social Psychology* 18, pp. 1107-20.

Harris, M. (1975). *Cows, Pigs, Wars, and Witches: The Riddles of Culture.* New York: Random House.

Hassard, J., Kibble, T., & Lewis, P. (Eds.). (1989). *Ways out of the Arms Race: Prom the Nuclear Threat to Mutual Security.* Teaneck, N.J.: World Scientific.

Hastorf, A., & Cantril, H. (1954). "They Saw a Game: A Case Study." *Journal of Abnormal and Social Psychology* 49, pp. 129-34.

Hatfield, E., Cacioppo, J. T., & Rapson, R. L. (1994). *Emotional Contagion.* New York: Cambridge University Press.

Heider, F. (1958). *The Psychology of Interpersonal Relations.* New York: Wiley.

Helm, C., & Morelli, M. (1979). "Stanley Milgram and the Obedience Experiment: Authority, Legitimacy, and Human Action." *Political Theory* 7, pp. 321-46.

Henning, K. R., & Frueh, B. C. (1996). "Cognitive-Behavioral Treatment of Incarcerated Offenders: An Evaluation of the Vermont Department of Corrections' Cognitive Self-change Program." *Criminal Justice Behavior* 23, no. 4, pp. 523-41.

Hersen, M., Ammerman, R. T., & Sisson, L. A. (Eds.). (1994). *Handbook of Aggressive and Destructive Behavior in Psychiatric Patients.* New York: Plenum Press.

Hilberg, R. (1992). *Perpetrators, Victims, and Bystanders: The Jewish Catastrophe, 1933-1945.* New York: Aaron Asher Books.
Hinde, R. A. (1979). *Towards Understanding Relationships.* London: Academic Press.
——. (1987). *Individuals, Relationships, and Culture.* Cambridge: Cambridge University Press.
——. (1992). *The Institution of War.* New York: St. Martin' s Press.
Hinde, R. A., & Watson, H. E. (1995). *War, A Cruel Necessity?: The Bases of Institutionalized Violence.* New York: St. Martin' s Press.
Hinsley, F. H. (1973). *Nationalism and the International System.* London: Hodder & Stoughton.
Hirshberg, M. S. (1993). "The Self-perpetuating National Selfimage: Cognitive Biases in Perceptions of International Interventions." *Political Psychology* 14, pp. 77-98.
Hoffman, M. L. (1990). "Empathy and Justice Motivation." *Empathy and Emotion* 14, pp. 151-72.
Hofstadter, R. (1967). *The Paranoid Style in American Politics and Other Essays.* New York: Vintage Books.
Hollander, P. (1995). "Models and Mentors." *Modern Age* 37, pp. 50-62.
——. (1997). "Revisiting the Banality of Evil: Political Violence in Communist Systems." *Partisan Review* 64, no. 1, p. 56.
Holsti, O. R. (1972). *Crisis, Escalation, War.* Montreal: McGill-Queen' s University Press.
Holtzworth-Munroe, A., & Hutchinson, G. (1993). "Attributing Negative Intent to Wife Behavior: The Attributions of Maritally Violent Versus Nonviolent *Men.*" *Journal of Abnormal Psychology* 102, pp. 206-11.
Holtzworth-Munroe, A., Stuart, G. L., & Hutchinson, G. (1997). "Violent Versus Nonviolent Husbands: Differences in Attachment Patterns, Dependency, and Jealousy. "*Journal of Family Psychology* 11, no. 3, pp. 314-31.
Horne, A. D. (1983). "U.S. Says Soviets Shot Down Airliner." *Washington Post,* September 2, p. A1.
Homey, K. (1950). *Neurosis and Human Growth: The Struggle Toward Self-realization.* New York: Norton.
Hovannisian, R. G. (Ed.). (1992). *The Armenian Genocide: History, Politics, Ethics.* New York: St. Martin' s Press.
Huesmann, L. R. (1994). *Aggressive Behavior: Current Perspectives.* New York: Plenum Press.
Hunt, M. (1991). *The Compassionate Beast: The Scientific Inquiry into Human Altruism.* New York: Anchor Books/Doubleday.
Huxley, A. (1946). *Ends and Means.* London: Chatto & Windus.
Ickes, W. (Ed.). (1997). *Empathic Accuracy.* New York: Guilford.
Jacobson, E. (1968). *Progressive Relaxation: A Physiological and Clinical Investigation of Muscular States and Their Significance in Psychology and Medical Practice.* Chicago: University of Chicago Press. (Originally published in 1938)
Jacobson, N., & Gottman, J. (1998). *When Men Batter Women: New Insights into Ending Abusive Relationships.* New York: Simon & Schuster.
Janis, I. L. (1982). *Victims of Groupthink: A Psychological Study of Foreign Policy Decisions and Fiascoes.* Boston: Houghton Mifflin.
Jervis, R. (1976) *Perception and Misperception in International Politics.* Princeton, N.J.: Princeton University Press.
Jukic, I. (1974). *The Fall of Yugoslavia.* New York: Harcourt Brace Jovanovich.
Kahn, L. S. (1980). "The Dynamics of Scapegoating: The Expulsion of Evil." *Psychotherapy: Theory, Research, and Practice* 17, pp. 79-84.
Kapferer, J. (1990). *Rumors: Uses, Interpretations, and Images.* New Brunswick, N.J.: Transaction Publishers.
Kaplowitz, N. (1990). "National Self-images, Perception of Enemies, and Conflict Strategies." *Political Psychology* 11, pp. 39-82.
Kassinove, H. (Ed.). (1995). *Anger Disorders: Definition, Diagnosis, and Treatment.* Washington, D.C.: Taylor & Francis.
Katon, W. (1987). "The Epidemiology of Depression in Medical Care." *International Journal of Psychiatry in Medicine* 17, pp. 93-112.
Katz, J. (1988). *Seductions of Crime: Moral and Sensual Attractions in Doing Evil.* New York: Basic Books.
Kawachi, I., Sparrow, D., Spiro, A., Vokonas, P., & Weiss, S. (1996). "A Prospective Study of Anger in Coronary Disease." *Circulation* 94, pp. 2090-95.
Keen, S. (1986). *Faces of the Enemy: Reflections of the Hostile Imagination.* San Francisco: Harper & Row.
Kelman, H. C. (1973). "Violence Without Moral Constraint: Reflections on the Dehumanization of Victims and Victimizers." *Journal of Social Issues* 29, pp. 25-61.
Kelman, H. C., & Hamilton, V. L. (1989). *Crimes of Obedience: Toward a Social Psychology of Authority and Responsibility.* New Haven, Conn.: Yale University Press.
Kershaw, I. (1987). *The "Hitler Myth": Image and Reality in the Third Reich.* Oxford: Clarendon Press.
Kidder, L. H., & Stewart, V. M. (1975). *The Psychology of Intergroup Relations: Conflict and Consciousness.* New York: McGraw-Hill.
Kinderman, P., & Bentall, R. "The Clinical Implications of a Psychological Model of Paranoia." In E. Sanavio, (Ed.) (1998) *Behaviour and Cognitive Therapy Today: Essays in Honour of Hans J. Eysenck.* Oxford: Elsevier Press.
Klama, J. (1988). *Aggression: Conflict in Animals and Humans Reconsidered.* Harlow, Eng.: Longman.
Knutson, J. N. (1973). *Handbook of Political Psychology.* San Francisco: Jossey-Bass.
Kochanska, G. (1993). "Toward a Synthesis of Parental Socialization and Child Temperament in Early Development of Conscience." *Child Development* 64, pp. 325-47.
——. (1997). "Multiple Pathways to Conscience for Children with Different Temperaments: From Toddlerhood to Age Five." *Developmental Psychology* 33, pp. 228-40.
Koestler, A. (1970). *The Ghost in the Machine.* London: Pan Books. (Originally published in 1967)
Kohlberg, L. (1984). *The Psychology of Moral Development: The Nature and Validity of Moral Stages.* San Francisco: Harper & Row.
Kohn, A. (1990). *The Brighter Side of Human Nature: Altruism and Empathy in Everyday Life.* New York: Basic Books.
Korn, J. H. (1997). *Illusions of Reality: A History of Deception in Social Psychology.*

Albany: State University of New York Press.
Kosterman, R., & Feshbach, S. (1989). "Toward a Measure of Patriotic and Nationalistic Attitudes." *Political Psychology* 10, pp. 257-74.
Krebs, J. R., & Davies, N. B. (1993). *An Introduction to Behavioural Ecology*. 3rd ed. Oxford: Blackwell Scientific.
Kropotkin, P. (1995). *Evolution and Environment*. Montreal: Blackrose Books.
Kull, S. (1988). *Minds at War: Nuclear Reality and the Inner Conflict of Defense Policymakers*. New York: Basic Books.
Kull, S., Small, M., & Singer, J. D. (1982). *Resort to Arms: International and Civil Wars. 1816-1980*. Beverly Hill, Calif.: Sage Publications.
Kuper, L. (1977). *The Pity of It All: Polarization of Racial and Ethnic Relations*. Minneapolis: University of Minnesota Press.
——. (1985). *The Prevention of Genocide*. New Haven, Conn.: Yale University Press.
Kurtines, W., & Gerwitz, J. (Eds). (1991). *Handbook of Moral Behavior and Development*. Vols. 1, 2, and 3. Hillsdale, N.J.: Erlbaum Associates.
LaCapra, D. (1994). *Representing the Holocaust: History. Theory. Trauma*. Ithaca, N.Y.: Cornell University Press.
Laqueur, W. (1987). *The Age of Terrorism*. Boston: Little, Brown.
Lau, R. R., & Sears, D. O. (Eds.). (1986). *Political Cognition: The Nineteenth Annual Carnegie Symposium on Cognition*. Hillsdale, N.J.: Elrbaum Associates.
Lazarus, R. S. (1991). *Emotion and Adaptation*. New York: Oxford University Press.
Leary, M. R. (1983). *Understanding Social Anxiety: Social. Personality, and Clinical Perspectives*. Beverly Hills, Calif: Sage Publications.
Le Bon, G. (1952). *The Crowd: A Study of the Popular Mind*. London: E. Benn.
Lebow, R. N. (1981). *Between Peace and War: The Nature of International Crisis*. Baltimore: Johns Hopkins University Press.
——. (1987). "Is Crisis Management Always Possible?" *Political Science Quarterly* 102, pp. 181-92.
——. (1987). *Nuclear Crisis Management*. Ithaca, N.Y.: Cornell University Press.
Lederer, G. (1982). "Trends in Authoritarianism: A Study of Adolescents in West Germany and the United States Since 1945." *Journal of Cross-cultural Psychology* 13, pp. 299-314.
Lerner, M. (1980). *The Belief in a Just World: A Fundamental Delusion*. New York: Plenum Press.
Lerner, R. M. (1992). *Final Solutions: Biology, Prejudice, and Genocide*. University Park: Pennsylvania State University Press.
Levenson, M. R. (1992). "Rethinking Psychopathy." *Theory and Psychopathy* 2, pp. 51-71.
Levi-Strauss, C. (1963). "Do Dual Organizations Exist?" In *Structural Anthropology*. New York: Basic Books.
Levy, J. S. (1983). "Misperceptions and the Causes of War: Theoretical Linkages and Analytical Problems." *World Politics* 35, pp. 75-99.
——. (1987). "Declining Power and the Preventive Motivation for War." *World Politics* 40, pp. 82-107.
——. (1989). "The Causes of War: A Review of Theories and Evidence." In P. E. Tetlock, J. L. Husbands, R. Jervis, P. C. Stern, & C. Tilly (Eds.), *Behavior, Society, and Nuclear War* (vol. 1, pp. 209-333). New York: Oxford University Press.
Lewis, M., & Saarni, C. (1993). *Lying and Deception in Everyday Life*. New York: Guilford.
Lifton, R. J. (1986). *The Nazi Doctors: Medical Killing and the Psychology of Genocide*. New York: Basic Books.
Lifton, R. J., & Markusen, E. (1990). *The Genocidal Mentality: Nazi Holocaust and Nuclear Threat*. New York: Basic Books.
Lippmann, W. (1922). *Public Opinion*. New York: Harcourt, Brace, & Co.
Lore, R. K., & Schultz, L. A. (1993). "Control of Human Aggression: A Comparative Perspective." *American Psychologist* 48, pp. 16-25.
Lorenz, K. (1966). *On Aggression*. New York: Routledge.
Lykken, D. T. (1995). *The Antisocial Personality*. Hillsdale, N.J.: Erlbaum Associates.
——. (1996). "Psychopathy, Sociopathy, and Crime." *Society* 34, no. 1, pp. 29-38.
Malamuth, N. M., & Brown, L. M. (1994). "Sexually Aggressive Men' s Perceptions of Women' s Communications: Testing Three Explanations." *Journal of Personality and Social Psychology* 67, no. 4, pp. 699-712.
Mann, C. R. (1982). *When Women Kill*. Albany: State University of New York Press.
Marazziti, D., Rotondo, A., Presta, S., Pancioli-Guadagnucci, M. L., Palego, L., & Conti, L. (1993). "Role of Serotonin in Human Aggressive Behaviour." *Aggressive Behavior* 19, pp. 347-53.
Martin, L. L., & Tesser, A. (Eds.). (1992). *The Construction of Social Judgments*. Hillsdale, N.J.: Erlbaum Associates.
Masters, R. D., & McGuire, M. T. (Eds.). (1994). *The Neurotransmitter Revolution: Serotonin, Social Behavior, and the Law*. Carbondale, Ill.: Southern Illinois University Press.
Maxwell, M. (1990). *Morality Among Nations: An Evolutionary View*. Albany: State University of New York Press.
——. (Ed.). (1991). *The Sociobiological Imagination*. Albany: State University of New York Press.
Maybury-Lewis, D., & Alamagor, U. (Eds.). (1989). *The Attraction of Opposites: Thought and Society in the Dualistic Mode*. Ann Arbor: University of Michigan Press.
Mayer, M. S. (1955). *They Thought They Were Free: The Germans, 1933-1945*. Chicago: University of Chicago Press.
Mazian, F. (1990). *Why Genocide?: The Armenian and Jewish Experiences in Perspective*. Ames: Iowa State University Press.
McCauley, C. (1989). "The Nature of Social-Influence in Groupthink: Compliance and Internalization." *Journal of Personality and Social Psychology* 57, no. 2, pp. 250-60.
McGuire, M. T. (1991). "Moralistic Aggression and the Sense of Justice." *American Behavioral Scientist* 34, pp. 371-85.
——. (1993). *Human Nature and the New Europe*. Boulder, Colo.: Westview Press.
Meichenbaum, D. H. (1975). *Stress Inoculation Training*. New York: Pergamon Press.
Miedzian, M. (1992). *Boys Will Be Boys: Breaking the Link Between Masculinity and Violence*. London: Virago.
Mikulincer, M. (1994). *Human Learned Helplessness: A Coping Perspective*. New York: Plenum Press.
Miller, A.G. (Ed.). (1982). *In the Eye of the Beholder: Contemporary Issues in*

Stereotyping. New York: Praeger.
——. (1986). *The Obedience Experiments: A Case Study of Controversy in Social Science.* New York: Praeger.
Miller, P. A., & Eisenberg, N. (1988). "The Relation of Empathy to Aggressive Behaviour and Externalising/Antisocial Behaviour." *Psychological Bulletin* 103, pp. 324-44.
Miller, T. C. (1993). "The Duality of Human Nature." *Politics and the Life Sciences* 13, pp. 221-41.
Monteith, M.J. (1993). "Self-regulation of Prejudiced Responses: Implications for Progress in Prejudice-Reduction Efforts." *Journal of Personality and Social Psychology* 65, pp. 469-85.
Morris, D. (1967). *The Naked Ape: A Zoologist's Study of the Human Animal.* New York: McGraw-Hill.
Moscovici, S. (1993). *The Invention of Society: Psychological Explanations for Social Phenomena*, trans. W. D. Halls. Cambridge: Polity Press.
Nagayama Hall, G. (Ed.). (1993). *Sexual Aggression: Issues in Etiology, Assessment, and Treatment.* Washington, D.C.: Taylor & Francis.
Nathan, O., & Norden, H. (Eds.). (1968). *Einstein on Peace.* New York: Schocken Books. (Originally published in 1960)
Newman, J. P., Schmitt, W. A., & Voss, W. D. (1997). "The Impact of Motivationally Neutral Cues on Psychopathic Individuals: Assessing the Generality of the Response Modulation Hypothesis." *Journal of Abnormal Psychology* 106, no. 4, pp. 563-75.
Nicolai, G. F. (1919). *The Biology of War.* New York: Century Co.
Nisbett, R., & Cohen, D. (1996). *Culture of Honor: The Psychology of Violence in the South.* Boulder, Colo.: Westview Press.
Noddings, N. (1984). *Caring: A Feminine Approach to Ethics and Moral Education.* Berkeley: University of California Press.
Noller, P. (1984). *Nonverbal Communication and Marital Interaction.* New York: Pergamon Press.
Novaco, R. W. (1975). *Anger Control: The Development and Evaluation of an Experimental Treatment.* Lexington, Mass.: D. C. Heath.
Ofshe, R., & Watters, E. (1996). *Making Monsters: False Memories, Psychotherapy, and Sexual Hysteria.* Berkeley: University of California Press.
O' Leary, K. D. (1996). "Physical Aggression in Intimate Relationships Can Be Treated Within a Marital Context Under Certain Circumstances. "*Journal of Interpersonal Violence* 11, no. 3, pp. 450-52.
Oliner, S., & Oliner, P. (1988). *The Altruistic Personality: Rescuers of Jews in Nazi Europe.* New York: Free Press; London: Collier Macmillan.
Olweus, D. (1984). "Development of Stable Aggressive Reaction Patterns in Males." In R. J. Blanchard & D. C. Blanchard (Eds.), *Advances in the Study of Aggression* (vol. 1, pp. 103-37). New York: Academic Press.
Olweus, D., Mattsson, A., Schalling, D., & Low, H. (1988). "Circulating Testosterone Levels and Aggression in Adolescent Males: A Causal Analysis." *Psychosomatic Medicine* 50, pp. 261-72.
Orwell, G. (1949). *Nineteen Eighty-four.* New York: Harcourt, Brace & World.
Orwell, S., & Angus, I., eds. (1968). *The Collected Essays, Journalism, and Letters of George Orwell.* New York: Harcourt, Brace & World.
Ostow, M. (1996). *Myth and Madness: The Psychodynamics of Antisemitism.* New Brunswick, N.J.: Transaction Publishers.
Pagels, E. (1995). *The Origin of Satan.* New York: Random House.
Paret, P. (1985). *Clausewitz and the State: The Man, His Theories, and His Times.* Princeton, N.J.: Princeton University Press.
Paul, R. A. (1978). "Instinctive Aggression in Man: The Semai Case." *Journal of Psychological Anthropology* 1, pp. 65-79.
Pear, T. H. (1950). *Psychological Factors of Peace and War.* New York: Hutchinson.
Pearlstein, R. M. (1991). *The Mind of a Political Terrorist.* Wilmington, Del.: Scholarly Resources.
Pflanze, O. (1963). *Bismarck and the Development of Germany.* Vol. 1., 2nd ed. Princeton, N.J.: Princeton University Press.
Piaget, J., with the assistance of seven collaborators. (1960). *The Moral Judgment of the Child*, trans. M. Gabain. Glencoe, Ill.: Free Press. (Originally published in 1932)
Pincus, F. L., & Ehrlich, H. J. (Eds.). (1994). *Race and Ethnic Conflict: Contending Views on Prejudice. Discrimination, and Ethnoviolence.* Boulder, Colo.: Westview Press.
Pipes, D. (1996). *The Hidden Hand: Middle East Fears of Conspiracy.* New York: St. Martin' s Press.
Plomin, R. (1994). *Genetics and Experience: The Interplay Between Nature and Nurture.* Thousand Oaks, Calif.: Sage Publications.
Plotkin, H. C. (1994). *Darwin Machines and the Nature of Knowledge.* Cambridge, Mass.: Harvard University Press.
Pluhar, E. B. (1995). *Beyond Prejudice: The Moral Significance of Human and Nonhuman Animals.* Durham, N.C.: Duke University Press.
Polaschek, D. L. L., Ward, T., & Hudson, S. M. (1997). "Rape and Rapists: Theory and Treatment." *Clinical Psychology Review* 17, no. 2, pp. 117-44.
Polk, K. (1994). *When Men Kill: Scenarios of Masculine Violence.* Cambridge: Cambridge University Press.
Pruitt, D. G., & Rubin, J. Z. (1986). *Social Conflict: Escalation. Stalemate, and Settlement.* New York: Random House.
Pryor, J. B., & Stoller, L. M. (1994). "Sexual Cognition Processes in Men High in Likelihood to Sexually Harass." *Personality and Social Psychology Bulletin* 20, pp. 163-69.
Ramirez, J. M., Hinde, R. A., & Groebel, J. (Eds.). (1987). *Essays on Violence.* Seville: Publicaciones de la Universidad de Sevilla.
Reich, R. (1997). *Locked in the Cabinet.* New York: Alfred A. Knopf.
Reich, W. (Ed.). (1990). *The Origins of Terrorism: Psychologies. Ideologies. Theologies. States of Mind.* Cambridge: Press Syndicate of the University of Cambridge.
Richardson, L. F. (1960). *Arms and Insecurity: A Mathematical Study of the Causes and Origins of War.* Pittsburgh: Boxwood Press.
——. (1960). *Statistics of Deadly Quarrels.* Pittsburgh: Boxwood Press.
Ridley, M. (1997). *The Origins of Virtue: Human Instincts and the Evolution of Cooperation.* New York: Viking.
Rieber, R. W. (1991). *The Psychology of War and Peace: The Image of the Enemy.* New York: Plenum Press.

Robins, R., & Post, J. (1997). *Political Paranoia: The Psychopolitics of Hatred.* New Haven, Conn.: Yale University Press.

Roes, F. L. (1995). "The Size of Societies, Stratification, and Belief in High Gods Supportive of Human Morality." *Politics and the Life Sciences* 14, pp. 73-77.

Roese, N. (1995). *What Might Have Been: The Social Psychology of Counterfactual Thinking.* Hillsdale, N.J.: Erlbaum Associates.

Rokeach, M. (1960). *The Open and Closed Mind: Investigations into the Nature of Belief Systems and Personality Systems.* New York: Basic Books.

Rosenbaum, R. (1998). *Explaining Hitler.* New York: Random House.

Rothbart, M., Evans, M., & Furlaro, S. (1979). "Recall for Confirming Events." *Journal of Experimental Psychology* 15, pp. 343-55.

Sanford, N, & Comstock, C. (1971). *Sanctions for Evil.* San Francisco: Jossey-Bass.

Sabini, J., & Silver, M. (1982). *The Moralities of Everyday Life.* New York: Oxford University Press.

Sagan, C., & Druyan, A. (1992). *Shadows of Forgotten Ancestors: A Search for Who We Are.* New York: Random House.

Santoni, R. E. (1991). "Nurturing the Institution of War: 'Just War' Theory' s Justifications and Accommodations." In R. A. Hinde (Ed.), *The Institution of War* (pp. 99-120). London: Macmillan.

Sattler, D. N, & Kerr, N. L. (1991). "Might Versus Morality Explored: Motivational and Cognitive Bases for Social Motives." *Journal of Personality and Social Psychology* 60, pp. 756-65.

Saunders, N. (1991). "Children of Mars" [review of Haas, J., (Ed.), *The Anthropology of War*]. *New Scientist* 18, p. 51.

Scheff, T. J. (1994). *Bloody Revenge: Emotions, Nationalism, and War.* Boulder, Colo.: Westview Press.

Seligman, M. E., Abramson, L. Y, Semmel, A., & von Baeyer, C. (1979). "Depressive Attributional Style." *Journal of Abnormal Psychology* 88, no. 3, pp. 242-47.

Selman, R. (1980). *The Growth of Interpersonal Understanding: Developmental and Clinical Analyses.* New York: Academic Press.

Sempa, E (1991). {Review of D. C. Watt, *How War Came: The Immediate Origins of the Second World War, 1938-1939*]. *Presidential Studies Quarterly* 21, pp. 621-23.

Sereny, G. (1995). *Albert Speer: His Battle with Truth.* New York: Alfred A. Knopf.

Serin, R., & Kuriychuk, M. (1994). "Social and Cognitive Processing Deficits in Violent Offenders: Implications for Treatment." *International Journal of Law and Psychiatry* 17, pp. 431-41.

Shapiro, D., Hui, K. K., Oakley, M. E., Pasic, J., & Jamner, L. D. (1997). "Reduction in Drug Requirements for Hypertension by Means of a Cognitive-Behavioral Intervention." *American Journal of Hypertension* 10, no. 1, pp. 9-17.

Shaw, R. P., & Wong, Y. (1989). *Genetic Seeds of Warfare: Evolution, Nationalism, and Patriotism.* Boston: Unwin Hyman.

Sherif, M., Harvey, O. J., White, B. J., Hood, W. R., & Sherif, C. W. (1988). *The Robbers Cave Experiment: Intergroup Conflict and Cooperation.* Middletown, Conn.: Wesleyan University Press.

Sigel, I. E., Stinson, E. T., & Kim, M. (1993). *Socialization of Cognition: The Distancing Model.* Hillsdale, N.J.: Erlbaum Associates.

Silber, L., & Little, A. (1996). *Yugoslavia: Death of a Nation.* New York: Penguin Books.

Silverstein, B. (1989). "Enemy Images: The Psychology of U.S. Attitudes and Cognitions Regarding the Soviet Union." *American Psychologist* 44, pp. 903-13.

Simner, M. L. (1971). "Newborn' s Response to the Cry of Another Infant." *Developmental Psychology* 5, no. 1, pp. 136-50.

Simon, H. A. (1985). "Human Nature in Politics: The Dialogue of Psychology with Political Science." *American Political Science Review* 79, pp. 293-304.

Simon, R. I. (1995). *Bad Men Do What Good Men Dream: A Forensic Psychiatrist Illuminates the Darker Side of Human Behavior.* Washington, D.C.: American Psychiatric Press.

Simonton, D. K. (1990). "Personality and Politics." In L. A. Pervin (Ed.), *Handbook of Personality: Theory and Research* (pp. 670-92). New York: Guilford.

Singer, E., & Hudson, V. (1992). *Political Psychology and Foreign Policy.* Boulder, Colo.: Westview Press.

Singer, J. D. (1960). "International Conflict: Three Levels of Analysis." *World Politics* 12, no. 3, pp. 453-61.

——. (1961). "The Level-of-Analysis Problem in International Relations." In K. Knorr & S. Verba (Eds.); *The International System: Theoretical Essays* (pp. 77-92). Princeton, N.J.: Princeton University Press.

Singer, J. D., & Small, M. (1972). *The Wages of War 1816-1965: A Statistical Handbook.* New York: Wiley.

Small, M., & Singer, J. D. (1982). *Resort to Arms: International and Civil Wars. 1816-1980.* Beverly Hill, Calif.: Sage Publications.

Smith, A. (1976). *The Theory of Moral Sentiments.* Oxford: Clarendon Press. (Originally published in 1759)

Smith, D. N. (1998). "The Psychocultural Roots of Genocide: Legitimacy and Crisis in Rwanda." *American Psychologist* 53, no. 7, pp. 743-53.

Smith, M. B. (1968). "A Map for the Study of Personality and Politics. "*Journal of Social Issues* 24, pp. 15-28.

Smoke, R. (1977). *War: Controlling Escalation.* Cambridge, Mass.: Harvard University Press.

Smuts, B. (1996). "Male Aggression Against Women: An Evolutionary Perspective." In D. M. Buss & N. M. Malamuth (Eds.), *Sex, Power. Conflict: Evolutionary and Feminist Perspectives* (pp. 231-68). New York: Oxford University Press.

Snyder, G. H., & Diesing, P. (Eds.). (1977). *Conflict Among Nations: Bargaining. Decision Making. and System Structure in International Crisis.* Princeton, N.J.: Princeton University Press.

Snyder, W. (1981). "On the Self-perpetuating Nature of Stereotypes." In D. Hamilton (Ed.), *Cognitive Processes in Stereotyping and Intergroup Behavior* (pp. 183-212). Hillsdale, N.J.: Erlbaum Associates.

Sober, E., & Wilson, D. S. (1998). *Unto Others: The Evolution and Psychology of Unselfish Behavior.* Cambridge, Mass.: Harvard University Press.

Sprinzak, E. (1990). "The Psychopolitical Formation of Extreme Left Terrorism in a Democracy: The Case of the Weathermen." In W. Reich (Ed.), *Origins of Terrorism: Psychologies, Ideologies. Theologies. States of Mind* (pp. 78-80). Cambridge: Press Syndicate of the University of Cambridge.

Staby, R. G., & Guerra, N. G. (1988). "Cognitive Mediators of Aggression in Adolescent O enders." *Developmental Psychology* 24, no. 4, pp. 580-88.
Staub, E. (1979). *Positive Social Behavior and Morality*. Vols. 1-2. New York: Academic Press.
——. (1989). *The Roots of Evil: The Origins of Genocide and Other Group Violence*. New York: Cambridge University Press.
Stephan. W. (1977). "Stereotyping: The Role of Ingroup-Outgroup Differences in Causal Attribution for Behavior." *Journal of Social Psychology* 101, pp. 255-66.
Stern, F. (1987). *Dreams and Delusions*. New York: Alfred A. Knopf.
Stern, K. S. (1996). *A Force upon the Plain: The American Militia Movement and the Politics of Hate*. New York: Simon & Shuster.
Stern, J. P. (1975). *Hitler: The Fuhrer and the People*. London: Fontana.
Stern, P. C. (1995). "Why Do People Sacrifice for Their Nations?" *Political Psychology* 16, no. 2, pp. 217-35.
——. (1996). "Nationalism as Reconstructed Altruism." *Political Psychology* 17, no. 3, pp. 569-72.
Stern, P. C., Axelrod, R., Jervis, R., & Radner, R. (Eds.). (1989). *Perspectives on Deterrence*. New York: Oxford University Press.
Stewart, J. R. (1980). "Collective Delusion: A Comparison of Believers and Skeptics." Paper presented at the Midwest Sociological Society meeting, Milwaukee (April).
Stoessinger, J. G. (1993). *Why Nations Go to War*. New York: St. Martin' s Press.
Stone, M. H. (1993). "Antisocial Personality and Psychopathy." In Store, M. H., *Abnormalities of Personality: Within and Beyond the Realm of Treatment* (pp. 277-313). New York: Norton.
Stromberg, R. N. (1982). *Redemption by War: Intellectuals and 1914*. Lawrence: Regents Press of Kansas.
Strozier, C. (1994). *Apocalypse: On the Psychology of Fundamentalism in America*. Boston: Beacon Press.
Struch, N., & Schwartz, S. H. (1989). "Intergroup Aggression: Its Predictors and Distinctness from Ingroup Bias." *Journal of Personality and Social Psychology* 56, pp. 364-73.
Suadicani, P., Hein, H. O., & Gyntelberg, F. (1993). "Are Social Inequalities as Associated with the Risk of Ischaemic Heart Disease as a Result of Psychosocial Working Conditions?" *Atherosclersis* 101, pp. 165-75.
Sun, K. (1993). "Two Types of Prejudice and Their Causes." *American Psychologist* 1152, pp. 1152-53.
Sutherland, S. (1994). *Irrationality: Why We Don't Think Straight*. New Brunswick, N.J.: Rutgers University Press.
Sykes, S. (1991). "Sacrifice and the Ideology of War." In R. A. Hinde (Ed.), *The Institution of War* (pp. 87-98). London: Macmillan.
Tafjel, H. (1981). *Human Groups and Social Categories: Studies in Social Psychology*. Cambridge: Cambridge University Press.
Taylor, A. J. P. (1955). *Bismarck: The Man and the Statesman*. New York: Alfred A. Knopf.
Taylor, K. M., & Shepperd, J. A. (1996). "Probing Suspicion Among Deception Research." *American Psychologist* 51, no. 8, pp. 886-87.
Tejirian, E. (1990). *Sexuality and the Devil: Symbols of Love, Power, and Fear in Male Psychology*. New York: Routledge.
Tesser, A. (1994). *Advanced Social Psychology*. New York: McGraw-Hill.
Tetlock, P. (1983). "Cognitive Style and Political Ideology." *Journal of Personality and Social Psychology* 45, pp. 118-25.
Tetlock, P., Husbands, J., Jervis, R., Stern, P., & Tilly, C. (1991). *Behavior, Society, and Nuclear War*. Vol. 2. New York: Oxford University Press.
——. (Eds.). (1993). *Behavior, Society, and International Conflict*. Vol. 3. New York: Oxford University Press.
Thompson, J. (1989). "Perceptions of Threat." In J. Hassard, T. Kibble, & P. Lewis (Eds.), *Ways out of the Arms Race* (pp. 238-44). Singapore: World Scientific.
Todorov, T. (1996). *Facing the Extreme*. New York: Metropolitan Books.
Totten, S., Parsons, W. S., & Charney, I. W. (Eds.). (1995). *Genocide in the Twentieth Century: Critical Essays and Eyewitness Accounts*. New York: Garland Publishing.
Trivers, R. L. (1985). *Social Evolution*. Menlo Park, Calif.: Benjamin/Cummings.
Tuchman, B. (1962). *Guns of August*. New York: Macmillan.
Upham, C. W. (1959). *Salem Witchcraft*, Vol. 2. New York: Frederick Ungar.
Van der Dennen, J., & Falger, V. (1990). *Sociobiology and Conflict: Evolutionary Perspectives on Competition, Cooperation, Violence, and Warfare*. New York: Chapmann & Hall.
Van Goozen, S. H. M., Frijda, N. H., Kindt, M., & van de Poll, N. E. (1994). "Anger Proneness in Women: Development and Validation of the Anger Situation Questionnaire." *Aggressive Behavior* 20, pp. 79-100.
Van Praag, H. M., Plutchik, R., & Apter, A. (Eds.). (1990). *Violence and Suicidality*. New York: Brunner/Mazel.
Vayrynen, R. (1987). *The Quest for Peace: Transcending Collective Violence and War Among Societies. Cultures, and States*. Beverly Hills, Calif.: Sage Publications.
Vertzberger, Y Y I. (1990). *The World in Their Minds: Information Processing. Cognition, and Perception in Foreign Policy Decision-Making*. Stanford, Calif: Stanford University Press.
Victor, J. (1993). *Satanic Panic: The Creation of a Contemporary Legend*. Chicago: Open Court.
Volavka, J. (1995). *Neurobiology of Violence*. Washington, D.C.: American Psychiatric Press.
Volk, R. J., Pace, T. M., & Parchman, M. L. (1993). "Screening for Depression in Primary Care Patients: Dimensionality of the Short Form of the Beck Depression Inventory." *Psychological Assessment* 5, pp. 173-81.
Volkan, V. D. (1988). *The Need to Have Enemies and Allies*. Northvale, N.J.: Jason Aronson.
Voss, J. F., & Dorsey, E. (1992). "Perception and International Relations: An Overview." In E. Singer & V. Hudson (Eds.), *Political Psychology and Foreign Policy* (pp. 3-30). Boulder, Colo.: Westview Press.
Wallimann, I., & Dobkowski, M. N. (Eds.). (1987). *Genocide and the Modern Age: Etiology and Case Studies of Mass Death*. New York: Greenwood Press.
Waltz, K. (1969). *Man. the State, and War: A Theoretical Analysis*. New York: Columbia University Press. (Originally published in 1959)
Walzer, M. (1992). *Just and Unjust Wars: A Moral Argument with Historical Illustrations*.

New York: Basic Books.
Ward, T., Hudson, S. M., Johnston, L., & Marshall, W. L. (1997). "Cognitive Distortions in Sex Offenders: An Integrative Review." *Clinical Psychology Revieu* 17, no. 5, pp. 479-507.
Watt, D. C. (1989). *How War Came: The Immediate Origins of the Second World War.* New York: Pantheon Books.
Weiner, I. B, (Ed.) (1983) *Clinical Methods in Psychology.* New York: John Wiley & Sons.
Weiss, J. (1996). *Ideology of Death: Why the Holocaust Happened in Germany.* Chicago: I. R. Dee.
White, E. (1993). *Genes, Brains, and Politics: Self-selection and Social Life.* Westport, Conn.: Praeger Press.
White, R. K. (1976). *Nobody Wanted War.* New York: Doubleday.
——. (1984). *Fearful Warriors: A Psychological Profile of U.S.-Soviet Relations.* New York: Free Press.
——. (1990). "Why Aggressors Lose." *Political Psychology* 11, pp. 227-42.
Whiteman, M., Fanshel, D., & Grundy, J. (1987). "Cognitive-Behavioral Intervention Aimed at Anger of Parents at Risk of Child Abuse." *Social Work* 32, no. 6, pp. 469-74.
Wickless, C., & Kirsch, I. (1988). "Cognitive Correlates of Anger, Anxiety, and Sadness." *Cognitive Therapy and Research* 12, no. 4, pp. 367-77.
Williams, G. C. (1992). *Natural Selection: Domains. Levels, and Challenges.* Oxford: Oxford University Press.
Williams, R., & Williams, V. (1993). *Anger Kills.* New York: Times Books.
Wilson, E. O. (1975). *Sociobiology: The New Synthesis.* Cambridge, Mass.: Belknap Press of Harvard University Press.
——. (1998). *Consilience: The Unity of Knowledge.* New York: Alfred A. Knopf.

Wilson, G. (1988). "Navy Missile Downs Iranian Jetliner over Gulf; Iran Says 290 Are Dead." *Washington Post*, July 4, p. A1.
Wilson, M. I., & Daly, M. (1996). "Male Sexual Proprietariness and Violence Against Wives." *Currant Directions in Psychological Science* 5, no. 1, pp. 2-7.
Winter, D. G. (1993). "Power, Affiliation, and War: Three Tests of a Motivational Model." *Journal of Personality and Social Psychology* 65, pp. 532-45.
Winter, J. (1991). "Imaginings of War: Some Cultural Supports of the Institution of War." In R. A. Hinde (Ed.), *The Institution of War* (pp. 155-77). London: Macmillan
Wolman, B. B. (1987). *The Sociopathic Personality.* New York: Brunner/Mazel.
Worchel. S., & Austin, W. G. (Eds.). (1986). *Psychology of Intergroup Relations.* Chicago: Nelson-Hall.
Wrangham, R., & Peterson, D. (1996). *Demonic Males: Apes and the Origins of Human Violence.* Boston: Houghton Mifflin.
Wright, R. (1994). *The Moral Animal: The New Science of Evolutionary Psychology.* New York: Pantheon Books.
——. (1995). "The Biology of Violence." *New Yorker*, March 13, pp. 68-77.
Yochelson, S., & Samenow, S. E. (1976). *The Criminal Personality: A Profile for Change.* New York: Jason Aronson.
Young, J. W. (1991). *Totalitarian Language: Orwell's Newspeak and Its Nazi and Communist Antecedents.* Charlottesville: University Press of Virginia.
Zahn-Waxler, C Cummings, M., & Iannotti, R. (Eds.). (1986). *Altruism and Aggression: Biological and Social Origins.* Cambridge and New York: Cambridge University Press.
Zillman, D. (1988). "Cognition-Excitation Interdependencies in Aggressive Behavior." *Aggressive Behavior* 14, pp. 51-64.
Zillmer, E. A., Harrower, M., Ritzier, B. A, & Archer, R. P. (1996). "The Quest for the Nazi Personality" [review of J. W. Young, *Totalitarian Language: Orwell's Newspeak and Its Nazi and Communist Antecedents*]. *Psychological Record* 46, no. 2, pp. 399-402.
Zur, O. (1987). "The Psychohistory of Warfare: The Co-evolution of Culture, Psyche, and Enemy." *Journal of Peace Research* 24, pp. 125-34.